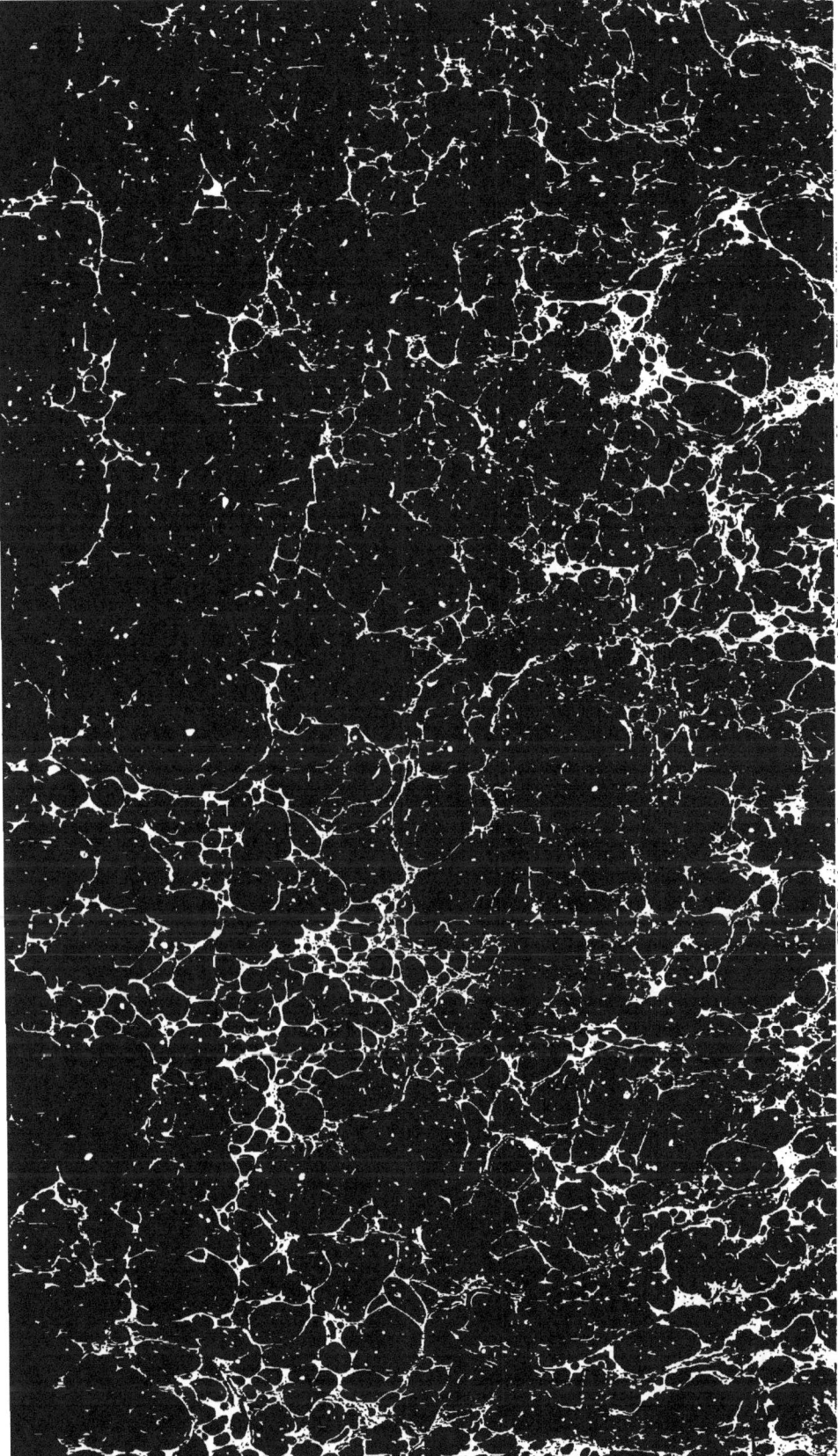

H. Larrey

BOURRIENNE

ET SES ERREURS.

IMPRIMERIE DE DAVID,
boulevard Poissonnière, n. 6.

BOURRIENNE

ET

SES ERREURS

VOLONTAIRES ET INVOLONTAIRES,

OU

Observations sur ses Mémoires;

PAR MESSIEURS
LE GÉNÉRAL BELLIARD, LE GÉNÉRAL GOURGAUD,
LE COMTE D'AURE, LE COMTE DE SURVILLIERS,
LE BARON MENEVAL, LE COMTE BONACOSSI,
LE PRINCE D'ECKMULH, LE BARON MASSIAS,
LE COMTE BOULAY DE LA MEURTHE,
LE MINISTRE DE STEIN,
CAMBACÉRÈS.

RECUEILLIES PAR A. B.

Tome Premier.

PARIS.

CHARLES HEIDELOFF, LIBRAIRE,
QUAI MALAQUAIS, N° 1;

URBAIN CANEL, LIBRAIRE,
RUE J.-J. ROUSSEAU, N° 16.

1830

BOURRIENNE

ET SES ERREURS

VOLONTAIRES ET INVOLONTAIRES.

AVERTISSEMENT.

On remarquera sans doute dans cet ouvrage des redites, des lacunes assez nombreuses. Les unes tiennent à la nature de la rédaction, les autres aux événemens qui viennent d'avoir lieu. Il y avait peut-être du courage à repousser la calomnie, lorsqu'elle était protégée; il serait peu généreux d'insister sur des choses que les circonstances ont confondues. On a donc substitué des chapitres à des chapitres; on a mieux aimé présenter moins d'intérêt que de paraître faire de l'héroïsme après coup.

Une chose encore. On ne veut pas exposer le public à prendre le change sur les notes attribuées au comte de Survilliers. On les a publiées sous son nom, parce que, recueillies dans sa conversation, puisées dans ses papiers, elles ne renferment pas un mot qui ne soit de lui, pas une pensée qui ne lui appartienne; mais, quelle que soit la personne qui les a communiquées, on doit prévenir que ce n'est pas du roi qu'on les tient.

CHAPITRE PREMIER.

La mémoire de M. de Bourrienne est-elle bien sûre? — Erreurs matérielles. — Est-ce lui?

Le nom, les fonctions de M. de Bourrienne ont donné à ses Mémoires une importance particulière. On est naturellement porté à croire ce qu'un homme si heureusement placé dit avoir vu, assure avoir conseillé.

Voyons cependant si sa mémoire est aussi sûre qu'il l'annonce, si ses notes sont aussi exactes qu'il le prétend. Choisissons au hasard; vérifions quelques faits qui n'ont pas dû échapper, je ne dis pas au secrétaire intime, à un employé d'état-major, mais à l'homme le moins versé dans notre histoire. M. de Bourrienne prétend, 1er vol., p. 60, que Bonaparte fut envoyé dans la Vendée comme général d'infanterie, et les livres d'ordre du général en chef Hoche constatent qu'il commandait l'artillerie de l'armée de l'Ouest; qu'il rentra dans la vie privée, et ne put se faire employer qu'à l'époque du 13 vendémiaire; les contrôles de l'armée, que je viens de citer, établissent au contraire qu'il fut appelé au cabinet topographique le premier jour complémentaire an II. Or, il était arrivé à Paris à la fin de mai; il avait donc passé trois mois loin de sa troupe. Y a-t-il de quoi justifier les cris de détresse que M. de Bourrienne pousse pour lui? de parler du *pain blanc* qu'il lui fournissait? de s'attendrir sur le pain de munition que consommait Louis? Qu'aurait d'ailleurs de flétrissant la première de ces circonstances? Le général Bonaparte eût partagé la pauvreté commune, et certes il n'y avait rien de honteux à n'avoir pas d'argent, lorsque les chefs de corps touchaient huit francs par mois, que l'un était réduit à demander au gouvernement une paire de bottes, et l'autre à solliciter quelques aunes de drap pour se faire un habit. Quant à la seconde, elle doit plaire aux hommes de la défection; elle forme le seul trait de ressemblance qu'il y ait entre Bonaparte et un des généraux qui les ont devancés dans la carrière qu'ils ont si noblement parcourue. Encore Pichegru a-t-il l'avantage. Il mangeait le pain blanc, et réservait celui qui attendrit M. de Bourrienne, pour ses généraux. C'etait mieux observer les convenances : qui du reste savait mieux les observer que Pichegru ?

M. de Bourrienne raconte, t. II, p. 128, que Desaix s'engagea dans la Haute-Égypte avant les affaires de Salahieh. C'est une erreur : Desaix remplaça le général en chef pendant son absence, et ce ne fut que long-temps après son retour au Caire que l'expédition de la Haute-Égypte mit à la voile. Rappelons les dates : les troupes commencèrent leur mouvement sur le désert le 20 thermidor; elles battirent Ibrahim le 24, et reprirent la route du Caire, où le général Bonaparte rentra le 27, et ce ne fut que onze jours après, c'est-à-dire le 8 fructidor, que Desaix fit voile pour la Haute-Égypte. Le secrétaire intime a sans doute expédié les ordres, les instructions qui furent donnés à ce général; comment a-t-il pu intervertir les dates, confondre des faits qui sont restés dans la mémoire de tous ceux qui ont fait partie de l'armée d'Orient?

M. de Bourrienne nous peint Marmont, t. II, p. 208, comme en disgrâce, et relégué au au commandement de l'artillerie d'Alexandrie. Marmont ne pouvait se considérer comme en exil; il savait ce qu'il lui avait fallu d'adresse et d'intrigues pour déplacer le général Manscourt; qu'elles instances il avait dû employer près du général en chef, à quels artifices il avait été obligé de recourir. Tout cela néanmoins eût été inutile si Menou, avec ses homélies, ne fût venu à son aide. Les insinuations du vieux courtisan produisirent leur effet : Marmont fut nommé, non pas comme le prétendent les Mémoires, au commandement de l'artillerie, mais à celui de l'arrondissement, ce qui est un peu différent.

M. de Bourrienne rapporte, t. II, p. 211, une conversation qui eut lieu à Massoudiah, entre le général en chef et le général Junot; et cependant, à la date qu'il assigne, Junot n'était pas en Syrie!

Il prétend, t. II, p. 226, qu'il n'y avait pas d'Égyptiens à Jaffa, et toutes les pièces de l'état-major établissent qu'ils étaient nombreux, et rentrèrent en Égypte sous l'escorte d'un bataillon de la 9ᵉ demi-brigade.

Il prétend qu'aucun malade n'a été évacué par mer; qu'il n'y avait ni barque, ni vivres, ni médecins, ni gardes pour les conduire; et il est établi qu'il y avait des barques dans le port de Jaffa, qu'elles furent mises à la disposition de M. d'Aure par l'amiral Gantheaume; que les vivres manquaient si peu que, ne pouvant tout emporter, l'armée fut obligée de les livrer aux flammes; que des officiers de santé accompagnèrent toutes les embarcations; qu'enfin ce fut M. Alphonse Colbert, aujourd'hui maréchal-de-camp, qui présida aux soins que réclamait le convoi.

M. de Bourrienne prétend qu'il a suivi le général Bonaparte dans la visite qu'il fit à l'hôpital de Jaffa, que celui-ci parcourut rapidement les salles, et ne toucha aucun pestiféré. Le contraire cependant résulte d'une foule de documens, comme du récit du médecin en chef de l'armée d'Orient, d'un rapport fait à l'Institut par le général Andréossi, etc. Il y a plus, c'est que la visite n'eut pas lieu à l'époque où il la place, c'est-à-dire au retour, mais lorsque l'armée entrait en Syrie. Comment le secrétaire intime a-t-il pu faire un anachronisme semblable? Comment la date d'une visite si périlleuse a-t-elle pu sortir de sa mémoire?

M. de Bourrienne raconte, t. III, p. 286, entre autres anecdotes que nous releverons plus tard, que Murat, par suite d'une faiblesse qu'il n'eut jamais, fut placé dans *la division de Reille*. Or, chacun sait que le général Reille, qui a pris une part si brillante dans nos dernières campagnes, n'était alors qu'un simple officier. Il ajoute qu'à bord de *l'Orient*, Murat resta dans la disgrâce la plus complète; et l'on sait encore que Murat, parti de Gênes, comme le dit M. de Bourrienne, montait *l'Artémise*, qui appareilla de cette place, et non *l'Orient* qui mit à la voile à Toulon.

M. de Bourrienne prétend, t. IV, p. 178, que Kléber ne voyait pas de bon œil l'expédition d'Égypte; c'est Moreau sans doute qu'il a voulu dire, car les lettres imprimées du premier attestent à-la-fois ses sentimens et la répugnance du second.

M. de Bourrienne assure, t. IV, p. 312, que Bonaparte eût vu avec satisfaction une autre issue à ses relations avec Saint-Domingue, qu'un enlèvement et une déportation. Cependant les instructions de Leclerc prescrivaient à ce général de faire passer tous les chefs noirs en France, et le secrétaire intime ne doit pas l'ignorer.

M. de Bourrienne cite une lettre du premier consul, à la date du 27 juin 1802, et il en conclut que Jérôme ne partit pas en 1801, comme le portent quelques biographies, avec l'expédition de Saint-Domingue; la conclusion n'est pas des plus justes. Et puis, qui ne sait que la rectification porte à faux, que Jérôme fut bien véritablement au Cap, qu'il logea près d'un mois chez le préfet colonial?

On lit, t. v, p. 4, que le premier consul, épiant les occasions de compromettre Bernadotte, l'envoya commander dans l'Ouest, espérant qu'il commettrait des fautes dont il lui ferait porter toute la responsabilité. Or, la correspondance de Bernadotte atteste que ce général demanda lui-même le commandement dont il fut revêtu. Il sollicitait depuis long-temps celui de l'armée d'Italie; l'apparition d'une escadre anglaise, sur les côtes, donna de l'inquiétude au premier consul; il le vit, voulut faire preuve de zèle, et offrit ses services qui furent acceptés. Voilà comme la chose se passa, et le secrétaire intime ne peut l'ignorer.

M. de Bourrienne raconte, t. v, p. 146, que Bonaparte demanda à Louis XVIII de renoncer à ses droits au trône. Le fait est faux et M. de Bourrienne le sait bien.

M. de Bourrienne rapporte, t. vii, p. 11, qu'en entrant en Allemagne Napoléon alla se jeter à la tête des Bavarois avec lesquels il battit les troupes ennemies avant que ses propres troupes fussent arrivées. Vrai en 1805, le fait est de toute fausseté, à l'époque où il le place. Les succès qui signalèrent les débuts de la campagne de 1805 sont ceux de Vertingen, de Guntzbourg, de Memingen. Or, le premier est dû au corps de Murat, le deuxième au corps du maréchal Ney et le troisième à celui du maréchal Soult; aucun des trois ne renfermait un seul Bavarois. Les troupes de cette nation ouvrirent la campagne à une autre époque, mais alors elles n'eurent pas l'initiative. L'auteur n'eût pas dû l'ignorer.

M. de Bourienne prétend, t. VII, p. 15, que depuis 1805 le prince Charles renonça à prendre un commandement dans l'armée autrichienne. Qui donc la commandait en 1809?

Tome VII, p. 42 : « L'empereur était arrivé à Paris à la fin de janvier 1806. Il apprit en arrivant que ses troupes occupaient Malte. » L'empereur n'a pu rien apprendre de semblable, car rien de semblable n'avait eu lieu.

Tome VII, p. 160 : « Le duc de Brunswick servait la Prusse depuis 1792! » Quoi, c'est là la date de son entrée au service prussien? M. de Bourrienne a-t-il perdu la mémoire? a-t-il oublié la part que prit le duc aux guerres du grand Frédéric, la victoire de Crevelt? etc.

Tome vii, p. 161 : « À cette époque (celle de la bataille d'Iéna), Bernadotte vint à Hambourg. Je lui demandai ce que je devais croire de sa conduite, etc. » Bernadotte n'alla point à Hambourg à cette époque, il avait mieux à faire. Il alla chercher les Prussiens, qu'il battit à Halle, le 17 octobre à Lubeck, le 6 novembre. Il suivit le mouvement et entra en Pologne avec le reste de l'armée. Il ne put donc dire les belles choses qu'on lui attribue; M. de Bourrienne en convient du reste, car oubliant, p. 201, ce qu'il a écrit p. 161, il raconte qu'il « eut un moment l'espoir, vers la fin de novembre, de revoir Bernadotte à Hambourg. Il ne put y venir, etc. » La conversation que rapportent les Mémoires n'eut donc pas lieu et doit être placée au même rang que celle de Massoudiah.

C'est assez prouver, je crois, combien peu la mémoire du secrétaire intime est sûre, combien peu l'on doit accorder de confiance à ses récits. Comment un homme si long-temps admis à l'intimité du premier consul a-t-il pu se méprendre à ce point? comment a-t-il été amené à travestir les intentions de son chef? à confondre, à dénaturer, à falsifier même les actes auxquels il prêta le secours de sa plume, les faits dont il fut témoin? Est-ce lui toutefois qui s'est chargé de cette tâche odieuse? ou quelque secrétaire, brochant à l'ombre, l'a-t-il accablé de son ignorance et de sa mauvaise foi? Voyons, examinons.

CHAPITRE II.

Ce ne peut être lui. — Erreurs qu'il n'eût pas faites.

Le premier volume rappporte p. 52 : que M. de Bourrienne, nommé secrétaire d'ambassade à Stuttgard, partit le 2 août 1791 pour se rendre à son poste et ne revit Bonaparte qu'en 1795. Le troisième, p. 52, revient sur cette version et raconte que M. de Bourrienne n'a pas quitté Bonaparte depuis 1792 jusqu'en 1804. Auquel des deux croire? ou plutôt comment croire que de telles choses soient échappées à M. de Bourrienne? Eût-il oublié des relations qui pourtant s'oublient peu à cette époque de la vie, les souvenirs de l'émigration étaient là pour lui rappeler qu'il n'avait pas toujours suivi le général Bonaparte. Il nous raconte trop au long ses angoisses, les peines qu'eut le général à obtenir sa radiation, pour admettre qu'il ait pu écrire les choses qu'on lui prête.

« On sait, est-il dit, t. iv, p. 350, que le lieu d'où il (Napoléon) dictait le bulletin était aussi d'une grande importance pour lui : on l'a vu dater de Moscou des décrets sur le théâtre et le bœuf salé de Hambourg. » On croirait d'après ce passage que l'empereur courait puérilement après les noms, qu'il calculait les lieux et que les mesures si diverses qu'il a prises sur tant de sujets, au milieu des méditations du bivouac, n'étaient que des inspirations de vanité. Il n'en est rien cependant; le gouvernement était organisé de telle sorte que chaque jour avait son travail et que les affaires qui exigeaient la décision du chef de l'état venaient le chercher où les événemens de la guerre l'avaient conduit, c'est du reste ce que nous apprend le volume vii. « Napoléon, est-il dit, p. 270, s'occupait à Varsovie des besoins de son armée, mais il gouvernait la France comme s'il eût été à Paris. Chaque jour des estafettes et de temps à autre ses inutiles auditeurs au conseil d'état lui apportaient, avec plus ou moins d'exactitude, les dépêches de l'ombre de gouverne-

ment qu'il avait laissé à Paris. Les portefeuilles des ministres arrivaient chaque semaine, à l'exception de celui des relations extérieures, qui, resté d'abord à Mayence avec l'impératrice, avait été appelé à Varsovie, et du ministre de la guerre Clarke, qui, pour le malheur de Berlin, en était gouverneur. Cet ordre de choses dura pendant les dix mois que l'empereur fut absent de Paris. »
Ainsi ce n'était pas une vanité puérile qui assignait les lieux, c'étaient la marche, l'ordre de l'administration et les hasards de la guerre qui les déterminaient. Le dirai-je néanmoins; ce paragraphe quoiqu'il fasse justice du précédent et indique une main moins étrangère à la marche de l'administration impériale, ne me paraît pas pouvoir être attribué à M. de Bourrienne, car comment supposer qu'un agent diplomatique ignore à qui était confié le portefeuille de la guerre? qu'il attribue à Clarke des fonctions dont Berthier était revêtu? et surtout qu'il cumule sur la même tête le ministère de la guerre et le gouvernement de Berlin? Jamais anachronisme, jamais inconvenance semblable ne sont échappés à sa plume.

Une autre preuve que M. de Bourrienne est innocent des mensonges qu'on a répandus sous son nom, c'est l'incertitude d'un fait, dont en sa qualité d'agent diplomatique, il ne peut ignorer la date; je veux parler de la paix conclue entre la France et la Turquie. Le troisième volume, p. 336, la rapporte à l'époque du traité d'Amiens, tandis que le t. VII, p. 144, la range dans les transactions du dernier semestre de 1806. Or, M. de Bourrienne, accrédité dans une place dont il nous révèle l'importance, sait de reste que ce traité, fait à Paris le 25 juin 1802, était conclu bien avant la mission du général Sébastiani auquel ses Mémoires ont l'air d'en faire honneur.

Enfin, M. de Bourrienne n'eût pas fait périr sous les murs de Hambourg le général Vandamme, qui est encore plein de vie. Il n'eût pas chargé de la construction des ponts de Haarbourg le général Bertrand, qui est sans doute un excellent officier de génie, mais qui, à l'époque dont il s'agit, commandait le quatrième corps. Il n'eût mis, après Tilsitt, le général Guilleminot aux prises avec Mustapha Baraictar, qui avait depuis long-temps perdu le pouvoir et la vie. Il n'eût pas tué le général Boudet, à Marengo, fait marcher Carra-Saint-Cyr sur Naples, car il sait que l'un commandait à Saint-Domingue, à Wagram, et que si l'autre porta les armes contre le roi des

Deux-Siciles, ce ne fut pas dans l'expédition dont il parle. Peu importe, du reste; il s'agit de l'ouvrage et non de l'auteur. Je passe aux Mémoires.

CHAPITRE III.

Arrestation du général Bonaparte. — Motifs que lui attribue M. de Bourrienne. — Ce n'est pas cela.

Suivant M. de Bourrienne, la disgrâce du général Bonaparte ne fut due ni à une divergence d'opinion sur les opérations militaires, ni à une complicité, comme il l'appelle, du général avec Robespierre jeune. Il en donne pour preuve un arrêté des représentans du peuple, pris à Barcelonnette, le 19 thermidor an II. Mais M. de Bourrienne sait mieux que personne qu'un arrêté n'énonce pas pour l'ordinaire tous les motifs qui l'ont fait rendre; que souvent même ceux qu'il énonce ne sont pas les véritables. Comment, en effet, avouer dans un acte public, officiel, des ressentimens, des suspicions, pour justifier une mesure aussi grave que celle dont il s'agit envers un homme à qui l'on devait la prise de Toulon, le succès de Saorgio? Mais, pour n'être pas énoncés dans l'arrêté, cés motifs n'en sont pas moins réels. Ouvrons la lettre où les représentans rendent compte de la suspension au comité de salut public. C'est une pièce confidentielle; là sans doute ils ont parlé à cœur ouvert :

A Barcelonette, le 9 thermidor, l'an II de la République une et indivisible et démocratique (6 août 1794).

AU NOM DU PEUPLE FRANÇAIS, LIBERTÉ, ÉGALITÉ.

Les Représentans du peuple près l'armée des Alpes, aux Représentans du peuple composant le comité de salut public de la Convention nationale.

Chers collègues,

La tête du tyran est tombée, et le voile se déchire. Salicetti arrive après avoir échappé à la mort que des assassins lui avaient préparée sur sa route. Ils ont abattu à sa place la Converserie, chef estimable de la 100ᵉ demi-brigade, qui était à la suite de notre collègue.

Enfin nous respirons ensemble; mais en rapprochant tous les faits, la trahison nous paraît évidente, et nos cœurs, comprimés jusqu'à ce jour, ont besoin de s'épancher. Depuis trois mois Laporte et Albitte étaient à l'armée des Alpes; ils n'ont vécu que d'incertitude, tandis qu'à l'armée d'Italie Salicetti était à charge à Robespierre et Ricord, et que ceux-ci l'éloignaient le plus qu'ils pouvaient des conseils.

Un plan de campagne avait reçu votre approbation; il devait être secret, et surtout il devait être exécuté. Eh bien! le plan est devenu public à l'armée d'Italie. Nos ennemis le connaissent; ils savent si bien que l'armée des Alpes a été affaiblie, et ils comptent si fort sur l'inaction de celle d'Italie, qu'ils se montrent en forces supérieures sur tous les points, depuis le Saint-Bernard jusqu'aux Barricades, et qu'ils cherchent à prévenir le coup qui les menace, par les préparatifs d'une attaque générale, sur la ligne des Alpes.

Il n'y avait que les opérations vigoureuses de l'armée d'Italie, du côté de Coni et Ceva, qui pussent dérouter le plan d'attaque de l'ennemi, par une diversion puissante; mais depuis trois mois, cette armée n'a fait aucun mouvement; c'est sans son secours que nous avons pris les Barricades; et, lorsque depuis long-temps vous lui ordonnez de marcher sur Coni, on la laisse croupir dans la plus inconcevable stagnation. Sa formidable artillerie de siége est encore en ce moment sur les sables d'Antibès, où les chevaux, exposés depuis trois mois aux rayons du soleil, périssent de la manière la plus alarmante.

Enfin, il faut que vous sachiez que Bonaparte et Ricord lui-même ont avoué à Salicetti qu'on ne ferait que semblant d'assiéger Coni, mais qu'il ne fallait en rien dire aux représentans près l'armée des Alpes.

De là nous concluons que nous étions joués par les intrigans et les hypocrites; qu'on ne voulait pas exécuter votre arrêté; qu'on voulait au contraire laisser dans l'inaction une armée de 80,000 hommes; qu'on voulait préparer des revers à l'armée des Alpes, flétrir les lauriers dont elle s'est couverte par son courage; livrer par conséquent les portes du Mont-Cenis et du Saint-Bernard, que le général Dumas n'avait pas suffisamment garnies de troupes, et nous attirer devant Demont, sur la bonne foi, pour nous y abandonner et nous livrer à de nouveaux échecs.

Tel était, citoyens collègues, le plan, bien

connu aujourd'hui, de Robespierre et Ricord; il cadre parfaitement avec tous les mouvemens de l'ennemi. Bonaparte était leur homme, leur faiseur de plans, auxquels il nous fallait obéir. Une lettre anonyme, datée de Gênes, nous a prévenus qu'il y avait un million en route pour corrompre un général. Tenez-vous sur vos gardes, nous disait-on; Salicetti arrive, il nous apprend que Bonaparte s'est rendu à Gênes, autorisé par Ricord. Qu'allait faire ce général en pays étranger? Tous nos soupçons se fixent sur sa tête; Salicetti nous apprend que, d'un autre côté, Ricord a placé ses beaux-frères et ses parens à la tête de la partie des vivres et des charrois de l'armée, et nous savions déjà que ces deux administrations étaient dans l'état le plus déplorable. On dit de tous côtés que Robespierre et Ricord ont manigancé sur les vivres avec Haller, leur homme de confiance. Celui-ci vient d'émigrer pour se soustraire au mandat d'arrêt lancé contre lui; nous soupçonnons Ricord de l'avoir prévenu, et même de lui avoir donné un passeport pour se retirer à Gênes. Ce qui nous confirme dans cette idée, c'est qu'Haller, en émigrant, s'est fait accompagner par Malabry et sa femme, cousin germain de Ricord, et qu'il proposait même à la femme Ricord de le suivre. Nos soupçons sont au point que nous craignons, au retour de Salicetti à Nice, qu'il n'apprenne l'émigration de Ricord lui-même, qui ne manquerait pas de se munir du plan de campagne. On dit que Ricord et Robespierre ont eu de fortes sommes en numéraire à leur disposition : tout cela nous indique qu'il y a de grandes mesures à prendre.

Mais soyez tranquilles, citoyens collègues, quelque difficile que soit notre position, nous déjouerons par un accord heureux les projets des fripons et des traîtres. Nous avons les yeux ouverts de tous côtés. Le plan de campagne sera changé, la discipline sera établie dans l'armée d'Italie; elle ne demande qu'à être maintenue dans l'armée des Alpes, car elle y règne. De nouvelles dispositions commandées par les circonstances vont être faites, et les satellites du tyran seront encore battus, si nous en croyons nos pressentimens. Il importe d'abord d'écarter Ricord et Bonaparte; nous allons prendre sur nous de nous assurer de leur personne ainsi que de leurs papiers, et de vous les envoyer à Paris.

Il importe ensuite qu'il n'y ait qu'une députation pour les deux armées des Alpes et d'Italie, parce que les opérations de l'une et l'autre tendent au même but; c'est à vous, citoyens collègues, à prononcer notre réunion, et à nous, à nous distribuer la besogne selon le besoin des circonstances; c'est encore à vous à nous adjoindre, si vous le croyez nécessaire, un collègue prudent, habile et capable, pourvu que, comme Ricord, il ne soit pas du pays.

Nous venons de faire renforcer la partie du Saint-Bernard et du Mont-Cenis par le 10e bataillon de l'Isère; un bataillon de la colonne de gauche de l'armée d'Italie vient de recevoir l'ordre de passer aux Barricades pour y remplacer un bataillon de la colonne Vaubois qui se porte plus sur la gauche pour arrêter les projets de l'ennemi sur la partie du château Dauphin; nous venons d'appeler 12,000 hommes des dépôts de Commune Affranchie pour renforcer encore cette partie; et la diversion que nous espérons faire opérer bientôt par l'armée d'Italie, en forçant les ennemis de se dégarnir sur tous les points des Alpes où ils se montrent en forces, doit nécessairement en dérouter les projets, et mettre les deux armées de la République à portée de cueillir des lauriers nouveaux.

Nous comptons que vous ne mettrez aucun délai à répondre à notre lettre; elle est dictée par l'amour de la patrie; c'est cet amour sacré qui nous fait espérer des succès au moment même où l'ennemi croit pouvoir en obtenir sur nous.

Vous voudrez bien, chers collègues, adresser tous les ordres que vous aurez à nous donner à Nice, où Salicetti et Albitte se rendent à l'instant, tandis que Laporte reste à l'armée des Alpes pour correspondre et suivre les opérations convenues.

Albitte. Salicetti. Laporte.

On voit qu'il y a de tout dans cet acte sévère : divergence d'opinion, jalousie, ressentiment. Les représentans n'ignorent pas la mission de Gênes; mais un général doit être corrompu. Lequel? Le plus influent, le plus capable, celui qui a contrarié les vues que ces généraux-amateurs avaient sur les Alpes, le général Bonaparte. Le rapport de Gênes ne suffit pas néanmoins pour faire prononcer la suspension, mais une autre pièce est tombée dans les mains des représentans; elle compromettait Ricord : Ricord avait envoyé Bonaparte dans la Ligurie : tous deux étaient odieux; n'osant sévir contre l'un, on se dédommagea sur l'autre; voici cette pièce, et la manière dont elle fut envisagée :

Port la Montagne, le 18 thermidor an 11 de la République française (5 août 1749).

Copie de la lettre écrite par le citoyen Lantard, membre du Comité de surveillance, au citoyen Ricord, représentant du peuple.

L'orage se grossit dans ce pays contre nous. Ta présence y est absolument nécessaire, ainsi pars de suite. Un envoyé du comité de salut public est ici avec des pouvoirs; tu es directement compromis et intéressé. Si contre toute attente tu ne peux venir sur-le-champ, envoie-moi un ordre par un courier extraordinaire, d'aller te joindre; je t'informerai de tout.

Salut et respect à la représentation nationale.

Signé : LANTARD.

Pour copie conforme :

ALBITTE. SALICETTI.

Nice, le 25 thermidor an 11 de la République française (12 août 1794).

Les Représentans du peuple près l'armée d'Italie, au Comité de salut public.

Chers collègues,

Nous vous envoyons ci-joint copie d'une lettre qu'un citoyen Lantard, membre du comité de surveillance du port de la Montagne, adressait à Ricord. Elle nous a paru de nature à mériter votre attention, surtout dans les circonstances actuelles où Ricord peut se trouver compromis dans les intrigues des infâmes Robespierre : notre collègue Jambon Saint-André, qui en est prévenu, pourra mettre au port de la Montagne, en état d'arrestation, l'auteur de la lettre.

A notre arrivée à Barcelonette, nous avons mis le général Buonaparte en état d'arrestation : on examine ses papiers. Son successeur reçoit de de lui des renseignemens nécessaires pour la direction de l'artillerie, tant de siége que de campagne, qui se trouve préparée.

Nous aurons soin de vous rendre compte

sous peu du parti que nous aurons cru devoir prendre à son égard.

Salut et fraternité.

Signé : ALBITTE. SALICETTI.

Ainsi Bonaparte est suspendu, arrêté même pour les motifs que conteste M. de Bourrienne. Voyons si cet écrivain est plus heureux dans les rectifications qu'il propose au sujet de la mise en liberté. Ses devanciers, quelques-uns du moins, avaient prétendu que le général Bonaparte n'avait été rendu à ses fonctions que par *l'impossibilité* où s'étaient vus les représentans de se passer de lui. C'est pure flatterie; flatterie posthume à la vérité et par cela même plus odieuse. Voici cependant une pièce qui justifie presque l'expression que combat M. de Bourrienne : le rectificateur nous dira ce qu'il pense de sa rectification.

A Nice, le 7 fructidor an II.

Aux citoyens Représentans du peuple, composant le Comité de salut public de la Convention nationale.

Chers collègues,

Par le courrier que nous vous avons envoyé de

Barcelonette conjointement avec notre collègue Laporte et par lequel nous vous instruisons de nos mesures concertées et des soupçons graves que nous avions sur Ricord et Buonaparte, général d'artillerie, nous vous annoncions que l'un et l'autre vous seraient envoyés; vous avez rappelé le premier; le second, comme nous vous l'avons déjà mandé, a été mis par nous en état d'arrestation. Par l'examen de ses papiers et tous les renseignemens que nous avons pris, nous avons reconnu que rien de positif ne pouvait faire durer sa détention plus long-temps.

Surtout quand nous avons trouvé l'arrêté de Ricord dont nous vous envoyons copie, par lequel ce représentant envoyait à Gênes le général Bonaparte, et que nous nous avons *été convaincus de l'utilité dont nous peuvent être les talens de ce militaire qui, nous ne pouvons le nier, deviennent très-nécessaires dans une armée, dont il a mieux que personne la connaissance et où les hommes de ce genre sont extrêmement difficiles à trouver.*

En conséquence, nous l'avons remis en liberté, sans cependant l'avoir réintégré, pour tirer de lui tous les renseignemens dont nous avons besoin, et nous prouver, par son dévouement à la chose publique et l'usage de ses connaissances, qu'il peut reconquérir la confiance et rentrer dans un emploi qu'au demeurant il est très-capable de remplir avec succès et où *les circonstances et la position critique dans laquelle se trouve l'armée d'Italie pourraient nous obliger de le remettre provisoirement*, en attendant les ordres que vous pourrez donner à son égard.

Salut et fraternité.

SALICETTI. ALBITTE.

Toutes ces pièces, comme on le voit, ne sont plus revêtues que de deux sigatures. Pourquoi cela? Pourquoi, ainsi que le demande M. de Bourrienne, la réclamation du général Bonaparte ne fait-elle pas mention de Laporte? Par la raison toute simple que ce représentant était resté à l'armée des Alpes.

CHAPITRE IV.

Commission. — Le général d'infanterie. — Destitution du général Bonaparte. — Son dénûment.

M. de Bourrienne met une sorte d'affectation à défendre le général Bonaparte contre des soupçons d'espionnage qui n'ont jamais existé. On a vu que ni la correspondance, ni les arrêtés n'élèvent aucune inculpation de cette espèce. Les représentans ont un tout autre grief; les plans de Ricord et de Robespierre jeune, c'est-à-dire ceux du général d'artillerie, l'ont emporté sur ceux qu'ils présentaient; c'est là surtout ce qui les indispose; le voyage de Gênes, la tentative de corruption qui se prépare, ne servent qu'à colorer le dépit qui les anime. Vraies ou fausses d'ailleurs, ces imputations n'ont pas eu les conséquences que semble leur attribuer M. de Bourrienne; car le général Bonaparte fut réintégré dans ses fonctions et les conserva jusqu'au début de la campagne suivante. Ce ne fut en effet qu'à l'arrivée de Kellermann qu'il quitta l'armée dont il avait jusque-là dirigé les mouvemens sous le nom du général Dumerbion. Il fut envoyé dans l'Ouest, il est vrai, non pas toutefois comme général d'infanterie, mais en qualité de commandant en chef de l'artillerie de l'armée. La destination lui déplut; il se vit avec peine éloigné du théâtre de ses premiers succès et vint réclamer à Paris. Il y fut mal accueilli, mais les revers essuyés par Kellermann lui firent rendre justice. On le consulta, on apprécia ses conseils; il fut alors attaché au cabinet topographique. Ce fut aussi alors, mais alors seulement qu'il fut remplacé dans le commandement de l'artillerie à l'armée de l'Ouest, ainsi que le prouve la lettre du général en chef :

1er jour complémentaire an III.

ARMÉE DE L'OUEST.

Au Chef de l'État-Major.

Je vous donne avis, général, que le comité de salut public ayant appelé près de lui le général de brigade Bonaparte, je le fais remplacer dans ses fonctions par le chef de brigade Dutol, auquel j'ai adressé l'ordre de prendre le commandement de l'artillerie confié à ce général.

HOCHE.

Que devient maintenant ce prétendu arrêté du comité de salut public que rapportent les Mémoires, t. 1er, p. 70 ? Où de M. de Bourrienne l'a-t-il pris ? Comment n'a-t-il fait attention ni aux noms, ni à la date ? Comment une décision, rendue contre Bonaparte au moment où il dirigeait l'expédition d'Oneille, où il enlevait Vado, Montenotte, n'a-t-elle pas éveillé ses soupçons ? Comment n'a-t-il pas vu que la mesure dont il frappe le général Bonaparte dans le courant de juin ou de juillet 1795, avait plus d'un an de date ? Que cet officier n'avait pu refuser une destination qu'on ne lui avait pas donnée, que sa destitution n'a jamais eu lieu, que le décret est l'œuvre d'un faussaire maladroit ?

Résumons : le général Bonaparte a quitté l'armée d'Italie vers la fin de floréal an III. Appelé au comité dans le courant de messidor, il a été remplacé dans le commandement de l'artillerie de l'Ouest le premier jour complémentaire. Il n'a donc jamais été sans emploi, ni par conséquent privé de son traitement. Il a pu éprouver les embarras de la gêne; quel militaire n'en éprouvait à une époque où la solde se payait en assignats qui étaient tombés dans un entier discrédit? mais jamais il n'a été à la merci de la pitié publique, ainsi que voudrait le faire croire M. de Bourrienne. En voulez-vous une preuve? passez à la page 71, vous trouverez que le général Bonaparte reçut 3,000 fr. de Saliceti, pour prix d'une voiture qu'il lui avait vendue. Or, ce supplément, ajouté à sa solde, était plus que suffisant pendant le peu de mois que comprend l'époque dont il s'agit, pour le mettre à l'abri du besoin. En voulez-vous une autre? Louis nous la fournit. « Napoléon, dit-il, dans la réponse qu'il a faite à Walter Scott, au sujet de la pénurie qui nous occupe, Napoléon jouissait de son traitement d'officier-général et il avait auprès de lui trois officiers, Junot, Marmont et moi. Il est vrai que Marmont le quitta bientôt après pour rejoindre son régiment à l'armée du Rhin; mais Junot demeura auprès de lui. Quant à moi, je fus envoyé, à cause de mon extrême jeunesse, à l'école d'artillerie de Chalons, et c'est lui qui pourvoyait à toutes les dépenses qui m'étaient relatives.»

CHAPITRE V.

Évacuation des pestiférés de Jaffa. — Les Égyptiens. — Visite de l'hôpital. — Comment M. de Bourrienne a-t-il pu à ce point perdre la mémoire?

M. de Bourrienne n'a pas été mieux servi par ses souvenirs sur la campagne de Syrie que sur les autres événemens dont il a été témoin. M. d'Aure, ancien ordonnateur de l'armée d'Orient, crut devoir relever quelques erreurs qui attaquaient une administration dont le zèle et le dévouement avaient plusieurs fois mérité les éloges du général en chef. Sa première réclamation fut accueillie dans les journaux. Mais les rédacteurs, prenant bientôt parti pour l'ouvrage, fermèrent leurs feuilles à des discussions qu'ils avaient engagées. M. d'Aure persista néanmoins à signaler les accusations étranges dont ils se rendaient l'écho; ses instances furent vaines, il ne put rien obtenir. Nous publions ses observations; le public jugera dans quel intérêt elles ont été si obstinément repoussées.

A Monsieur le Rédacteur du Journal des Débats.

Monsieur le Rédacteur,

Il se trouve dans les Mémoires que vient de publier M. de Bourrienne, ancien secrétaire particulier du général en chef Bonaparte pendant les campagnes d'Orient, le passage suivant, t. II, p. 254 et 255 :

« Ici j'ai un devoir rigoureux, je le remplirai, « je dirai ce que je sais, ce que j'ai vu.

« J'ai lu dans un ouvrage :

« Bonaparte, arrivé à Jaffa, ordonna trois « évacuations de pestiférés, l'une par mer, sur « Damiette, et *par terre*, la seconde, sur Gaza, « et la troisième sur Elarich.

« Dans ce peu de lignes, autant d'inexactitudes « que de mots.

« Comment aurait-on pu évacuer par mer? il « n'y avait pas une barque; et puis où prendre « les vivres, les médecins, la garde pour les conduire? »

Ancien intendant-général de l'armée d'Orient, à laquelle je me ferai toujours honneur d'avoir appartenu, je dois, dans cette circonstance, répondre à M. de Bourrienne, relever l'erreur dans laquelle il est lui-même tombé, et faire connaître au public la vérité, tâche qu'il m'est facile de remplir, et lui prouver qu'une évacuation de blessés et de pestiférés se fit par mer sur Damiette; qu'elle eut lieu au moyen des barques que nous trouvâmes dans le port de Jaffa, des vivres que nous prîmes dans les magasins de la place, et des officiers de santé que les ambulances et les corps de l'armée nous envoyèrent.

Je vais donc, monsieur le rédacteur, donner connaissance à vos lecteurs des faits dans leur plus grande exactitude.

Lors du retour de l'armée à Jaffa, après que le siége d'Acre eut été levé, le général en chef Bonaparte, voulant entièrement faire évacuer par terre et par mer tous les malades sur l'Égypte, m'ordonna de me rendre dans la place, afin d'y prendre toutes les dispositions nécessaires pour faire partir tous les blessés et pestiférés, soit par mer, sur Damiette, soit par terre, sur Elarich, mission qui n'était pas sans quelques dangers à courir. Le général Berthier, chef de l'état-major de l'armée, m'adjoignit, pour me seconder dans cette opération, l'adjudant-commandant Leturc, tué depuis à la bataille d'Aboukir.

L'évacuation par mer, sur Damiette, se fit par l'embarquement des blessés et des pestiférés, sur sept bâtimens qui se trouvaient dans le port de Jaffa, mis à ma disposition par l'amiral Gantheaume, et commandés par des officiers de marine. Ces bâtimens étaient *le Chebec, la Fortune, la Chaloupe, l'Hélène* et *les Djermes* n°s 1, 3, 4, 5 et 6.

Les bâtimens furent approvisionnés par les magasins de la place qui étaient tellement pourvus, que le général Bonaparte ordonna, le 7 prairial, qu'il serait distribué pour dix jours de vivres à toute l'armée, ordre qui fut exécuté, quoiqu'il n'y eût que deux jours de marche de Jaffa à Gaza, où les magasins étaient également approvisionnés. La ration était composée de huit onces de biscuit, six onces de riz, un quart de livre de viande et deux onces d'huile. Malgré cette distribution, les magasins étaient encore remplis, et le général en chef, ne voulant pas les laisser tomber entre les mains de l'ennemi, me donna l'ordre, le 9 prairial, de les faire brûler ou détruire, ce qui fut exécuté par les soins du commissaire des guerres Villard, chargé du service de la place.

Quant aux officiers de santé, comme il n'en restait pas un seul des trente-quatre que nous y avions laissés pour le service des hôpitaux, qu'ils étaient tous morts de la peste, MM. Larrey et Desgenette désignèrent MM. Rosel, André, Lagier, Javanat, Leclerc, Gleze et Morangers, tous officiers de santé appartenant aux ambulances et aux corps de l'armée. En conséquence, on en plaça un sur chacun des bâtimens, ainsi qu'un employé des hôpitaux, pour donner des soins aux malades et blessés, leur faire distribuer des vivres et tenir la comptabilité.

Le convoi mit à la voile, sous la conduite de M. le commissaire des guerres, Alphonse Colbert, aujourd'hui maréchal-de-camp des armées du Roi.

Quant à l'évacuation par terre, elle se fit sur Elarich, notre première place forte sur la frontière de l'Égypte. Le convoi partit de Jaffa, sous les ordres de l'adjudant-commandant Boyer, actuellement lieutenant-général en retraite, et sous l'escorte du 2e bataillon de la 69e demi-brigade. Le commissaire des guerres Grobert, à présent retiré du service, et habitant Chambéry, fut chargé de la police du convoi, qui fut si bien approvisionné de vivres, que ce commisssaire des guerres, qui avait reçu l'autorisation nécessaire pour en prendre à Gaza, écrivit de cette place à l'intendant-général qu'il était suffisamment pourvu pour aller jusqu'à Elarich, qu'il ne prendrait rien à Gaza. Le convoi arriva sans besoin et sans malheur à sa destination; il n'en fut pas de même de celui de mer, qui fut en partie pris par l'escadre anglaise. Parmi les prisonniers qui furent faits dans cette occasion, mon ami, le commissaire des guerres, Alphonse Colbert, fut du nombre et resta, contre le droit des gens, plusieurs mois prisonnier à bord d'un des bâtimens anglais par les ordres de l'amiral sir Sidney Smith.

Après trois jours de séjour dans la place de Jaffa, ma mission étant remplie, je rentrai au camp avec M. l'adjudant-commandant Leturc, les commissaires des guerres Signoret (1) et Villard; ces deux derniers, qui m'avaient secondé avec un zèle et un courage remarquables, furent victimes de leur dévouement, et le premier mourut de la peste, à Catieh, dans la traversée du

(1) M. Signoret mourut à Catieh, dans la tente de l'ordonnateur Sartelon.

désert, quelques jours après notre départ de Jaffa, et le second quelque temps après; ils furent vivement regrettés.

A notre retour au camp, le général Bonaparte nous témoigna hautement sa satisfaction, récompense bien honorable, dont nous fûmes très-heureux.

Voilà, M. le rédacteur, le récit exact. Tous les faits mentionnés sont consignés dans mes registres de correspondance ou extraits d'ordres que je reçus du général en chef Bonaparte, pièces que j'ai conservées religieusement, ordres tous écrits de la main de M. de Bourrienne, alors secrétaire particulier de ce général.

Je suis fâché de me trouver dans l'obligation de relever les erreurs que j'ai remarquées dans l'ouvrage de M. de Bourrienne, avec lequel je n'ai jamais eu en Égypte que les relations les plus amicales; sa position, l'autorité de son nom, la place qu'il a long-temps occupée près du général en chef Bonaparte, sont les seuls motifs qui m'ont déterminé à ne pas laisser subsister des assertions qui, quoique faites avec conscience, n'en sont pas moins dangereuses, puisqu'elles sont contraires à la vérité.

Ne pourrait-on pas engager les écrivains qui

font de l'histoire avec leurs souvenirs, des Mémoires avec le secours de la plume de leurs amis, et sur des *on dit*, à consulter les personnes qui, étant munies de pièces authentiques, donneraient à l'histoire la vérité qu'elle réclame, et aux Mémoires l'exactitude exigée et si souvent outragée de nos jours?

J'ai l'honneur d'être, M. le rédacteur, avec une parfaite considération,

Votre très-humble et très-obéissant serviteur,

D'AURE.

Paris, le 16 avril 1829.

A Monsieur le Rédacteur du Journal des Débats.

Monsieur,

La lettre que j'ai eu l'honneur de vous écrire le 16 avril dernier, avait seulement pour but de relever, dans l'ouvrage de M. de Bourrienne, une erreur dont j'avais été frappé. Comme ancien chef de l'administration de l'armée d'Orient, j'ai cru devoir rétablir la vérité, et rendre un hommage public au zèle courageux, au dévouement honorable des personnes employées à l'évacuation par mer sur Damiette, des blessés et des pestiférés de Jaffa. Opposer à une simple assertion de M. de Bourrienne, des faits appuyés par des témoignages respectables, justifiés par des pièces authentiques, me semblait répondre d'une manière assez victorieuse; vous ne la jugez pas suffisante, Monsieur, et après avoir lu la lettre de M. de Bourrienne, vous demeurez en suspens sur le fait du transport des pestiférés; permettez-moi d'appeler de ce doute au public, et de croire qu'entre les paroles et les actes, il demeurera moins indécis que vous ne paraissez l'être.

M. de Bourrienne passe légèrement, dans sa lettre (1), sur l'accusation très-grave, que, dans son ouvrage, il porte contre l'administration de l'armée d'Orient; je reproduis ici les expressions de sa lettre du 22 avril :

« Je ne nie pas qu'il ait pu être évacué par
« mer des blessés, des hommes attaqués d'oph-
« talmie, des malades. »

Alors pourquoi M. de Bourrienne a-t-il écrit dans son livre :

« Comment aurait on pu évacuer par mer?
« il n'y avait pas une barque, et puis où pren-

---

(1) La réponse qu'il avait faite à la précédente.

« dre les vivres, les médecins, la garde pour les
« conduire. »

C'est une assertion dont j'ai voulu prouver l'inexactitude, par ma lettre du 16 avril; je persiste à croire ma réclamation très-fondée, et à penser qu'elle devait être accueillie par M. de Bourrienne avec plus de faveur. Il y avait des barques dans le port de Jaffa. Je lui ai indiqué celles qui furent mises à ma disposition par l'amiral Gantheaume; il y avait des vivres dans les magasins, et en telle quantité, que ne pouvant tout distribuer et emporter, une partie fut détruite afin que l'ennemi n'en pût faire son profit; il y avait des officiers de santé, j'ai nommé ceux qui furent répartis sur les barques; enfin, il y avait un commissaire des guerres pour assurer l'exécution relative à la distribution des vivres et aux soins qu'exigeaient les malades; j'ai déjà dit que ce commissaire des guerres était M. Alphonse Colbert, aujourd'hui maréchal-de-camp. Ces détails me semblaient assez étendus, assez circonstanciés, pour satisfaire à toutes les exigences, et j'attendais, de la part de M. de Bourrienne, une déclaration franche, loyale, que ses souvenirs l'avaient mal servi. J'ajoute que, si cela était nécessaire, je pourrais donner les détails sur l'arrivée d'une partie du convoi à Damiette, sur l'envoi de ces malades au Caire, sur leur voyage par le Nil, et sur leur arrivée dans le grand hôpital d'Ibrahim Bey.

M. de Bourrienne ne s'attendait pas, dit-il, à des reproches et à se voir renvoyer aux pièces officielles. Je n'ai point parlé de pièces officielles dans ma lettre du 16 avril; le mot reproche ne s'y trouve pas, à moins que M. de Bourrienne ne le juge synonyme du mot redressement. Il importait à l'administration de l'armée d'Orient qu'un fait inexact fût redressé; comme chef de cette administration, j'ai cru qu'il était de mon devoir de rétablir le fait.

Mon intention n'était nullement d'entrer en discussion sur tous les objets dont il est fait mention dans la lettre de M. de Bourrienne; mais puisqu'il semble provoquer ce débat, je relève volontiers le gant qu'il me jette, et profite avec plaisir de la licence qu'il veut bien donner à ses lecteurs. « Je ne me plaindrai jamais, dit-il, des « éclaircissemens qu'on pourrait me donner. « J'aime trop la vérité pour cela; je ne fais mes « Mémoires que pour elle, et je n'ai besoin que « de consulter mes souvenirs, mes notes et les

« nombreux manuscrits que j'ai eu le bonheur « de conserver. » Moi aussi, monsieur, je n'aurai besoin, pour rétablir les faits dans toute leur exactitude, que de consulter mes souvenirs, mes notes et les pièces nombreuses, authentiques dont je suis possesseur; mais je ne juge pas sans autorité le témoignage des hommes honorables, acteurs ou spectateurs des événemens qui se sont passés sous mes yeux : ce témoignage, je l'invoque sur d'autres faits rapportés d'une manière inexacte, tant dans l'ouvrage de M. de Bourrienne que dans sa lettre du 22 avril.

Je commencerai par la visite à l'hôpital de Jaffa; elle eut lieu le 21 ventose, cinq jours après notre entrée dans cette ville. Le général en chef Bonaparte, accompagné du docteur Desgenette, médecin en chef de l'armée, et d'une partie de son état-major, visita cet hôpital dans le plus grand détail; il fit plus que de toucher les bubons : aidé d'un infirmier turc, le général Bonaparte souleva et emporta un pestiféré qui se trouvait au travers de la porte d'une des salles; cette action nous effraya beaucoup, parce que l'habit du malade était couvert d'écume et des dégoûtantes évacuations d'un bubon abcédé. Le général continua avec calme et intérêt sa visite, parla aux malades, chercha, en leur adressant des paroles de consolation, à dissiper l'effroi que la peste jetait dans les esprits, et termina sa longue visite, en recommandant aux soins des officiers de santé les pestiférés auxquels il avait témoigné tant d'intérêt. Je dois ajouter ici que ces officiers de santé remplirent leurs fonctions avec un courage, un zèle, un dévouement au-dessus de tout éloge, et qu'ils suivirent en cela l'exemple qui leur était donné par leurs dignes chefs, MM. Larrey et Desgenette.

Cette visite se fit lorsque l'armée se dirigeait sur Saint-Jean-d'Acre, et avant le siége de cette place; alors c'était utilement s'exposer à un très-grand péril; l'apparition de la peste avait ébranlé le moral des troupes, il fallait le rafermir au milieu des ravages que la peste accroissait chaque jour : les rapports des généraux, des commissaires des guerres, des officiers de santé étaient tellement alarmans, que le général en chef crut devoir donner l'exemple d'un courage nouveau, et s'exposer, en visitant les pestiférés, à tous les périls de la contagion. Le premier effet de cette héroïque témérité fut de faire renaître la confiance, de dissiper les inquiétudes et de ramener la sécurité dans les rangs. Telle est l'exacte vérité sur la visite à l'hôpital des pestiférés de Jaffa; elle était utile au début de la campagne; à la fin, et au retour d'une armée en retraite, cette visite eût été sans but.

Ainsi, M. le rédacteur, le tableau de la peste de Jaffa, qui fait tant d'honneur au beau talent de notre illustre peintre Gros, et qui peut-être est son chef-d'œuvre, n'a pas été fait d'après une scène imaginaire, comme le dit trop légèrement M. de Bourrienne.

Malgré le peu de confiance que les pièces authentiques inspirent à M. de Bourrienne, je lui demande cependant la permission de le renvoyer:

1° A la première édition de l'ouvrage de M. Miot, commissaire des guerres employé à l'armée de Syrie, actuellement colonel d'état-major et chef du bureau du recrutement au ministère de la guerre, ouvrage qui valut à son auteur, sous le gouvernement impérial, l'honneur d'une disgrace.

2° A l'Histoire médicale de l'armée d'Orient, par le médecin en chef Desgenette, p. 43;

3° Au rapport fait le 30 avril 1827, à l'Académie des Sciences, par M. le comte Andréossy, lieutenant-général, sur la candidature de M. Desgenette, rapport dans lequel le général parle comme témoin oculaire, et en sa qualité de sous-chef d'état-major de l'armée d'Orient, de la visite des pestiférés de Jaffa;

4° Je puis encore citer la lettre du 23 ventose, du commissaire des guerres Bouquin, chargé en chef du service de la place de Jaffa, à l'ordonnateur en chef d'Aure, dans laquelle il lui rappelle, qu'en visitant l'hopital de cette place, le général en chef Bonaparte avait ordonné aux Arméniens, Grecs, Capucins et Cheiks, de fournir des effets aux hôpitaux et des infirmiers pour soigner les malades;

5° La lettre écrite le 30 germinal par le commissaire des guerres Villard, laissé à Jaffa pour le service de la place, par laquelle il annonce à l'ordonnateur en chef, que les magasins sur lesquels il demandait des renseignemens, avaient été pillés le jour où le général Bonaparte avait visité l'hôpital des pestiférés de Jaffa.

Dans sa lettre du 22 avril, M. de Bourrienne assure aussi que nous n'avons pas ramené, de Syrie en Egypte, un seul prisonnier, pas rapporté un seul lambeau de drapeau. Je suis encore dans l'obligation de relever ces deux inexactitudes; le général Berthier, chef de l'état-major, remit les drapeaux turcs à M. l'adjudant-commandant Boyer, aujourd'hui lieutenant-général en retraite. Cet officier, qui conduisait un convoi de blessés et malades en Egypte, fit son entrée au Caire à la tête d'un bataillon de la 69ᵉ demi-brigade; les soldats de ce bataillon portaient les drapeaux enlevés à l'ennemi; cette entrée eut lieu quelques jours avant celle de l'armée dans la capitale de l'Egypte.

Quant aux prisonniers turcs, ils furent réunis à Jaffa, au moment de notre retour en Egypte, et mis à la disposition de M. le général de brigade Robin, pour porter sur des brancards, jusqu'à Elarich, les blessés et les malades qui ne pourraient être transportés sur des chameaux, des chevaux, des mulets et des ânes. Ce général était chargé de conduire par terre, en Egypte, un convoi de malades; la plupart de ces prisonniers arrivèrent au Caire, et furent conduits à la citadelle.

Pièces justificatives pour cet objet:

1º Lettre écrite le 11 prairial par le général Berthier, chef de l'état-major, à l'ordonnateur en chef d'Aure, lui annonçant le départ du général Robin, pour Elarich, où il devait laisser les blessés portés sur des brancards, et diriger les autres sur Salahieh;

2° Lettre écrite le même jour par le général Berthier, à l'ordonnateur en chef, pour le prévenir que les blessés et malades de la division du général Bon partiront avec le convoi du général Robin;

3° Lettre du général Berthier pour prévenir l'ordonnateur en chef d'Aure que le général Bonaparte avait prescrit de distribuer pour six jours de vivres aux prisonniers turcs qui partaient pour l'Égypte.

Je n'ai plus rien à dire sur la lettre de M. de Bourrienne, je vais reprendre ses Mémoires.

A la page 226 du II° vol. se trouve la phrase suivante :

« L'ordre de fusiller fut donné et exécuté « le 10 mars; on n'a point, comme on l'a dit, « séparé les Egyptiens des autres prisonniers. »

Nouvelle erreur, les Egyptiens prisonniers partirent, après le siége de Jaffa, pour le Caire, sous l'escorte d'un bataillon de la 9° demi-brigade et d'un détachement de quarante dromadaires; on profita du départ de ce convoi pour renvoyer en Egypte tous les chameaux appartenant aux Arabes qui ne pouvaient plus être d'aucune utilité à l'armée, à cause du changement de climat et des pluies qui tombaient en abondance.

Pièces à l'appui :

1° Lettre du général Berthier, datée de Jaffa, le 19 ventose, pour annoncer le départ d'un bataillon de la 9° demi-brigade et quarante dromadaires pour escorter les Egyptiens pris à Jaffa;

2° Lettre du commissaire ordonnateur en chef d'Aure au commissaire des guerres Legois, pour qu'il fasse fournir des vivres au bataillon de la 9° demi-brigade, chargée d'escorter les Egyptiens pris à Jaffa;

3° Lettre de l'ordonnateur en chef d'Aure, à l'ordonnateur Laigle, pour le prévenir que, d'après les ordres du général en chef Bonaparte, les Cheiks sont partis pour l'Egypte avec les habitans du Caire trouvés dans Jaffa;

4° Ouvrage de M. Miot, commissaire des guerres, témoin oculaire, première édition, p. 141 et 142;

5° Premier volume des pièces sur l'Egypte, imprimé en l'an VIII, chez P. Didot aîné, p. 148.

Dans ce même second volume, l'auteur des Mémoires parle aussi d'une conversation très-vive qui, selon lui, aurait eu lieu à Massoudiah, entre le général en chef et le général Junot, au sujet de madame Bonaparte. Je ne nie point cette conversation, quoique jamais je n'en aie ouï parler; mais M. de Bourrienne s'est étrangement trompé sur la date ; le général Junot n'était pas alors à l'armée de Syrie; il n'est arrivé à Gaza que le 7 ventose, dix jours après notre passage à Massoudiah, où nous étions le 28 pluviose.

Pièces justificatives :

1° Rapport fait le 7 ventose par l'ordonnateur en chef au général Bonaparte, sur l'arrivée à Gaza de deux convois venant d'Egypte, commandés par les généraux Grezieux et Junot;

2° Lettre de l'ordonnateur en chef d'Aure au commissaire des guerres Ludières, à Salahieh, pour le prévenir que le général Junot, à son arrivée à l'armée, s'est plaint de la pénurie de denrées qui existait dans les magasins de cette place;

3° Voir, au dépôt de la guerre, les registres du général Berthier, chef de l'état-major de l'armée.

Cette lettre est déjà bien longue, monsieur, et pourrait l'être beaucoup plus, si je voulais signaler toutes les erreurs qui se trouvent dans l'ouvrage de M. de Bourrienne; je me borne à une dernière observation. A l'époque de la campagne de Syrie, le pharmacien en chef de l'armée ne s'appelait pas Roger, ainsi que le nomme M. de Bourrienne, mais Royer, et cette erreur qui, aux yeux de bien des personnes, pourrait paraître peu importante, l'est cependant beaucoup lorsqu'une action blamable s'y rattache.

J'ai l'honneur d'être, monsieur, avec une parfaite considération.

Votre très-humble et très-obéissant serviteur.

D'Aure.

Paris, le 8 mai 1829.

Les réclamations de M. Grobert ne furent pas mieux accueillies que celles de M. d'Aure. Le *Journal des Débats*, engagé sans doute par les éloges qu'il avait prodigués aux Mémoires, refusa obstinément de les insérer.

Monsieur,

J'ai lu dans ma retraite les observations de M. l'intendant-général d'Aure, contenues dans votre journal du 17 avril, sur un passage des Mémoires de M. de Bourrienne.

Les faits rappelés par M. l'administrateur-général de l'armée d'Orient sont bien présens à ma mémoire, et je puis certifier qu'ils sont tous exacts.

Les évacuations de malades eurent lieu, seulement depuis Jaffa :

L'une par mer, sur Damiette, sous la conduite de M. le commissaire des guerres Alphonse Colbert.

L'autre par terre, sur Elarich, dont la police me fut confiée; elle était escortée par le 2ᵉ bataillon de la 69ᵉ demi-brigade, sous le commandement de l'adjudant-général Boyer.

Ce convoi, où se trouvaient tous les officiers supérieurs malades, parmi lesquels étaient les généraux Lannes et Duroc, puisa ses moyens de subsistance dans les magasins de Jaffa, qui étaient fort abondamment pourvus.

J'avais encore été autorisé de me procurer dans ceux de Gaza les diverses espèces de vivres qui me donneraient les moyens de satisfaire les malades recommandés spécialement à mes soins par M. l'intendant-général.

Cependant, je n'eus besoin d'aucun secours ; je m'empressai de lui en rendre compte, en l'assurant que mon service n'éprouverait aucun besoin.

Cette assurance a été justifiée par les suffrages que j'ai obtenus généralement de tous ceux qui composaient le convoi, et par l'approbation de M. l'intendant-général.

J'ai reçu ensuite des magasins d'Elarich et de Câtieh les approvisionnemens nécessaires pour continuer ce service jusqu'au Caire, où ma mission se termina.

Je saisis avec empressement cette occasion de rendre hommage à la vérité, et de renouveler à M. l'intendant-général d'Aure les sentimens d'attachement et de vénération qu'il gravait dans le cœur de ses collaborateurs, en vous priant, M. le rédacteur, d'insérer cette lettre dans un des prochains numéros de votre journal.

J'ai l'honneur d'être, monsieur, avec une parfaite considération.

Votre très-humble et très-obéissant serviteur.

Signé : GROBERT,

Commissaire des guerres en retraite, chevalier de Saint-Louis, officier de l'Ordre royal de la Légion-d'honneur,

Chambéry, 1829.

SUITE DES OBSERVATIONS DE M. D'AURE.

A Monsieur A. B.

Monsieur,

Si je n'ai rien fait paraître sur les Mémoires de M. de Bourrienne depuis les deux lettres qui ont été insérées dans les feuilles publiques, croyez que ce n'est nullement ma faute; MM. les rédacteurs des journaux *le Courrier, le Constitutionnel* et *les Débats*, qui avaient permis l'insertion de la première dans leurs colonnes, ne voulurent point y laisser mettre la seconde, donnant pour motif qu'ils devaient rester étrangers à cette polémique. Le seul journal, *la Tribune des Départemens*, la reçut, et M. le rédacteur de cette feuille, en l'accueillant avec obligeance, la donna à ses lecteurs. Malheureusement ce journal cessa bientôt de paraître; force à moi fut de suivre son sort; je n'écrivis plus rien sur les Mémoires de M. de Bourrienne, malgré le désir que j'avais de publier encore quelques lettres par la voie des journaux.

Aujourd'hui, monsieur, que vous me dites être disposé à publier quelques observations sur les nombreuses erreurs qui se trouvent dans les Mémoires de cet écrivain, et que vous me demandez de vous communiquer ce que je voulais faire paraître par la voie des feuilles publiques, je m'empresse de vous répondre que je consens volontiers à faire ce que vous désirez en ce qui concerne les expéditions d'Égypte et de Saint-Domingue. Ne voulant répondre que par des vérités incontestables aux allégations peu fidèles de M. de Bourrienne, je ne m'occuperai que des campagnes de Syrie, d'Égypte et de Saint-Domingue, où j'étais en position de bien voir et de bien savoir.

Voici, monsieur, les principales erreurs que j'ai remarquées dans le 2ᵉ volume des Mémoires de M. de Bourrienne. Cet évrivain dit :

1º A la page 46 :

« Les ordres de Bonaparte parcouraient comme « l'éclair, la ligne de Toulon à Civita-Vecchia. « Il a donné, avec une admirable précision, ren-« dez-vous aux uns devant Malte, aux autres « devant Alexandrie. »

Le général Bonaparte ne donna rendez-vous de Toulon à aucun bâtiment pour se trouver devant Alexandrie. Il voulait qu'on ignorât le but de l'expédition. Seulement il envoya l'ordre au général Desaix, qui commandait le convoi de

Civita-Vecchia, de se rendre devant Malte, et d'y attendre l'arrivée de l'escadre de Toulon.

2° Page 63 :

« M. Dolomieu est à se repentir de sa mission, « qui lui occasionna de mauvais traitemens de « la part des Siciliens. »

Pourquoi M. de Bourrienne ne dit-il pas : de la part du gouvernement napolitain ? Il est toujours d'une réserve bien étrange, lorsqu'il s'agit des ennemis de son pays. Qui ne sait pas les affreux traitemens que M. Dolomieu et le général Alexandre Dumas éprouvèrent de la part des ennemis les plus acharnés de la France, enfin de la cour de Palerme ?

3° Page 65 :

« Les Anglais n'ont pu dans la suite, malgré « tous leurs efforts, prendre Malte que par fa- « mine. »

Les Anglais n'avaient aucun intérêt à faire le siége de Malte. Ils savaient trop bien qu'ils perdraient beaucoup de monde pour s'emparer de cette place, qu'ils dépenseraient des sommes énormes pour faire ce siége, tandis qu'ils étaient convaincus qu'avec un blocus soutenu, et quelque argent donné aux habitans de la campagne, ils finiraient par se rendre maîtres de la ville ;

Malgré l'opinion de M. de Bourrienne, la prise de Malte par les Français sera toujours un fait d'armes mémorable.

4° Page 67, il dit encore, en parlant de la flotte française :

« Cette marche différente, et le détour, sau-
« vèrent la flotte française, qui n'arriva que le
« 30 juin devant Alexandrie. »

Je ne suis pas de l'avis de M. de Bourrienne; je suis loin de croire que les Anglais eussent détruit la flotte française aussi facilement qu'il veut bien le dire : certes le combat eût été affreux, mais enfin les Anglais n'avaient que treize vaisseaux, nous avions le même nombre; de plus, six frégates armées en guerre; nous avions un vaisseau à trois ponts, les Anglais pas un. Tous nos vaisseaux avaient à bord des officiers-généraux de l'armée de terre, de la plus haute réputation, ou de la plus grande bravoure, tels que Bonaparte, Kléber, Desaix, Reynier, Damas, Murat, Lannes, etc.

La présence de ces guerriers sur la flotte eût été d'un grand exemple pour nos marins; quant à notre convoi, il était protégé par deux vaisseaux armés en flûte et quelques frégates; il aurait donc pu, pendant le combat, se rendre à sa destination, faire son débarquement et attendre l'issue de la bataille.

5° Page 69, l'auteur dit, en parlant de Bonaparte :

« Il se plaisait à causer fréquemment avec
« Monge et Bertholet. »

Le savant Monge s'était embarqué à Civita-Vecchia avec le général Desaix, à bord de la frégate *la Courageuse*. Il n'a rejoint le général Bonaparte qu'à Malte.

6° Page 74; parlant de Bonaparte :

« En passant devant l'île de Candie, son ima-
« gination s'exalta; il s'exprima avec enthou-
« siasme sur cette antique Crète et sur ce colosse
« dont la renommée fabuleuse a survécu à
« toutes les gloires humaines. »

C'est la première fois que j'entends parler du colosse de Candie; j'avais toujours cru qu'il avait existé à Rhodes.

7° Page 85 :

« Sans le retard que nous causa le convoi de
« Civita-Vecchia, nous nous serions trouvés en
« même temps que Nelson dans ces parages »
(devant Alexandrie).

Le convoi de Civita-Vecchia fut si peu en retard, que pendant trois jours il attendit devant

Malte l'arrivée de l'escadre de Toulon, et qu'il fut obligé de croiser devant le port, sous l'escorte des frégates *l'Artémise* et *la Courageuse*; ensuite, comment un écrivain qui a navigué, peut-il assurer que, sans ce retard, les deux escadres se seraient trouvé réunies, lorsque le moindre événement de mer pouvait à tout instant les éloigner l'une de l'autre?

8° Page 88:

« Le général en chef se porta la nuit même, à
« trois heures du matin, sur Alexandrie avec les
« divisions Kléber, Bon et Morand. »

Il n'y avait point de division Morand dans l'armée; cet officier était alors chef de bataillon attaché à la division Desaix.

9° Page 89 :

« On a voulu faire de la prise d'Alexandrie,
« qui succomba au bout de quelques heures, un
« grand fait d'armes. »

Le jugement de M. de Bourienne est un peu sévère; si la prise d'Alexandrie n'a pas été un grand fait d'armes, au moins conviendra-t-il que ce fut une entreprise très-audacieuse, dont la réussite fut due à l'extrême bravoure de nos troupes, et à la prompte résolution du général en chef. Malgré le peu d'importance de cette affaire, elle nous coûta cependant deux cent cinquante blessés, compris deux généraux de division.

10° Page 106, l'auteur assure, en parlant de la flottille turque sur le Nil, qu'elle nous fit beaucoup de mal:

« Mais elle n'avait presque pas souffert. »

Il y a inexactitude dans le dire de M. de Bourrienne; notre perte fut presque nulle; nous eûmes à peine vingt blessés et quelques hommes tués; les Grecs, qui étaient à bord des bâtimens turcs, m'ont dit au Caire qu'ils avaient perdu beaucoup plus de monde que nous. La seule chaloupe canonnière turque qui sauta en l'air, leur coûta plus de vingt hommes tués. La vérité est que notre marine ne s'attendait pas à livrer un combat sur le Nil, où l'on croyait que les mameluks n'avaient pas deux bâtimens armés.

11° Page 128:

« Pendant que Bonaparte s'occupait avec
« tant d'activité de l'exécution de ses projets, de
« l'organisation de l'Egypte, le général Desaix
« s'était jeté dans la Haute-Egypte à la poursuite
« de Mourad-Bey. »

Le général Desaix ne se jeta pas à la poursuite de Mourad-Bey, aussitôt après notre arrivée au

Caire; sa division prit position à deux lieues en avant de Gizeh, sur la rive gauche du Nil, et y resta jusqu'au 8 fructidor, cinq semaines après la prise de la ville du Caire. Ce ne fut qu'au retour du général Bonaparte de Salahieh, et après la nouvelle de la perte de la bataille d'Aboukir, que cette division s'embarqua sur des bâtimens du Nil, à cause de la crue de ce fleuve. C'était le moment de l'inondation, l'on ne pouvait à cette époque s'emparer de la Haute-Egypte d'une autre manière.

12° Page 130; c'est l'auteur qui parle :

« Je dis à l'aide-de-camp qu'avait envoyé le « général Kléber, commandant d'Alexandrie, « qu'il ne trouverait le général que près de Sa-« lahieh; il s'y rendit sans délai, et Bonaparte « accourut au Caire. Il en était à trente-trois « lieues environ. »

M. de Bourrienne se trompe sur les distances, le chef d'escadron Loyer, aide-de-camp du général Kléber, qui était porteur de la nouvelle de la perte de la bataille d'Aboukir, trouva le général Bonaparte à la distance de quinze lieues du Caire, revenant dans la capitale. Comment aurait-il pu être à trente-trois lieues, puisque Salahieh n'en est qu'à vingt-cinq au plus, et que Loyer rencontra le général Bonaparte entre Belbeis et Salahieh.

13° Page 130 :

« Je dirai, parce que cela est, et que beaucoup
« de témoins l'affirmeraient, que dès que l'ar-
« mée eût mis le pied sur la terre d'Egypte, le
« dégoût, l'inquiétude, le mécontentement, la
« nostalgie s'emparèrent de presque tout le
« monde, etc. »

J'étais aussi sur les lieux ; j'appartenais à la division Desaix qui formait l'avant-garde de l'armée, et qui par conséquent avait éprouvé plus de souffrances que les autres ; cependant un seul officier de cette division demanda à s'en aller, et, sur les reproches qui lui en firent ses camarades, il en fut tellement honteux qu'il s'empressa de retirer sa demande, et lors du départ pour la Haute-Égypte, personne ne manqua à l'appel.

14° Page 130 :

« Les plaintes continuelles, sans mesure et
« sans modération, et qui souvent même avaient
« l'air de propos séditieux, affligeaient profon-
« dément Bonaparte, et le forçaient quelquefois
« à des reproches sévères et à de violentes sor-
« ties. »

On a prétendu qu'à la suite de ces propos, le général Bonaparte avait adressé au général Klébler les paroles suivantes :

« Vous avez tenu des propos séditieux ; pre-
« nez garde que je ne remplisse mon devoir :
« vos cinq pieds dix pouces ne vous empêche-
« raient pas d'être fusillé dans deux heures. »

Le général Bonaparte a bien tenu ce discours, mais ce ne fut pas au général Kléber, qui alors commandait à Alexandrie, qu'il fut adressé, mais au général de division Alexandre Dumas, qui était d'une grande taille, et qui, très-dégoûté de son séjour en Égypte, voulait absolument partir. Pourtant il ne se mit en route pour la France qu'après que l'insurrection du Caire eut été appaisée, et ce fut pendant les troubles de cette ville, que le général Dumas, d'une bravoure peu commune, d'une adresse de corps remarquable, me raconta la scène qu'il avait eue avec le général Bonaparte. M. Dumas, auteur d'*Henri III*, de *Stockholm et Fontainebleau*, est fils de ce général.

15° Page 138 :

« Nous habitons un pays où tout le monde se
« déplaît à la mort ; il nous est mort, dans l'es-
« pace de cinq à six jours, de cinq à six cents

« hommes par la soif. » — Ce passage, qui est extrait, à ce qu'assure M. de Bourrienne, d'une correspondance interceptée, est d'une fausseté révoltante; de plus, une absurdité complète; nous, qui étions sur les lieux, qui voyions les troupes, qui comptions les soldats, nous pouvons affirmer que l'armée ne perdit pas cinquante hommes par la soif, pendant la marche de l'armée, d'Alexandrie au Caire. On peut, à cet égard, consulter les ouvrages très-véridiques de MM. les barons Desgenettes et Larrey, si dignes de toute confiance, et de plus on peut encore vérifier les états de situation des corps de l'armée d'Égypte, qui sont au dépôt de la guerre; et si ces renseignemens ne paraissaient pas suffisans, on serait à même de s'assurer de la vérité de mon objection, en faisant cette vérification sur les registres et contrôles des corps existans aux archives du ministère de la guerre.

16° Page 173 :

« Vers la mi-septembre, cette année, Bona-
« parte fit venir dans la maison d'Elfy-Bey une
« demi-douzaine de femmes d'Asie, dont on lui
« vantait les grâces et la beauté; mais leur tour-
« nure et leur obésité les firent renvoyer tout
« de suite. Peu de jours après, il se prit d'une

« belle passion pour madame Fourez, femme
« d'un lieutenant d'infanterie. »

Toujours de l'inexactitude dans les faits racontés par M. de Bourrienne : comment se fait-il que lui, qui était l'ami du général en chef, n'ait pas su que M. Fourez n'était point lieutenant d'infanterie, mais officier au 22ᵉ régiment de chasseurs à cheval, et que ce fut, non pas à la mi-septembre, mais seulement au mois de décembre, que le général Bonaparte fit connaissance de la jolie madame Fourez?

17° Page 178 :

« Notre musique n'avait pas non plus une
« grande influence sur eux, à l'exception toute-
« fois, de l'air de Malborough. »

L'air de Malborough plaît beaucoup aux Turcs; bien plus, les matelots égyptiens chantent un air à rames qui est à-peu-près le même, et cela à l'époque de l'inondation.

18° Page 182 :

« Cependant l'insurrection était générale de
« Syène au lac Maréotis. »

Ceci est inexact et très inexact ; il y eut bien quelques mouvemens partiels, mais l'insurrection ne fut pas générale, comme le dit M. de Bourrienne : les Arabes se remuèrent à la vérité, mais la plus grande partie de la population resta tranquille, et dans la Haute-Égypte, il n'y eut pas un mouvement d'insurrection.

19° Page 186.

« Avant de partir pour Suez, Bonaparte ac-
« corda à l'ordonnateur en chef Sucy, la permis-
« sion de retourner en France. »

Long-temps avant cette époque, le général Bonaparte avait accordé cette permission à l'ordonnateur Sucy. C'était même avant l'insurrection du Caire, qui eut lieu le 30 vendemiaire, et notre voyage à Suez ne se fit que dans le mois de nivose, trois mois après.

20° Page 187. Le passage suivant est relatif à l'arrivée de l'ordonnateur Sucy et de ses compagnons de voyage en Europe.

« Le capitaine Marengo aborda à Augusta,
« croyant toucher à une terre amie; on lui im-
« posa une quarantaine de vingt-deux jours, et
« l'on donna avis de l'arrivée de ce bâtiment à
« la cour qui était à Palerme. Ils furent massa-
« crés, et le massacre eut lieu le 25 janvier 1799;
« une frégate napolitaine sauva vingt-un Fran-
« çais, mais on les conduisit à Messine, où ils
« furent détenus. »

M. de Bourrienne, avec sa réserve ordinaire,

lorsqu'il s'agit de crimes commis par les ennemis de la France, se contente de raconter purement et simplement le fait, sans y ajouter aucune réflexion, sans donner aucun blâme aux auteurs de ces massacres; nous, qui n'avons pas les mêmes raisons de passer sous silence un pareil forfait, nous dirons qu'il serait difficile de trouver, dans l'histoire moderne, un second exemple d'une action aussi atroce que celle du massacre des aveugles et blessés qui etaient renvoyés en France. Quand on pense que ce crime abominable eut lieu dans un pays civilisé, ou soi-disant civilisé, et sous un gouvernement régulier, on ne peut retenir son indignation. On a beaucoup parlé du massacre des Vêpres siciliennes, on a voulu le comparer à celui de nos malheureux blessés et aveugles; la différence est pourtant grande. Les premiers furent tués pour cause de leurs excès, et par suite de vengeances; mais quel mal avaient fait nos malheureux soldats à la population de la Sicile et à la cour de Palerme, eux qui venaient de combattre les ennemis les plus acharnés des chrétiens; c'est pourtant, à ce que dit M. de Bourrienne, au nom sacré de la religion, que les assassins de nos compatriotes furent excités à commettre cette action barbare.

21° Page 208. M. de Bourienne dit, en parlant de l'expédition de Syrie :

« C'est à tort que l'on a publié que l'armée « n'était que de 6,000 hommes ; on a presque « perdu ce nombre dans la campagne ; avec quoi « serions-nous donc revenus ? »

Je ne sais dans quel livre l'auteur des Mémoires a lu que l'armée de Syrie n'était que de six mille hommes ; s'il avait voulu prendre la peine de consulter les différens ouvrages écrits sur cette campagne, il y aurait vu : 1° que, dans l'ouvrage des *Victoires et Conquêtes*, l'effectif de l'armée partant pour la Syrie est arrêté à 12,995 hommes ; que M. Norvins, dans son *Histoire de Napoléon*, parle de 10,000 hommes ; que M. le comte Mathieu Dumas, dans son ouvrage sur les campagnes d'Egypte et de Syrie, porte le nombre des combattans de cette armée à 12,000 hommes. M. Miot, commissaire des guerres, et témoin oculaire de cette campagne, est également pour ce nombre. Ces auteurs étaient ceux qu'il devait consulter avant de parler des 6,000 hommes qui n'ont jamais été mentionnés par aucun des bons écrivains qui ont donné une relation exacte de la campagne de Syrie.

Quant aux 6,000 hommes perdus pendant cette campagne, selon M. de Bourrienne, c'est une erreur par trop grossière. L'armée de Syrie ne perdit pas 2,000 hommes, soit sur les champs de bataille ou dans les hôpitaux. Il est facile de s'en convaincre en lisant les ouvrages publiés par MM. Desgenettes et Larrey, ou en compulsant les états de situation qui existent au dépôt du ministère de la guerre. C'est véritablement trop abuser de la crédulité du public, que de lui offrir des calculs aussi inexacts que ceux présentés par l'auteur des Mémoires.

22º Page 216 :

« Elarich se rendit ; on s'est trompé lorsqu'on
« a dit que la garnison de cette bicoque, renvoyée à
« la condition de ne plus servir contre nous, s'est
« trouvée plus tard parmi les assiégés ; on a ajouté
« que c'était pour n'être pas allée à Bagdad,
« d'après la capitulation, qu'on l'a fusillée dans la
« première de ces villes. Nous verrons plus tard
« la fausseté de cette assertion. »

On sait très-bien que toute la garnison d'Elarich ne se retira pas à Jaffa ; tous les hommes qui étaient présens à l'armée, et qui existent encore, peuvent affirmer qu'une partie de cette garnison d'Elarich fut renvoyée au Caire, parce qu'elle était composée d'Egyptiens et de mamelucks; qu'une autre partie, d'après sa demande, fut admise dans l'armée; mais aussi, ce qui est vrai, c'est que beaucoup de soldats se retirèrent dans Jaffa avant notre arrivée devant cette ville, et plus tard, les hommes de la garnison d'Elarich, qui avaient été admis dans l'armée, désertèrent et passèrent même à l'ennemi pendant la campagne de Syrie.

23º. Page 221 :

« Le 4 mars on mit le siége devant Jaffa; cette
« bicoque, que l'on appelle pompeusement, pour
« arrondir la phrase, l'antique Joppée, ne ré-
« sista pas jusqu'au 6 mars où elle fut prise d'as-
« saut et livrée au pillage. »

Cette bicoque, quoi qu'en dise M. de Bourrienne, était une des plus jolies villes de Syrie, avec un port; à l'époque du siége, elle avait un très-bon mur d'enceinte, appuyé de plusieurs tours. Sa garnison était forte de 4,000 hommes; son artillerie nombreuse était servie par des canonniers turcs venus de Constantinople. Oui, sans doute, elle pouvait faire une résistance plus longue, si elle avait été attaquée avec moins de vigueur; dans l'opinion des habitans du pays, la place de Jaffa passait pour être plus forte que celle d'Acre, croyance qui, dans notre armée, fut fâcheuse, et qui nous fit regarder la prise d'Acre comme chose facile à faire. Oui, l'assaut de Jaffa est un des faits d'armes des plus vigoureux, surtout contre des Turcs.

24° Plus loin, à la page 227, où il est question des prisonniers fusillés à Jaffa :

« J'ai dit la vérité tout entière, j'ai assisté à
« tous les débats, à toutes les conférences, à
« toutes les délibérations; on pense bien que je
« n'avais pas voix délibérative, mais je dois dé-
« clarer que le résultat des discussions, la position
« de l'armée, la pénurie des vivres, son peu de
« force numérique, au milieu d'un pays où cha-
« que individu était un ennemi, eussent entraîné
« mon vote affirmatif, si j'en eusse eu à émettre ;
« il fallait être là pour apprécier cette horrible
« nécessité. »

Il est bien extraordinaire que le secrétaire particulier, l'ami intime du général en chef, n'ait pas connu le véritable motif du sort des malheureux prisonniers. Voici ce qu'un témoin oculaire, en parlant des prisonniers tués à Jaffa, a écrit à ce sujet, dans un journal qui m'a été communiqué :

« Ils bivouaquèrent à environ vingt-cinq pas

« en avant du front du camp; ils étaient livrés à la
« garde de dix guides à pied seulement; on leur
« distribuait tous les jours le peu de vivres dont
« nous pouvions disposer, et l'intention de Bo-
« naparte était de les conduire dans l'île de
« Chypre. Le contre-amiral Gantheaume, qui a
« toujours été à la suite de l'armée, avait reçu
« l'ordre de disposer de quelques bâtimens qu'on
« avait pris dans le port, et tout était prêt pour
« leur départ, lorsqu'un vaisseau ennemi, trom-
« pé par les signaux que nous avions laissé flotter
« sur les tours de la ville, entra dans le port, et
« vint se livrer à notre discrétion. L'équipage
« fut arrêté, et le capitaine et quelques passa-
« gers, parmi lesquels se trouvait un médecin
« turc nommé Mustapha Haggi, furent conduits
« dans la tente de Bonaparte. Interrogés sur les
« motifs de leur débarquement, ils déclarèrent
« qu'ils faisaient partie de l'armée du grand-sei-
« gneur qui devait se rassembler dans les plaines
« de la Syrie; qu'ils venaient de Constantinople;
« que la guerre y avait été déclarée à la France;
« que tous les Français qui y résidaient, ainsi
« que dans les échelles du Levant, avaient été
« arrêtés, mis au bagne; que plusieurs avaient
« été victimes du premier élan de la fureur po-

« pulaire, et que les biens de tous les prisonniers
« avaient été confisqués. Ces fâcheuses nouvelles
« devaient changer la politique et les disposi-
« tions de Bonaparte. Les Turcs, qu'il voulait ren-
« voyer en Chypre, auraient été le premier
« noyau du rassemblement que la Porte se pro-
« posait de faire. Rejetés sur les côtes de Jaffa,
« ils auraient soulevé contre nous, non-seule-
« ment toute la population, mais même tous les
« Arabes errants qui nous ont si cruellement
« harcelés.

« Dans cette circonstance, que devait faire Bo-
« naparte? pouvait-il conserver ces Turcs dans
« les rangs de son armée? Cela n'était point
« praticable; il y avait trop loin de nos mœurs
« et de nos habitudes aux leurs. Pouvait-on
« compter sur eux? A la première, affaire n'au-
« raient-ils pas fait cause commune avec nos en-
« nemis? Pouvait-il les renvoyer en Egypte par
« le désert? Cela était impossible, parce qu'il
« aurait fallu détacher trop de troupes pour les
« escorter, et que nous avions besoin de nous te-
« nir réunis, et parce que surtout nous n'avions
« aucun approvisionnement préparé pour un
« corps de troupes aussi considérable au milieu
« du désert qu'il fallait traverser; il était donc

« du plus grand intérêt pour l'armée de prendre
« un parti prompt et décisif. Avant de quitter
« Jaffa, ces malheureux prisonniers furent sa-
« crifiés à notre sûreté, à l'exception de huit
« cents Egyptiens qui furent mis à part et ren-
« voyés au Caire, etc. »

Voilà, monsieur, le véritable motif qui détermina le général Bonaparte. Je le savais, mais
j'ai été bien aise de laisser parler, sur un fait
aussi important, un témoin digne de foi, et
dont le journal est un modèle de travail de ce
genre, pour la vérité, les observations justes et
les sentimens vraiment français qu'il contient.

25° Page 240.

« Le siége de Saint-Jean-d'Acre fut levé le 20
« mai; il avait coûté plus de 3,000 hommes
« tués, morts de la peste ou de blessures. »

Que d'exagération dans cette énumération! Il
faut nécessairement que M. de Bourrienne n'ait
point lu les ouvrages de MM. les barons Larrey
et Desgenettes, ni ceux des autres écrivains qui
ont écrit sur la campagne de Syrie, et encore
moins demandé communication des états de situation qui existent au ministère de la guerre,
pour donner une telle évaluation.

J'ai lu ces ouvrages, j'ai reçu en Syrie tous

les rapports des officiers de santé en chef, ceux des commissaires des guerres et des chefs de corps de troupes, ainsi que les mouvemens d'hôpitaux; je puis donc répondre avec assurance à l'auteur des Mémoires, que pendant toute la campagne de Syrie, les siéges d'Elarich, de Jaffa, d'Acre, les batailles de Monthabor, Nazareth, les combats de Gaza, Naplouze, etc., les hôpitaux devant Acre, ceux de Schaffemer, Mont-Carmel, Jaffa, Gaza ne donnèrent pas deux mille morts dans les hôpitaux ou sur les champs de bataille.

26° **Page** 251 :

« Nos pertes, en blessés et malades, étaient déjà
« considérables depuis que j'avais quitté Acre. »

Qu'il me soit permis pour cette fois d'opposer, au récit de M. de Bourrienne, la relation qui se trouve dans l'ouvrage de M. le baron Larrey, chirurgien en chef de l'armée d'Orient, et auquel personne n'a contesté jusqu'à présent la belle qualification qu'il a reçue de Napoléon, qui s'exprime ainsi dans son testament:

« Au chirurgien en chef Larrey, cent mille
« francs;

« C'est l'homme le plus vertueux que j'aie
« connu. »

A la page 311 du premier volume des *Mémoires de M. Larrey*, on lit :

« Tous ces blessés furent évacués, en Égypte, « pendant le siége ; huit cents passèrent par les « déserts et douze cents par mer, dont la plu- « part s'embarquèrent à Jaffa. L'une et l'autre « traversée furent extrêmement heureuses, car « nous n'en perdîmes qu'un petit nombre.

« C'est au général Bonaparte que ces honora- « bles victimes durent principalement leur con- « servation, et la postérité ne verra pas sans « admiration, parmi les vertus héroïques de ce « grand homme, l'acte de la plus sensible hu- « manité qu'il a exercé à leur égard.

« Le manque absolu de moyens de transports « réduisait tous les blessés à la cruelle alterna- « tive, ou d'être abandonnés dans nos ambu- « lances, et même dans les déserts, exposés à y « périr de soif ou de faim, ou d'être égorgés par « les Arabes ; le général Bonaparte ordonna que « tous les chevaux qui se trouvaient à l'état- « major fussent employés au transport de ces « blessés. En conséquence, chaque demi-brigade « ayant été chargée de la conduite de ceux qui « lui appartenaient, tous ces braves arrivèrent « en Égypte, et j'eus la satisfaction de n'en

« pas laisser un seul en Syrie. On s'étonnera sans
« doute d'apprendre qu'avec quelques galettes
« de biscuit, un peu d'eau douce qu'on portait
« avec chaque blessé, et l'usage seul de l'eau
« saumâtre pour leur pansement ; un très-grand
« nombre de ces individus affectés de blessures
« graves à la tête, à la poitrine, au bas-ventre,
« ou privés de quelques membres, ont passé des
« déserts d'une étendue d'environ 60 lieues, qui
« séparent la Syrie de l'Égypte, sans nul accident,
« et avec de tels avantages, que la plupart se sont
« trouvés guéris lorsqu'ils ont revu cette dernière
« contrée. Le changement de climat, l'exercice
« direct ou indirect, les chaleurs sèches du dé-
« sert, et la joie que chacun d'eux éprouvait de
« son retour dans un pays qui, par les circons-
« tances et ses grandes ressources, nous était
« devenu aussi cher que notre propre patrie ;
« telles sont les causes qui me paraissent avoir
« amené cet heureux résultat. »

J'ajouterai au récit de M. le baron Larrey,
celui qu'a donné le baron Desgenettes, à la
page 93 de son ouvrage, deuxième édition :

« Le 1er prairial, on battit la générale à neuf
« heures du soir, et l'armée quitta le camp qui
« était resté pendant soixante jours au sud

« d'une petite chaîne de collines parallèles à la
« mer, à mille ou douze cents toises de la place
« d'Acre.

« Le 2, à une heure et demie du matin, je
« trouvai l'adjudant-général Leturq, non-seu-
« lement ordonnant depuis trois jours dans
« Kaiffa, les dispositions de l'évacuation des bles-
« sés, dont quelques-uns étaient attaqués de
« l'épidémie, mais chargeant lui-même les
« plus malades d'entre eux sur des brancards ;
« cet officier supérieur fut attaqué au Caire, à
« son retour de l'expédition, d'une fièvre sopo-
« reuse très-grave. A peine l'avais-je guéri qu'il
« vola à de nouvelles fatigues, à de nouveaux
« dangers ; il fut tué à la glorieuse bataille d'A-
« boukir du 7 thermidor, et sa mémoire a été
« honorée par les éloges du général en chef.

« L'évacuation du Mont-Carmel se fit aussi
« régulièrement ; seulement, quelques malheu-
« reux, trop empressés de rejoindre le corps de
« l'armée, crurent pouvoir abréger leur route
« en se frayant des sentiers sur un terrain qui
« était impraticable ; ils se précipitèrent des ro-
« chers élevés du Carmel, et on n'en fut averti,
« dans la faible lueur de la nuit, que par les gé^{s}
« missemens déchirans qu'ils firent entendre

« avant d'expirer. Je renvoie encore à la narra-
« tion du général Berthier, pour le bel ordre
« dans lequel se fit l'évacuation des malades et
« des blessés, à laquelle toute l'armée, mais lui
« surtout, s'empressa de concourir avec ce zèle
« qu'inspire un amour profond de l'humanité. »

C'est suffisamment répondre à l'assertion légère de M. de Bourrienne, que de faire connaître ce qu'ont écrit à ce sujet les deux hommes les plus capables de pouvoir apprécier une opération aussi difficile à faire que l'évacuation d'hôpitaux d'une armée en retraite.

Voilà déjà, monsieur, trois longues lettres que j'écris sur la partie des *Mémoires de M. de Bourrienne* qui concerne l'expédition d'Orient. Vous avez pu croire que j'avais fini, il en est autrement; c'est donc avec regret que je vous annonce très-prochainement une quatrième lettre. Croyez que je suis vraiment peiné d'être obligé de vous annoncer cette nouvelle épître. Je ne vous demande d'autre grâce que celle de vouloir bien l'accueillir avec indulgence.

J'ai l'honneur d'être, monsieur, avec une parfaite considération,

Votre très-humble et très-obéissant serviteur.

H. d'Aure.

Paris, le 5 juillet 1815.

A Monsieur A. B.

Est-il bien vrai, monsieur, ainsi que vous me l'écrivez, que vous recevrez de nouveau, sans peine et même avec intérêt, la continuation des observations que j'ai faites sur les Mémoires de M. de Bourrienne? Une telle assurance me donnerait presque l'amour-propre d'un auteur, si, dans cette occasion, j'étais autre chose qu'un humble réfutateur. Je pense donc avec raison, que c'est à votre extrême indulgence que je dois votre favorable opinion sur un travail si peu important. Je crains bien que le public ne soit pas du même avis, et que, plus sévère que vous, il ne voie avec effroi une nouvelle lettre du réfutateur de quelques assertions peu fidèles, qui se trouvent dans l'ouvrage du secrétaire particulier du général Bonaparte; ma seule ambition étant de ne pas trop l'ennuyer, je ferai donc en sorte d'être aussi court que possible. Quoique ma tâche soit assez pénible à remplir, je la continue, monsieur, et en parcourant le 2ᵉ volume, je trouve à y faire les observations suivantes :

1°. Page 259.

« On a dit, par exemple, que l'on embarqua les

« pestiférés sur des vaisseaux de guerre; mais il
« n'y en avait pas; qui les a reçus? qu'en a-t-on
« fait? Personne n'en parle. »

Je crois avoir démontré suffisamment, par mes deux premières lettres, le peu de fondement des assertions de M. de Bourrienne. Je lui répéterai, mais brièvement, que les blessés et pestiférés qui étaient à Jaffa, furent embarqués sur des bâtimens de guerre et de commerce qui étaient dans le port de cette ville, et qui furent mis à ma disposition, par M. le contre-amiral Gantheaume. J'ajouterai seulement que ces blessés et pestiférés débarquèrent à Damiette, qu'une partie resta dans les hôpitaux de cette place, et que l'autre fut évacuée sur le grand hôpital de la ferme d'Ibrahim-Bey, au Caire.

2°. Page 265.

« La petite armée arriva au Caire le 14 juin,
« après vingt-cinq jours de la marche la plus pé-
« nible, et les plus grandes privations. »

D'une opinion différente de celle de l'auteur des Mémoires, je suis obligé de rétablir encore les faits dans toute leur vérité. L'armée souffrit beaucoup moins en quittant la Syrie, que dans sa marche, lors de l'invasion de cette province. On évalue à cent vingt-trois lieues la distance qui existe du Caire à Saint-Jean-d'Acre. L'armée mit vingt-cinq jours pour les faire, donc elle parcourut moins de cinq lieues par jour ; tous ceux qui ont fait la guerre avec l'armée française, savent parfaitement que nos soldats sont d'excellens marcheurs, qu'une distance de cinq lieues à parcourir n'est rien pour eux. Si M. de Bourrienne parlait d'une marche comme celle que firent ces braves soldats, excités par le désir d'arriver au plus vite sur l'ennemi, dans une circonstance très-importante, celle où les grenadiers de la division du général Lanusse parcoururent la route du Caire à Alexandrie, distance de plus de quarante lieues, en quatre jours, on pourrait le croire, puisque le quatrième jour au soir, ils étaient campés dans la première enceinte de la place. Mais dans notre marche d'Acre au Caire, l'armée fit au contraire plusieurs séjours pendant sa retraite, entre autres à Jaffa, à Elarich, à Cathieh ; le général en chef Bonaparte partit de cette dernière place, et s'absenta pendant deux jours pour aller visiter le fort de Tineh, la bouche du Nil, appelée par les Arabes Om-Fared-je et les ruines de l'ancienne Peluse. Qu'on juge par ces détails, si l'armée était aussi fatiguée que le dit l'auteur des Mémoires. On ne reste pas dans le désert, lorsqu'on n'y trouve rien.

Quant aux privations que l'armée aurait éprouvées, il ne m'appartient pas à moi, qui étais son ordonnateur en chef, et qui par conséquent devais pourvoir à tous ses besoins, de dire que l'armée n'eut pas de privations. Je n'opposerai, au récit de M. de Bourrienne, que les paroles du général en chef Bonaparte.

« Ordre du jour du 27 prairial, au Caire : le
« général en chef témoigne sa satisfaction à l'or-
« donnateur en chef, des mesures qu'il a prises
« pour nourrir l'armée dans le désert. Le com-
« missaire des guerres Sarleton a montré autant
« d'activité que de zèle pour lever toutes les dif-
« ficultés. »

Un pareil témoignage de satisfaction de la part du général Bonaparte, qui n'était pas complimenteur pour les administrateurs militaires, est une réponse assez victorieuse à une allégation aussi mal fondée.

3°. Page 295.

« Le tort qu'avait eu Sidney-Smith d'empê-
« cher la prise de Saint-Jean d'Acre, et la con-
« quête de la Syrie, celui d'avoir répondu par
« de bons procédés à de très-mauvais, avait jeté
« dans l'esprit de Bonaparte des préventions que

« rien ne pouvait effacer, et dont on a vu l'in-
« justice. Il croyait qu'en dénigrant son adver-
« saire, il déguiserait ses revers. »

Il écrivit le 2 juin 1799, à Marmont :

« Smith est un jeune fol qui veut faire sa for-
« tune, et se mettre souvent en évidence ; la meil-
« leure manière de le punir, est de ne jamais lui
« répondre, il faut le traiter comme un capitaine
« de brûlots ; c'est au reste un homme capable
« de toutes les folies, et auquel il ne faut jamais
« prêter un projet profond et raisonné : ainsi, par
« exemple, il serait capable de faire un projet de
« descente avec 800 hommes ; il se vante d'être
« entré déguisé à Alexandrie, je ne sais si le fait
« est vrai, mais il est possible qu'il profite d'un
« parlementaire pour entrer dans la ville, dé-
« guisé en matelot. »

M. de Bourrienne ajoute à cela son opinion sur M. Smith, et voici le portrait qu'il fait de ce commodore anglais.

« Ce contre-amiral valait bien mieux que le
« portrait qu'en fait son ennemi. De la bravoure,
« l'imagination vive, un cœur généreux ; ce n'est
« pas là de la folie. »

Je suis loin de vouloir attaquer la réputation de M. le commodore anglais ; pourtant je n'ai point pour lui l'enthousiasme que M. de Bourrienne montre pour son caractère et ses hautes vertus. Aussi je me permettrai de faire quelques observations sur la conduite qu'a tenue envers nous ce généreux ennemi, pendant la campagne de Syrie. Voici d'abord ce qu'il ajouta au bas d'une proclamation de Jussuf, grand-visir, par laquelle on engageait les soldats et officiers de l'armée à déserter, et auxquels on disait qu'on les conduirait dans les lieux où ils désireraient aller.

« Je soussigné, ministre plénipotentiaire du
« roi d'Angleterre près la Porte-Ottomane, et
« actuellement commandant la flotte combinée
« devant Acre, certifie l'authenticité de cette
« proclamation, et en garantis l'exécution. — A
« bord du *Tigre*, le 10 mai 1799.

« *Signé* SIDNEY-SMITH. »

Il me semble qu'une adhésion de ce genre, donnée par un ennemi aussi loyal et aussi généreux qu'était alors M. le commodore Smith, ne saurait être louée. Nos soldats, après avoir lu cette proclamation, ne purent contenir leur indignation ; ils accusèrent hautement l'officier anglais de se prêter à une démarche que sa loyauté aurait dû repousser. Je demanderai encore à l'auteur des Mémoires, si M. le commodore n'eût pas des torts envers M. le commissaire des guerres Alphonse Colbert (aujourd'hui maréchal-de-camp), qui, chargé de la conduite du convoi des blessés et des pestiférés de Jaffa sur Damiette, eut le malheur d'être pris par la croisière anglaise. Le commissaire des guerres Colbert, comme non combattant, demanda d'être renvoyé en Égypte pour y rejoindre l'armée. Malgré ses sollicitations réitérées, il fut retenu pendant long-temps, contre le droit des gens, à bord de l'escadre anglaise, accablé de mauvais traitemens; il n'obtint son débarquement en Égypte que par sa ténacité et son refus de retourner en Europe. J'aurais bien encore quelques reproches à faire à M. Smith, mais comme il n'est pas le sujet principal de ma critique, je dirai seulement à M. de Bourrienne que la conduite de son ami M. le commodore fut bien étrange à Élarich, ainsi que dans l'exécution de la convention pour l'évacuation de l'Égypte. Dans ces circonstances, elle parut au moins très-légère (pour ne pas la qualifier autrement), aux yeux de l'armée française.

4° Page 298 :

« Les espions arabes servaient nos ennemis
« beaucoup mieux que nous. Nous n'avions point
« d'amis en Égypte. »

Les Égyptiens n'étaient point nos ennemis, et nous avions beaucoup d'amis parmi les chrétiens et les Cophtes qui habitaient le pays. Les Égyptiens ne se sont insurgés contre nous que lorsqu'ils y ont été poussés par des étrangers. Dans les deux dernières années, il y eut très-peu d'exemples de révolte; la population avait appris à connaître les Français; elle avait la plus grande confiance dans la justice de ceux des chefs qui commandaient dans les provinces. Le général Desaix avait reçu dans la haute Égypte le surnom de sultan juste. Le génénéral Donzelot, qui le remplaça, occupait toute cette partie, avec une seule demi-brigade d'infanterie légère, la 21°, forte de 1,500 hommes. Pas un événement malheureux n'eut lieu pendant son commandement, quoiqu'il eût à surveiller Mourad-Bey et ses mameluks, au nombre de 1,200, et à gouverner un pays d'une population de 80,000 âmes. A l'époque du débarquement des Anglais à Aboukir, et lorsque le grand-visir marchait de la Syrie sur le Caire, qu'une expédition de l'Inde débarquait à Cosseir, et que les mameluks de Mourad-Bey descendaient de la haute Égypte, il n'y eut point d'insurrection contre les Français; les habitans faisaient même des vœux pour eux et disaient que, puisqu'ils devaient être gouvernés par des chapeaux, ils préféraient les Français aux Anglais.

Si M. de Bourrienne pouvait causer avec les voyageurs qui arrivent d'Égypte, il saurait que ses vieux habitans regrettent sincèrement les Français, et donnent pour raison de leur préférence, qu'ils étaient beaucoup plus heureux pendant le séjour de l'armée française ; qu'alors le monopole du commerce et de l'industrie n'existait pas comme il est aujourd'hui ; que les Égyptiens n'étaient point forcés à fournir des soldats à l'armée comme ils le font actuellement par la conscription qui s'y lève ; que l'administration des finances de l'armée ne perçut jamais plus de vingt à vingt-cinq millions par an, tandis qu'à présent le Pacha en reçoit au moins annuellement quatre-vingts ; que le commerce des grains était libre sous l'administration française, et que les habitans, après avoir payé le miri en nature, pouvaient disposer librement de leurs denrées, tandis que, depuis un an, le pacha s'est emparé de tout le monopole, même de celui des grains. Aussi le blé et l'orge manquent-ils sur tous les marchés ; et ils ajoutent encore que les Français dépensaient dans le pays l'argent qu'ils recevaient des contributions, ce qui était très-avantageux à l'Égypte.

5° Page 301.

« Le 15 juillet au soir, nous nous promenions « dans la direction du nord, lorsque nous aper- « çûmes sur la route d'Alexandrie un Arabe qui « arrivait en toute hâte. Il remit au général en « chef une dépêche du général Marmont, qui « commandait dans cette place, à la grande sa- « tisfaction de Bonaparte, qui n'eut qu'à s'en « louer, surtout pendant le ravage que la peste « y causa. »

Ce passage est tout-à-fait en contradiction avec celui où M. de Bourrienne assure que nous n'avions pas d'amis en Égypte, et que les espions arabes servaient nos ennemis beaucoup mieux que nous. Les espions sont de la même nature dans tous les pays; ils appartiennent de droit, et encore plus de fait, à ceux qui les paient le mieux. Nos moyens financiers n'étant pas aussi abondans que ceux de nos ennemis, nous devions nécessairement être moins bien servis qu'eux. Ensuite l'espionnage n'a jamais été en grande faveur dans les armées françaises; on était quelquefois à cet égard d'un esprit tellement chevaleresque, qu'il devenait préjudiciable aux intérêts de l'armée. En définitive, l'espionnage est une dure nécessité à laquelle un général en chef tant soit peu prévoyant doit se soumettre; et personne n'osera en blâmer l'emploi, lorsqu'il servira à connaître la force d'une armée ennemie, son moral, sa composition, et surtout ses mouvemens, qu'un ennemi habile peut souvent vous dérober. C'était le seul genre d'espionnage que le général Menou n'employait pas, apparemment pour être en opposition avec ses prédécesseurs, Bonaparte et Kléber.

6° Page 303.

« J'étais pour mon compte enchanté de cette
« révolution; mais un je ne sais quoi me disait
« que je ne verrais pas Thèbes aux cent pa-
« lais. »

J'ai toujours entendu dire Thèbes aux cent portes, au moins tous les voyageurs l'appellent ainsi; est-ce une nouvelle erreur de M. de Bourrienne, ou a-t-il voulu désigner Thèbes par une nouvelle dénomination? Je ne le pense pas, je crois qu'il s'est trompé.

Vraiment, Monsieur, quand j'ai commencé cette longue lettre, j'ai cru sincèrement que ce serait la dernière. Je vous avouerai même que j'avais l'extrême désir que cela fût ainsi; à présent, je suis forcé de vous annoncer, non sans quelque peine, qu'incessamment vous recevrez encore quelques observations qui auront pour objet de relever des erreurs commises par M. de Bourrienne, soit sur les dernières campagnes d'Égypte, soit sur l'expédition de Saint-Domingue, où j'ai eu l'honneur de remplir successivement et cumulativement les fonctions de commissaire ordonnateur en chef et de préfet colonial. Vous n'ignorez pas sans doute, Monsieur, que dans ses Mémoires, M. de Bourrienne porte un jugement bien sévère et très-injuste, selon moi, sur le caractère du général en chef Leclerc, mort trop tôt pour la France et ses amis.

J'ai l'honneur d'être,
  Monsieur,
 Avec une considération distinguée,
      H. d'Aure.

Ces observations, celles qu'annonce encore M. d'Aure, sont bien suffisantes pour fixer l'opinion qu'on doit avoir des *Mémoires de M. de Bourrienne*; mais tout est si étrange dans cette singulière publication, les faits y sont tellement altérés, les intentions si méchamment travesties, qu'on ne peut jeter les yeux sur une page sans y trouver chaque fois quelque chose à reprendre. Qui croirait, par exemple, que la signature des préliminaires fut une espèce de jeu à l'aveugle, qu'en abandonnant l'Égypte le premier consul ignorait qu'elle n'était plus à lui? C'est pourtant ce qu'annonce M. de Bourrienne.

« Il y avait déjà, dit-il, tome IV, page 298, quel-
« que temps que le premier consul craignait que
« l'évacuation de l'Égypte n'eût bientôt lieu. »
Quand! dans le courant de septembre! Je le crois, le Caire était rendu depuis deux mois; Menou, qui s'était jeté avec une partie de l'armée dans Alexandrie, devait promptement épuiser ses magasins. On pouvait sans grand effort prédire le jour où son dernier morceau de pain consommé le forcerait de vider la place.

« Il (le premier consul) publiait le contraire, dit
« un peu plus bas M. de Bourrienne; il faisait
« mieux, il représentait au gouvernement anglais
« que des événemens militaires quelconques et
« surtout les opérations de quelques petites ar-
« mées, si peu proportionnées aux forces réelles
« des deux pays, ne devaient pas influer essen-
« tiellement sur une mesure qui avait pour objet
« de former, enfin, un système propre à rétablir
« la paix, et à en garantir la durée. Les chances
« de la guerre qui, d'un moment à l'autre, ajou-
« tait-il, peuvent se balancer entre deux nations
« puissantes, ne sauraient influer davantage sur
« les conditions de la paix maritime qu'elles

« n'ont influé sur la paix continentale, et quel-
« que soit le sort des forces employées sur le
« Nil, sur le Tage et sur tout autre point, il
« est incontestable que les prétentions et les in-
« térêts respectifs resteront les mêmes, et que
« le but de la pacification sera invariablement
« de rétablir un équilibre qui embrasse à la fois
« les possessions et le commerce des deux puis-
« sances dans les différentes parties du globe (1). »
Ces considérations, qui, en 1813 et 1814 comme
en 1801, furent la base de sa diplomatie, valaient mieux que les petites ruses qu'on lui suppose. Elles méritaient de n'être pas travesties.

Idem. — « Nous faisions valoir comme un
« grand sacrifice l'abandon de cette conquête
« (de l'Égypte). » Il n'y eut point de discussion
sur ce point. L'évacuation avait été consentie
aussitôt que demandée. Convenue le 26 juillet,
insérée au procès-verbal de la conférence du
7 septembre, elle ne pouvait plus fournir ma-
tière à débats. On contestait au sujet de Malte,
de Ceylan, de la Trinité et autres possessions de
l'Inde dont l'Angleterre ne voulait pas se dessai-
sir, mais la restitution de l'Égypte était, comme
je l'ai dit, adoptée depuis long-temps.

(1) Note remise à lord Hawkesbury, 12 prairial an IX.

Idem. — « Le sacrifice devenait nul, si la con-
« naissance des événemens de la fin d'août parve-
« nait à Londres, avant la signature des prélimi-
« naires qui eut lieu le 1ᵉʳ octobre. » Les événemens
de la fin d'août! ceux de juin! la défaite de Ca-
nope! l'échec de Ramanieh, la vaine pointe
d'El-Anka, l'évacuation du Caire! Qui d'ailleurs
croira que les affaires d'Alexandrie, que les
échecs de Menon, que sa capitulation ont été
six semaines à parvenir à Londres?

Page 299.
« Le premier consul répondit lui-même à la
« dernière dépêche de M. Otto, qui contenait une
« copie des préliminaires tels que le ministère
« anglais les admettait. Le premier consul ne
« terminait rien en diplomatie sans le consulter
« (Talleyrand). Mais je lui rappelais avec cha-
« leur que l'Égypte était sur le point de suc-
« comber; il se rendit à mon avis et bien lui en
« prit, je puis le dire, car la nouvelle de l'éva-
« cuation arriva à Londres le lendemain de la
« signature des préliminaires. »

La copie des préliminaires, dont parle M. de
Bourrienne, est du 22 septembre. Elle n'avait
pas dû arriver à Paris avant le 24; or, comment
admettre qu'à cette date le premier consul qui

avait organisé un service de bâtimens légers dans la Méditeranée, n'avait pas connaissance d'une convention signée le 30 août à Alexandrie? On peut consulter les feuilles du temps. On verra que non-seulement il savait ce qui s'était passé en Égypte, mais que ces événemens avaient déjà transpiré, que des embarcations avaient même atteint nos ports.

L'invraisemblance d'ailleurs saute aux yeux, mais qu'importe à M. de Bourrienne? Il a sa tâche, il l'a remplie; il se soucie bien du trait qu'il emploie! Tout lui est bon pourvu qu'il frappe, tout lui convient pourvu qu'il aille au but. Avec quelle inquiète sollicitude il fouille dans le bagage de ses devanciers! Comme il butine dans leurs œuvres! Comme il se plaît à reproduire des griefs oubliés, à remettre en crédit des imputations qui ont été cent fois confondues! Un de ses amis a eu le rare courage de se présenter dernièrement dans l'arène (1). Il a reçu l'accueil qu'il méritait. M. de Bourrienne n'en tient pas compte. Il adopte le factum; il l'élague, le modifie et le remet en lumière comme si rien n'était. Mais à même accusation, même réponse; je cite textuellement.

(1) *Revers de la Médaille*, brochure.

Savez-vous quel péril nouveau, quel immense danger a inspiré cette brochure? Non. Eh bien! écoutez. Il se trame une conspiration inouïe; de noirs esprits ont formé le projet de déshonorer notre histoire, de tout immoler à un seul homme! Les écrits des premières années de la restauration déposent du complot, il est avéré, il est patent, l'auteur accourt le déjouer. Il descend dans l'arène armé de toutes pièces. Il a *lu dans les anciens* la tyrannie du premier consul; il a *recueilli dans les salons* les iniquités du général en chef; son érudition est toute fraîche, il a *une connaissance exacte des hommes et des faits*, la vérité va luire, et *les gloires voilées par une main jalouse* seront vengées. Voyez, à la sévérité avec laquelle il procède, s'il peut en être autrement? Dites-vous que pendant l'absence de Bonaparte la France essuya des revers? Soudain il saisit l'almanach, vous montre les cent dix généraux de division que comptait la république: Soult, Ney, Lecourbe, Carteau. Lecourbe et Carteau!..... vous lui observez inutilement que ces noms sont étonnés de se trouver ensemble, il continue de lire: Lefebvre, Oudinot, Vaubois. Vous lui faites remarquer que celui-ci, commandant-général à Malte, est perdu pour les guerres du continent; il n'importe, pour *soutenir la gloire française au degré de splendeur où elles l'avaient élevée, pour l'accroître par d'étonnantes et immortelles victoires, les armées françaises n'avaient pas besoin du génie de Bonaparte.*

Sans doute; mais les ont-elles remportées?— *Tout près de leurs aînés, et ardens à s'avancer sur leurs traces, elles comptaient les généraux Suchet, Molitor, Clausel, les adjudans-généraux Reille, Maisons, Donzelot.* — Vous lui rappelez que celui-ci combattait dans la Haute-Égypte, il n'en tient compte et poursuit sa liste. Vous essayez de le ramener à la question; vous voulez savoir si ces officiers, bien capables sûrement de sauver la France, l'ont en effet sauvée; s'ils nous ont fait vaincre sur l'Adige, triompher sur le Rhin : il entame une nouvelle liste, et vous demande fièrement si des colonels tels que Foy, Gérard, Pajol, etc., ne seraient pas devenus, sans l'empereur, de célèbres et d'habiles généraux, preuve sans réplique que nous n'avons pas été battus en Europe pendant que le général Bonaparte triomphait au-delà des mers. Mais pourquoi aussi le fatiguer de ce Bonaparte qui, *au lieu d'aborder le premier sur la plage africaine, en prostitue l'honneur au moins digne, au général Menou;* comme si on pouvait se dispenser des convenances à la guerre, et marcher brutalement dans l'ordre où l'on arrive à la vue de l'ennemi. Il est vrai que les circonstances faisaient un devoir au général Bonaparte de ne pas en agir ainsi. *On lui avait prodigué argent, munitions, provisions, outils, instrumens; tout avait été remis à sa foi, hommes, trésors, gloire,* ce qui ne se fait jamais avec un général en chef.

Un tort autrement grave, c'est sa coupable indulgence envers la noblesse. Quoi! un homme à principes l'avait dit : *La nation ne se compose que de montagnards, le reste doit être ilote;* et voilà qu'au lieu de poursuivre les émigrés, cet insensé les protége et les accueille. Il fait plus, loin d'obéir aux ordres du Directoire, qui le charge d'abattre l'*idole*, de propager le culte de la Raison, il donne asile aux prêtres, traite le pape avec égards, et proclame partout une coupable tolérance. Sa conduite en Égypte n'est pas moins odieuse : au lieu d'extirper le fanatisme, il cherche à le désarmer; il flatte les imans, caresse les cheicks, veille, au prix des plus humbles déférences, à ce qu'on n'assassine pas ses soldats, et vient, après s'être prosterné devant les momies du Caire, adorer les folies de Rome. On parle de troubles religieux? Mais qu'est un peu de sang, au prix du scandale de voir relever les croix? Un homme généreux l'avait dit: *Périssent les colonies, plutôt que de sacrifier un principe!* On n'eût pas dû l'oublier, on n'eût pas dû immoler la raison à une troupe d'imbécilles qui couraient à la mort pour ravoir leurs *bons prêtres.*

Restent mes torts, et ils sont grands. Comment! je me suis avisé de parler de l'expédition de Syrie à laquelle je n'ai pas eu part; j'ai raconté les événemens du 18 brumaire que je n'ai pas vus! Ai-je pu m'oublier à ce point? Mais quoi! mon censeur a-t-il été témoin de tous les faits qu'il recueille *dans les discussions auxquelles prennent part beaucoup d'hommes publics, gens de guerre, gens de gouvernement?* a-t-il surtout entendu ces nobles propos qu'il met dans la bouche du maréchal Lannes? De quel droit ce don Quichotte nouveau, qui se fait le champion de gloires auxquelles personne ne porte atteinte, vient-il ternir celle d'un immortel guerrier, le présenter comme un malheureux qui déchirait dans l'ombre le grand homme pour lequel il professait un si pur dévouement? mais c'est trop insister sur des sottises, venons aux faits.

J'ai dit que Brueys avait ordre d'entrer à Alexandrie ou de se retirer à Corfou : vous contestez cette alternative, vous soutenez qu'elle n'a jamais eu lieu. Examinons vos preuves; voyons si ce que vous annoncez est bien ce qu'elles établissent.

L'amiral, comme vous le dites, avait inutilement tenté la cupidité des pilotes musulmans. Tous avaient déclaré que les passes étaient impraticables, que nos vaiseaux de haut bord ne pourraient les franchir. Quoique unanime, cette assertion n'en parut pas moins étrange. On la fit vérifier; elle se trouva inexacte : on le manda au général en chef. La prudence succéda bientôt à la satisfaction qu'avait donnée la découverte. On craignit que la reconnaissance n'eût été trop légère; on voulut étudier avec plus de détails les écueils au milieu desquels on allait s'engager; on ordonna un nouveau sondage, et, en attendant qu'il fût fait, on fila sur Aboukir. Cette détermination, inconnue au général en chef lorsqu'il répondit à la première dépêche, ne pouvait modifier ses instructions. On annonçait que l'escadre pouvait entrer dans le port (1) : il devait conclure qu'elle l'avait fait ; demander à l'amiral qu'elle était sa position, les accidens qu'il avait éprouvés, les mesures de détail qu'il avait prises, et lui annoncer des ordres pour ce qui restait à faire. L'alternative était résolue ; il ne pouvait plus être question *ni de Corfou, ni de Malte, ni de Toulon.*

Vous citez une lettre de Joubert (2), vous vous prévalez d'un rapport de Gantheaume (3); à quoi bon? qu'établissent ces deux pièces qui

---

(1) « Je suis instruit d'Alexandrie qu'enfin on a trouvé une passe telle qu'on pouvait la désirer, et je ne doute pas que vous ne soyez à l'heure qu'il est dans le port avec *toute l'escadre.....* Dès que j'aurai reçu de vous une lettre qui me fera connaître votre position et ce que vous avez fait, *je vous ferai passer des ordres sur ce que nous avons encore à faire.* ». Dans cette lettre, il n'est question ni de Corfou, ni de Malte, ni de Toulon. (L'empereur Napoléon et le duc de Rovigo, p. 17.)

(2) L'opinion générale était (mais aussi pouvait-il y entrer quelque sentiment personnel) qu'aussitôt le débarquement opéré, nous aurions dû partir pour Corfou, où nous aurions été ralliés par nos vaisseaux de Malte, de Toulon et d'Ancône, pour être prêts à tout. *Le général en chef en a décidé autrement*, p. 18.

(3) Peut-être était-il convenable de quitter la côte d'Égypte aussitôt que la descente avait eu lieu ; mais, *attendant les ordres du général en chef*, la présence de notre escadre devant donner une force incalculable à l'armée de terre, l'amiral ne crut pas devoir abandonner ces lieux. P. 21.

ne soit dans la dépêche du général que vous citez? Sans doute, il n'a pas voulu qu'on allât immédiatement s'abriter sous le canon de Corfou; sans doute, Brueys a dû attendre ses instructions; mais personne n'a jamais prétendu que le général Bonaparte eût ordonné de faire voile pour les îles Ioniennes avant d'avoir acquis la certitude qu'on ne pouvait entrer dans Alexandrie, et les ordres qu'attendait l'amiral étaient une conséquence assez simple de la nouvelle qu'il avait mandée.

Vous aimez mieux intervertir les choses. Vous supposez que Brueys ne fut pas libre de s'éloigner. Vous n'en produisez aucune preuve; mais quand le fait serait aussi bien établi qu'il l'est peu, qu'en concluriez-vous? que la responsabilité des événemens doit peser sur le général en chef! Non, car, tout en ne perdant pas de vue la côte, l'amiral pouvait croiser ou du moins rester sous voile, et ne pas recevoir, au mépris de toutes les ordonnances de la marine, le combat dans une rade ouverte. Comment d'ailleurs pouvez-vous croire que le général Bonaparte, qui ne demandait que cinq jours à la fortune, ait été enchaîner sa flotte pendant un mois sur une plage dangereuse? Quel eût été son but? de se ménager en cas de désastre les moyens de recueillir ses soldats? Mais alors il ne l'eût pas épuisée de vivres (1); car comment reprendre la mer avec une escadre qui touche à la fin de ses provisions? Vous le voyez, monsieur, votre attaque n'a été qu'une longue méprise; vous avez mal interprété les pièces dont vous avez chargé la discussion; vous avez cité à faux, vous n'avez pas raisonné juste : on ne peut être plus malheureux dans son début. Dirai-je cependant que *c'est avec cette légèreté, cette ignorance, cet oubli des faits*, que des hommes qui n'ont paru nulle part viennent régenter ceux qui se sont trouvés partout? Je serai plus poli; je me bornerai à vous demander la permission de persister dans ce que j'ai dit au sujet du temps que l'escadre perdit à reconnaître les passes, persuadé que je peux regarder comme insuffisant ce que l'amiral n'estima pas décisif. Voyons si vous êtes plus heureux ou plus juste sur l'expédition de Syrie.

---

(1). « Nous attendons avec une grande impatience que la conquête de l'Égypte nous fournisse des vivres. Nous en fournissons continuellement aux troupes, et tous les jours on nous fait de nouvelles saignées. Il ne nous reste que pour quinze jours de biscuit, et nous sommes ici comme en pleine mer, consommant tout et ne remplaçant rien. » (Dépêche de Brueys, rapportée par l'auteur, p. 20.)

J'ai dit que, dans la situation où se trouvait l'Égypte, l'armée pouvait s'avancer sur Constantinople, ou se porter sur les Indes, et frapper au cœur le commerce anglais. Vous criez à la folie; vous prétendez que, plus humble dans ses projets, le général en chef ne se berça jamais de semblables illusions. Vous en administrez la preuve, vous la trouvez écrite dans sa dépêche au directoire. Mais quoi! toujours oublieux! vous ne vous rappelez pas que le général Bonaparte *n'aspirait qu'à l'indépendance, ne rêvait que des couronnes!* Cependant, avec cette soif de pouvoir, vous concevez de reste qu'il pouvait très-bien ne pas tout dire. Et puis est-il sûr que les projets dont je parle fussent aussi insensés que vous voulez le faire croire? Mais *traverser l'isthme de Suez à la tête de 15,000 combattans!* jamais on n'y pensa. *Environné de populations ennemies!* Il ne devait pas y en avoir; le projet reposait au contraire sur leur coopération. *Ayant en tête des armées russes et anglaises!* Où étaient-elles? *Des armées turques!* Il est vrai; mais on espérait les battre, et dès lors tout devenait facile. Le bruit de notre arrivée avait porté l'agitation parmi les peuplades du Mont-Liban; les Druses, les Mutualis nous offraient le secours de leurs armes, Mourad demandait à traiter; nous pouvions, si la victoire couronnait nos premiers efforts, ranger toute la Syrie sous nos drapeaux. Ces offres, ces ouvertures renouvelées à diverses reprises au Caire, ne contribuèrent pas peu à nous faire franchir le désert, et justifiaient de reste les projets dont j'ai parlé; car une fois soutenus par ces populations belliqueuses, qui pouvait nous arrêter? qui pouvait nous empêcher de faire, à l'aide des cheicks de la Palestine, ce que nous avons exécuté plus tard au moyen des rois du continent? nous eussions poussé les indigènes les uns sur les autres, et fait jaillir la civilisation du choc de la barbarie. Vous eussiez dû glisser sur l'entreprise : elle méritait de trouver grâce en faveur du but. Mais moins prompt à penser qu'à écrire, vous ne songez qu'à verser la dérision sur ce que vous ne comprenez pas; le travers, du reste, est naturel, chacun a son champ de vision : personne ne discerne au-delà.

Une chose plus grave, une chose que rien n'excuse, c'est votre obstination à reproduire une colomnie désavouée par celui même qui l'a répandue. Vous applaudissez au silence que garde M. de Norvins sur les pestiférés de Jaffa. La méthode est neuve, propre assurément à éclaircir l'histoire. Mais enfin vous la proposez comme un modèle à suivre, j'attendais bonnement que vous alliez joindre l'exemple au précepte. Vous n'avez eu garde, et vous avez bien fait. Il n'appartient qu'aux esprits médiocres d'être d'accord avec eux-mêmes; vous êtes au-dessus de ces pauvretés, et puis vous avez pour vous un témoin *oculaire;* témoin complaisant néanmoins, car nul autre à sa place n'eût souffert que de malheureux soldats fussent empoisonnés sous ses yeux. Il essaie, il est vrai, quelques représentations, mais on lui impose silence, et cet homme à *grand caractère* attend que le crime soit commis pour éclater. Il ne se contient plus alors, il s'abandonne tout entier à l'horreur qu'il éprouve; mais toujours indulgent, toujours facile, il l'évapore en vains reproches, et même, après le départ de Bonaparte, il continue l'empoisonneur dans ses fonctions. Ce n'est pas tout, l'*homme inaccessible* repasse en France, il est accueilli, employé, comblé d'honneurs; le pharmacien au contraire est menacé de mort s'il reparaît jamais. D'où vient la différence? comment expliquer l'exception? serait-ce que l'homme à *caractère*, facile sur le fond, n'était intraitable que sur la forme? A la bonne heure; mais comme personne ne s'expose volontairement à des suppositions fâcheuses, il est tout au moins probable que la version est apocryphe. Comment croire en effet à cet amas d'invraisemblances de la part d'un homme qui connaît la manutention des camps? est-il naturel qu'un général se charge d'un crime inutile, qu'il fasse distribuer de l'opium à quelques malheureux qui vont mourir? On parle de *haine*, comme si c'était par affection qu'on laisse des prisonniers; de *sauve-garde*, comme s'il n'y avait pas de folie à prétendre qu'un ennemi va s'inoculer la peste pour présider à l'agonie de quelques moribonds? Non : il n'y eut ni haine ni orgueil; on n'eût pas besoin de recourir à l'humanité d'un homme qui, loin de désavouer les barbaries dont les Turcs avaient accablé nos soldats, déclarait hautement que rien ne s'était fait qu'il ne l'eût voulu, que *lui seul décidait du terrain qui était sous son canon* (1). Tout était mort ou évacué, on n'avait que faire de sa fastueuse philantropie.

Ce ne fut que plus tard qu'on s'avisa que le général Bonaparte eût dû y avoir recours. On se

(1) Lettre de Sidney Smith au général Berthier.

disposait à détruire son ouvrage. Pour se justifier soi-même, il fallait l'accuser; on ne s'y épargna pas. La diffamation fut réduite en système, on épuisa tous les moyens de le noircir. Vous souriez de pitié, vous criez à l'*impudent*, au *séide;* l'expression est charmante, je le sais; mais voici un exemple du savoir-faire de ces messieurs, qui a bien son prix. Passez, je vous prie, la pièce au *noble compagnon d'armes* que vous m'annoncez.

Caire, ce 10 nivose an VIII.

J'ai réfléchi, général, sur l'entretien que nous eûmes ensemble hier soir, et je vous réitère l'assurance d'être prêt à partir lorsque vous le jugerez convenable.

Cependant, des deux partis *que vous m'avez présentés,* il en est un que je préférerais, non-seulement pour moi, mais pour *l'objet que vous vous proposez.*

Le départ des savans ne me paraît pas aussi prochain que l'on pourrait le croire. Déjà ils sont moins empressés depuis qu'ils ont vu la porte entr'ouverte. Leurs préparatifs seront longs, et d'ailleurs il se trouvera, parmi eux, beaucoup de personnes qui pourront également contribuer à faire connaître la vérité. Raison de plus pour réserver cette ressource, quoique selon moi secondaire.

Le départ des blessés me paraît d'une autre importance. Voici mes motifs :

1° M. Smith ne pourra refuser de leur donner un sauf-conduit, cela étant constamment pratiqué entre toutes les nations policées. Son amour-propre d'ailleurs et même sa gloire sont intéressés à détruire les impressions défavorables que les ordres du jour de Bonaparte ont pu laisser.

2° Je crois juste et utile de renvoyer les blessés en France. La vue d'un homme aveugle, d'un homme mutilé arrache toujours au soldat valide cette exclamation : *Voilà le sort qui nous attend tous!* C'est pour l'éviter qu'il faut éloigner le tableau.

3° Pour rendre ce départ profitable, il faut procurer à ces militaires tout ce qui leur est nécessaire ; que les provisions pour le voyage soient abondantes et de bonne nature. Il faut charger le commissaire qui les accompagnera de leur donner en arrivant en France, au moment de la quarantaine, ce qui leur sera dû de solde, en évitant bien de leur faire considérer ce paiement sous d'autres rapports que ceux de la justice.

Nul doute qu'après ces précautions prises, le moment de l'arrivée des blessés ne produise un grand effet, surtout s'il a lieu à Toulon, où les têtes ardentes des habitans sont susceptibles de prendre toutes les impressions. L'entrée de ces tristes débris *fera blâmer l'auteur de l'expédition, et bénir celui qui aura mis un terme à tant de calamités.*

Ces blessés, rentrés dans leurs foyers, prépareront, sans même que l'on s'en mêle, l'opinion de leurs familles, de leurs camarades, tandis que, par *d'autres moyens, nous formerons celle des hommes éclairés et des gouvernans.*

Ces moyens pourront paraître petits, mais je ne les crois cependant pas à dédaigner.

Alors, si vous le jugez convenable, je profiterais de cette occasion. Vous pourriez me nommer commissaire civil, chargé d'accompagner les blessés, et de veiller à ce que, tant dans la traversée qu'au moment de leur arrivée en France, il ne leur manque rien. Je me trouverais par ce moyen avoir un prétexte bien naturel de voir les membres du gouvernement et de leur parler de l'Égypte, d'autant mieux qu'y étant venu sans aucune mission et comme simple voyageur, personne ne pourra me faire reproche d'être retourné dans ma patrie.

Tel est, général, le plan que mon oreiller m'a inspiré cette nuit: il est entièrement subordonné à votre opinion; mais croyez que dans tous les cas je serai empressé de faire, soit en Égypte, soit en France, tout ce qui pourra concourir à seconder vos intentions; et j'espère que cette circonstance, en rapprochant deux hommes faits pour s'estimer, les réunira par les sentimens d'une amitié durable.

TALLIEN.

Le Caire, 17 nivose an VIII.

Au Directoire exécutif.

Par un cartel ouvert avec Sidney Smith, commodore des escadres combinées des mers du Levant, je fais passer en France huit à neuf cents invalides sous la conduite du citoyen Tallien qui, en qualité de commissaire civil, est chargé de stipuler les intérêts de ces braves, non-seulement pendant la traversée, mais encore près le gouvernement français et les administrations départementales et municipales des lieux de leur passage. Ce sont, citoyens directeurs, autant de héros que je recommande à votre tendre sollicitude.

KLÉBER.

Est-ce assez, monsieur? Vous m'avez forcé de faire des révélations que je ne voulais pas faire, obligé de descendre à des détails que je ne voulais pas donner; mais vous seul en êtes responsable, vos indiscrètes provocations les ont seules amenés.

Vous vous présentez comme le vengeur des gloires nationales, et, par une inadvertance singulière, vous allez exhumant tous les ordres rigoureux, toutes les mesures sévères que commanda la conquête. Mais les supplices, les incendies (1) ne sont-ils flétrissans que pour celui qui les ordonne? La honte n'en rejaillit-elle pas sur celui qui les exécute ou les inflige? Ce qui est déshonorant pour l'un, est-il méritoire à l'autre? Mais quoi! de tous ces généraux dont

(1) Une police fondée sur le nombre et la fréquence des supplices, une sécurité mal assurée par l'incendie des villages et par la captivité des enfans, les emprunts forcés, les confiscations établies en système : telle fut, pendant les treize mois de la domination de Bonaparte, l'administration si vantée de l'Égypte. P. 33.

vous vous constituez si généreusement le défenseur, il n'en est pas un qui se refuse à ce qu'on lui demande, et vous n'imaginez pas que si ces hommes généreux se prêtent sans scrupule aux actes qui vous paraissent si répréhensibles, c'est qu'en effet ils ne le sont pas. Sans doute, il eût mieux valu ne pas être obligé d'avoir recours à la violence; mais on était aux prises avec le fanatisme, on luttait avec des barbares qui ne connaissent d'autre alternative que la victoire ou la mort. Il fallait être sévère par système, rigoureux par humanité. Si la révolte n'eût pas été réprimée d'une main ferme, l'assassinat poursuivi à outrance, l'armée, assaillie à-la-fois par toutes les passions que soulève la conquête, eût bientôt subi le sort des croisés. Mais passons.

Vous avouez que le miry ne suffisait pas aux besoins des troupes, et cependant vous blâmez le général en chef d'avoir cherché à y suppléer. Qu'avaient donc de si étrange les moyens qu'il employa? à quelles mesures recourut-il que Kléber n'adoptât bientôt après? Comme lui, son successeur demanda des emprunts, frappa des contributions, exigea des avances de fermage; comme lui il pressura les cophtes, imposa les harems, convertit en amendes les peines qu'avaient encourues les cheicks. De plus que lui, il institua des monopoles, obligea les fournisseurs d'accepter des traites sur la trésorerie nationale, évalua des droits inconnus, et condamna à la bastonnade les cheicks trop lents à s'acquitter. Je raconte, je ne blâme pas; car une mesure acerbe coûte toujours à prendre, et il faut, pour qu'un homme investi d'un grand pouvoir la prescrive, qu'il ait des motifs qui méritent au moins d'être discutés.

Il en est de même de cette pénurie d'hommes et d'argent où vous supposez que le général Bonaparte laissa l'Égypte. Avec un peu de réflexion, vous eussiez vu que l'état de la colonie ne devait pas être si fâcheux, puisque six mois suffirent à Kléber pour tout acquitter, pour tout mettre au pair. Quant à la force de l'armée, vous aviez quelque chose de mieux que des calculs hypothétiques, c'était l'état de situation fourni au ministre de la guerre par l'ordonnateur d'Aure (1), après le traité d'El-A'rych.

(1) Au camp de Saléhieh, 30 janvier 1800.
Le commissaire ordonnateur en chef d'Aure, au citoyen ministre de la guerre, à Paris.

Citoyen ministre,

Je vous fais passer ci-joint copie du traité passé entre le général en chef

Vous eussiez vu en le consultant qu'elle n'était ni de douze mille combattans, comme l'annonçait le général Bonaparte afin d'obtenir quelques secours, ni de cinq, comme le mandait le général Kléber pour justifier ce qu'il se proposait de faire; mais qu'elle comptait encore dans ses rangs vingt-cinq mille braves qui savaient souffrir et se battre. Je passe au départ.

Kléber et les envoyés du grand-visir, à la suite des conférences qui ont eu lieu à El-A'rych. Vous verrez par ce traité que l'armée évacue l'Égypte, qu'elle doit en sortir dans trois mois, et qu'elle arrivera en France dans le courant de prairial ou de messidor. Je pense qu'elle débarquera à Toulon ou à Marseille.

Je dois vous prévenir que sa force est *d'environ vingt-cinq mille hommes de toutes armes, dont deux mille de cavalerie, trois d'artillerie, mille des troupes du génie, dix-huit mille d'infanterie*, et le reste d'administration, et autres individus employés à la suite de l'armée. J'ai cru devoir vous faire connaître de suite ce traité. J'ai profité du départ du citoyen Damas, aide-de-camp du général en chef Kléber, qui se rend à Paris, porteur des dépêches du général en chef au gouvernement. Je vous envoie le commissaire des guerres Miot, qui pourra vous donner tous les renseignemens nécessaires sur l'administration de l'armée. Il est à même plus que personne de le faire.

L'armée, à son arrivée, aura besoin d'un habillement complet. Celui qu'elle a reçu cette année ne peut lui être suffisant. La différence des uniformes, la mauvaise qualité des draps sont des motifs pressans de lui en donner un autre. Le général Desaix devant partir sous peu de temps, je profiterai de cette occasion pour vous faire connaître les besoins de l'armée en tout genre.

J'ai l'honneur d'être, etc.

Signé D'AURE.

Vous le blâmez, vous ne pouvez moins faire. Il mit fin aux doux régimes des conseils ; la langue n'a pas de terme assez ignominieux pour le flétrir. Je l'avais attribué à des considérations de patriotisme, vous voulez qu'il ait été inspiré par la peur, je vous crois. Je crois, puisque M. de Norvins l'a dit, et que vous le répétez, que le général Bonaparte ne s'exposa aux hasards d'une navigation périlleuse, qu'il ne tenta une entreprise qui pouvait lui coûter la vie, que parce qu'il était bien plus simple de courir la chance d'aller promener ses fers à Londres ou de porter sa tête sur un échafaud, que d'attendre les événemens à la tête de vingt-cinq mille braves. Et puis, comme vous le remarquez fort bien, il ne lui restait plus *qu'une administration de détails* qui n'était pas faite pour l'occuper. Il est vrai que constituer un peuple, arracher tout une vaste contrée à la barbarie, lui rendre les arts, les institutions qu'elle a perdus, forme encore une tâche assez belle, et que le premier consul ne fit guère en France que ce que le général en chef avait dédaigné de faire en Égypte. Mais, comme vous l'observez avec la même justesse, il était *sans recrutement* dans un pays qui regorge d'esclaves, au milieu des marchés où les Mamelucks puisaient à pleines mains. Sa position était inouïe, et il est vraiment fâcheux que le message que vous lui faites adresser par Fouché ne lui soit pas parvenu. Il est si simple qu'un général en chef soit rappelé par un ministre de la police! il eût immédiatement mis à la voile, et tout eût été dit.

Mais voyez la bizarrerie! ce départ que vous jugez avec raison si coupable, par le plus étrange des travers, les généraux ont la folie de l'applaudir. Menou en approuve les motifs (1); Klé-

---

(1)   Quartier-général d'Alexandrie, le 27 août 1799.

Le général de division Menou, au général en chef Kléber.

Mon cher général,

Vous êtes nommé au commandement général de l'armée d'Égypte. Le général Bonaparte est parti avanth-ier dans la nuit pour la France, avec les généraux Berthier, Andréossy, Marmont, Lannes et Murat. Je n'entre point ici dans les détails des motifs qui ont déterminé le général Bonaparte. Cette explication ne peut avoir lieu que verbalement. Je me bornerai à vous dire que j'ai trouvé ces motifs justes, et que cette mesure est la seule qui puisse être de quelque utilité à l'armée.

Le général Bonaparte m'a remis tous les papiers et lettres relatifs à votre nomination : j'en ai chargé le citoyen Eysotier, chef de brigade de la 69°; il a ordre de ne les remettre qu'à vous-même. Le général Bonaparte m'a dit vous avoir donné rendez-vous à Rosette, et d'après son calcul, vous devez y arriver aujourd'hui ou demain. Mais, en supposant que votre voyage ait rencontré quelque obstacle, je donne ordre à l'adjudant-

ber, qui l'avait d'abord blâmé avec amertume, désavoua bientôt les propos que lui avait arra-

général Valentin, commandant à Rosette, de faire partir sur-le-champ un exprès qui vous portera ma lettre à Damielle, mais non celle du général en chef, qui restera constamment entre les mains du chef de brigade de la 69°, jusqu'à ce qu'il puisse vous la remettre à vous-même, ou que vous lui ayez donné des ordres pour vous la faire passer ou pour vous la porter. Il attendra donc à Rosette, si vous n'y êtes pas rendu, que vous lui ayez dicté ce qu'il doit faire. Le général en chef m'a nommé au commandement du deuxième arrondissement, qui comprend Alexandrie, Rosette et le Bahirëh; mais je n'ai accepté que provisoirement, pour plusieurs raisons : la première, c'est que cela doit être à votre disposition; la deuxième, c'est que je désire, mon cher général, avant de prendre ce commandement, si votre intention est de me le donner, avoir une conversation avec vous. J'attendrai à cet égard ce que vous me prescrirez sur le lieu et le temps de la conversation; je désirerais que cela fût le plus promptement possible.

Le général Bonaparte m'avait donné, avant son départ, ordre de mettre un embargo sur tous les bâtimens du port d'Alexandrie, jusqu'à trente-six heures après son départ. L'embargo est levé depuis ce matin, mais seulement pour les djermes qu'on peut expédier soit à Aboukir, soit à Rosette; car pour les bâtimens destinés à se rendre en Europe, d'après les mêmes ordres, il n'en partira tout au plus que dans vingt-cinq jours. Le citoyen Guieux, capitaine de vaisseau, est nommé commandant du port d'Alexandrie, qui ne devra plus être considéré que comme port de deuxième classe. Le capitaine de frégate Rouvier continuera de remplir ces mêmes fonctions à Boulac, et aura inspection sur toute la navigation en activité. Le capitaine de frégate Guichard commandera tous les bâtimens armés du fleuve. La ville d'Alexandrie est tranquille, mais il n'y a pas le premier sou dans les caisses. J'ai eu ordre d'envoyer des lettres au général Dugua et au divan du Caire.

Vous devez croire, mon général, que je suis extrêmement satisfait d'être sous vos ordres : soyez assuré qu'en tout et partout vous ne trouverez personne de plus empressé que moi à exécuter ce que vous me prescrirez

chés la colère, et n'insista que sur la forme (1);

Je vous ai voué depuis long-temps estime et amitié franche; je compte sur les mêmes sentimens de votre part. J'ai ordre de faire abattre ici les armes de l'empereur, du grand-duc de Toscane et du roi de Naples, avec lesquels nous sommes en guerre. Les consuls de ces différentes nations doivent cesser leurs fonctions. J'ai aussi, relativement à des draps pour l'habillement de l'armée, des ordres qui frappent les négocians étrangers. La djerme *la Boulonnaise* est à Rahmanièh. J'envoie à Rosette les chevaux des guides que Bonaparte a emmenés avec lui en France : ils sont destinés à remonter les guides restés au Caire.

Salut et respect.

ABDALLA MÉNOU.

(1)   Rosette, 8 fructidor (25 août 1799).

J'ai reçu le paquet que vous m'avez fait passer par le chef de brigade de la 69ᵉ, mon cher général. J'aurais bien désiré que vous vous fussiez rendu vous-même ici. Ma présence me semble très-nécessaire au Caire; cependant je vous attendrai jusqu'au 10, neuf heures du matin. Hâtez-vous donc d'arriver, afin que nous puissions amplement conférer ensemble. Non-seulement je vous maintiendrai dans le commandement du du deuxième arrondissement, qui n'aurait jamais dû vous être ôté, mais je ferai encore et toujours tout ce qui pourra contribuer à votre satisfaction, persuadé que vous mettrez toujours en première ligne le bien de la chose, qui est notre bien commun, et d'où seulement peut découler le bien public. *Si j'approuve le motif du départ de Bonaparte, du moins me reste-t-il quelque chose à dire sur la forme.*

Adieu, ou plutôt au plaisir de vous voir bientôt.

A vous et tout à vous,

KLÉBER.

Friant trouve qu'il est dans l'intérêt de l'armée (1).
Verdier qu'on ne pouvait mieux faire (2); Pous-

(1)   Siout, 18 fructidor (4 septembre).

Le général de brigade Friant, au général en chef.

Je vous accuse réception de deux paquets adressés au généraux Belliard et Desaix, que j'ai fait passer de suite à Kéné, où ces deux généraux sont en ce moment. J'ai donné connaissance, par un ordre du jour, de votre circulaire à mon adresse, aux troupes que je commande, et le leur ai lu moi-même. Je puis vous dire qu'officiers et soldats ne sont point mécontens du départ du général en chef, étant persuadés que le bien de l'armée exigeait ce voyage en Europe. Vous pouvez aussi compter, mon général, sur l'ancien attachement que ces militaires vous portent : ce sont vos anciens soldats de l'armée de Sambre-et-Meuse. De mon côté, je ferai tous mes efforts pour mériter votre estime.

FRIANT.

(2)   Damiette, 18 fructidor (4 septembre).

Verdier, général de brigade, au général en chef Kléber.

Hier seulement, mon général, j'ai reçu une de vos lettres du 9, de Rosette. Oui, mon général, je conçois que les motifs qui ont déterminé le départ du général Bonaparte avec tant de précipitation et de secret doivent être puissans. Je les respecte, ces motifs, et me borne à espérer, dans la certitude qu'étant aussi dignement remplacé, l'armée n'a qu'à gagner dans les événemens. L'amour de mon devoir, l'estime dont vous m'honorez sont d'assez puissans motifs pour vous donner la certitude que toutes mes facultés seront employées à justifier les premiers et mériter de plus en plus la seconde. Le vide que laisse dans l'opinion Bonaparte, est grand, tant dans le militaire que dans les habitans du pays ; mais les uns et les autres connaissent combien vous pouvez le remplacer, et tous regar-

sielgue, tout outré qu'il était de ne pas faire partie du voyage, partageait l'opinion de ces généraux (1). Desaix, renchérissant sur eux tous,

dent comme heureux cet événement, dons ils attendent de grands résultats. Voilà ce que pense la division que vous m'avez provisoiremet laissée, et de laquelle vous avez tout à espérer. Confiance entière en son nouveau chef, discipline, bravoure, voilà ce que je crois pouvoir vous offrir, en vous assurant de nouveau de tout mon respect.

VERDIER.

(1) Au Caire, 21 fructidor (7 septembre).

Poussielgue, etc., au général de division Menou.

Je reçois, mon cher général, votre lettre du 13 de ce mois. Je suis persuadé que Bonaparte avait de bonnes raisons pour partir; mais je ne lui pardonnerai jamais d'en avoir fait un mystère à des hommes à qui il devait beaucoup, qui avaient toujours justifié sa confiance, et qu'il laissait chargés du fardeau du gouvernement. Le général Dugua et moi nous avons beaucoup à nous plaindre; il nous a joués.

Son successeur a des talens moins brillans, mais il a des qualités solides; et malgré mon attachement personnel pour Bonaparte, je suis convaincu que l'on sera beaucoup plus content du gouvernement du général Kléber, Français et Turcs. Il jouit d'une grande célébrité, et il a l'estime de tout le monde au plus haut degré. Réunissons-nous tous à lui, aidons-le à mener notre vaisseau au port et à le sauver, en attendant, des tempêtes. Quant à de nouveaux systèmes de finances, j'avais, il est vrai, des vues et des projets tout prêts à éclore; mais il n'est plus temps. Il faut que notre établissement soit consolidé par un traité de paix, pour qu'on puisse innover avec succès. Un bon plan ne réussirait pas en ce moment, et il serait perdu pour toujours. Soyez tranquille sur vos besoins dans votre arrondissement, non pas que je vous promette qu'ils seront tous

ne s'était pas borné à donner son suffrage à ce lâche abandon, il l'avait provoqué. A peine la connaissance de ces *légers* revers que nous avions éprouvés sur l'Adige, le Necker et ailleurs, lui est parvenue, qu'il engage le général en chef à courir au-devant des Russes. « On voit bien, lui
« mande-t-il, que vous n'êtes plus dans cette
« Italie où vous avez eu tant de succès. Vous y
« retournerez, vous illustrerez la nation ; et nous,
« nous végéterons au milieu des Arabes. Qui con-
« naîtra la grandeur de vos idées, qui appréciera
« vos généreux desseins? Cette guerre d'Allema-
« est une horrible chose, j'enrage de n'y être pas.
« Pensez du moins à nous, à notre situation, à
« notre amour pour la gloire; mais, avant tout,
« sauvez la France. » Voilà comment écrivaient, pensaient des hommes qui se trouvaient sur le lieu où se passait la scène. Il est vrai que ni Klé-

---

satisfaits, mais vous pouvez compter qu'ils le seront dans une proportion égale au reste de l'armée. C'est un principe que le général Kléber m'a annoncé vouloir maintenir contre toute section de l'armée qui pourrait être tentée de s'en écarter, et déjà il l'a annoncé dans un ordre du jour. Au reste, vous serez le premier à recueillir les revenus de 1214, c'est-à-dire le saïfi de la province de Rosette pour 1213 ; il sera exigible à la fin de brumaire. J'ai conseillé à vos aides-de-camp de loger quelques personnes dans votre maison ; c'est l'unique moyen de vous la conserver.

POUSSIELGUE.

ber, ni Desaix, ni Friant, n'étaient en état de la bien juger. Mais ne voilà-t-il pas que madame de Staël, adoptant leurs vues, déclare misérablement que « le général courait de tels risques « en traversant les mers, couvertes de vaisseaux « anglais; que le dessein qui l'appelait en France « était en lui-même si hardi, qu'il est absurde « de traiter de lâcheté son départ d'Égypte. Il « ne faut pas, dit-elle, attaquer un être de ce « genre par des déclamations communes. Tout « homme qui a produit un grand effet sur les « autres hommes doit être approfondi pour être « jugé (1). » Il vous était réservé, monsieur, de rectifier des notions aussi fausses. Il vous appartenait de présenter ce départ sous son véritable jour, de nous montrer qu'une résolution qui nous paraissait héroïque n'était qu'un calcul d'égoïsme, le résultat d'une mauvaise position.

Vous avez fait plus. Tous les chefs de corps s'étaient follement persuadé que le départ du général en chef, s'il avait, comme je l'ai dit, répandu quelque inquiétude dans les rangs, n'avait du moins jamais compromis la discipline. Vous avez fait justice de cette erreur. Désormais les

---

(1) *Considérations sur la Révolution*, tome II, page 229.

séditions de Damiette, de Lesbé, d'Alexandrie, qui éclatèrent deux mois plus tard, seront regardées comme la conséquence immédiate d'un événement auquel jusqu'ici on avait eu la maladresse de ne pas songer. Il est vrai que les généraux les attribuaient à tout autre chose ; que la plupart s'imaginaient qu'elles étaient dues aux communications si imprudemment ouvertes avec ce commodore dont vous vantez la loyauté. Dugua s'en expliqua nettement avec Kléber : voilà, lui manda-t-il, *le résultat de cet éternel parlementage*. Mais Dugua lui gardait rancune, Sidney n'était pas homme à tenter auprès des soldats la séduction qu'il avait essayée près de leurs chefs. D'ailleurs, sa conduite postérieure, ses *ruses de guerre*, ses insinuations, ses menées ont bien prouvé que le général avait tort, et que celui qu'il accusait était le plus bénin des hommes. Quant à la demande des troupes d'Alexandrie, elle est assez bizarre, car comment se rendre quand on n'a pas d'ennemis devant soi ? mais une chose qui l'est encore plus, c'est ce qui se passe à El-A'rych. Tandis que l'armée s'insurge partout contre ses chefs qu'elle accuse de vouloir abandonner l'Égypte, la garnison du fort qui ferme le désert, se soulève contre le sien, parce qu'il ne veut pas la quitter. Les têtes s'échauffent, le tumulte croît, et le malheureux commandant tombe sans vie dans les bras d'un émigré dont j'ai parlé avec irrévérence, quoiqu'il fût accouru là tout exprès pour le secourir. Ce récit ne présente qu'un léger défaut, c'est qu'il n'y eut point de coup de fusil lâché, que Cazals ne périt pas, et ne put par conséquent être reçu dans les bras de l'émigré qui vous inspire une si touchante sollicitude. Je vous en fournirais volontiers la preuve; mais vous avez *une connaissance si exacte des hommes et des faits*, que c'est chose superflue. Je ne veux que vous donner quelques détails sur la part qu'eut votre protégé à l'hécatombe d'El-A'rych. Voici comment s'exprime à cet égard le journal du siége :

« Le 14 frimaire, la découverte était sortie
« du camp de très-bonne heure. Elle était com-
« posée de douze hommes de la 9e et de trois sa-
« peurs, commandée par un sous-lieutenant.
« Celui-ci, contre l'ordre de son chef, s'étant
« trop éloigné sur le chemin de Syrie, tomba
« dans une embuscade de mamelouks, et fut
« enveloppé avec la rapidité de l'éclair. Trois
« hommes seulement firent feu sur l'ennemi,
« mais cet acte de courage leur coûta la vie;

« les mamelouks les ayant reconnus à la visite
« de leurs fusils, leur tranchèrent la tête ; ils
« attachèrent les autres à la queue de leurs che-
« vaux, et les emmenèrent fort vite jusqu'à Kar-
« roul. Le lendemain ils les menèrent à Jaffa
« pour les présenter au grand visir. Ces mal-
« heureux prisonniers furent traités avec un
« raffinement de barbarie. Les têtes des trois
« Français décapités sur le champ de bataille
« avaient été conservées, et leurs camarades se
« virent forcés de les porter en triomphe par
« toute la ville et dans le camp. Après avoir paru
« devant le visir, ils furent conduits dans une
« prison où on les enchaîna par les pieds et par
« le cou, sans distinction pour l'officier qui fut
« cependant séparé des soldats. Le même jour,
« le visir fit questionner cet officier, et ordonna
« qu'il ne fût enchaîné que par les pieds.

« Le 16 frimaire, le commandant Cazals ren-
« tra au fort avec son détachement. Il avait tra-
« versé la plaine, visité la fontaine de Cayan et
« les environs, fait des excursions sur plusieurs
« routes qui se dirigent vers l'Égypte, il n'a-
« vait rien découvert. Le grand-visir partit de
« Jaffa le 16 pour se rendre à Gaza, et y fit
« transférer les prisonniers français. Il n'y fut pas

« plutôt arrivé qu'il fit expédier un parlemen-
« taire à El-A'rych, et, à cette occasion, il fut
« employé une manœuvre odieuse dont les offi-
« ciers anglais furent les agens. Ceux-ci se ren-
« dirent auprès de l'officier français dans les fers,
« lui annoncèrent que son altesse devait donner
« des ordres pour qu'il fût traité avec distinc-
« tion, et l'invitèrent à répondre aux intentions
« du visir, dans le cas où on lui ferait de sa part
« quelque communication.

« Peu après, l'interprète du visir alla l'inviter
« au nom de son maître à écrire à ses camarades
« au fort d'El-A'rych pour demander ses effets
« et ceux des soldats prisonniers, afin de rendre
« sa position et la leur moins pénible à suppor-
« ter. L'officier français y consentit.

« On vint ensuite le chercher de la part du
« suprême visir, et on le conduisit dans une su-
« perbe tente où étaient réunis plusieurs offi-
« ciers-généraux de l'armée turque et quelques
« officiers anglais. On lui fit d'abord beaucoup
« de questions sur le fort d'El-A'rych et sur sa
« garnison, puis on lui présenta à signer une
« lettre dans laquelle il demandait aux officiers
« de son corps ses effets et ceux des soldats
« prisonniers; mais quel fut son étonnement,

« lorsqu'il lut à la suite, une invitation à ses ca-
« marades de livrer le fort à l'armée du visir,
« dont il exaltait les forces et les moyens; en-
« suite les détails d'une proclamation dans la-
« quelle on promettait de renvoyer en France
« ceux des Français qui mettraient bas les ar-
« mes; enfin l'éloge des bons traitemens que
« les Français recevaient dans l'armée otto-
« mane.

« L'officier français, pénétré d'indignation,
« refusa de signer cette pièce infâme; les pro-
« messes et les menaces furent employées sans
« succès; on le reconduisit dans sa prison.

« Il y fut bientôt visité par l'interprète du vi-
« sir, qui lui témoigna le mécontentement de
« son altesse à l'occasion de son refus, et lui re-
« présenta les désagrémens que son obstination
« pouvait lui attirer. Il lui présenta une autre
« lettre dont le Français ne reconnut pas d'abord
« toute la perfidie, et qu'il signa sans réflexion.
« Bromley (vous savez quel était Bromley), of-
« ficier au service de l'Angleterre, et employé
« dans l'armée ottomane, fut choisi pour venir
« en parlementaire au fort d'El-A'rych. Pour ne
« pas remettre lui-même la lettre de l'officier
« français, il se fit donner un prisonnier qui

« en, fut porteur. On distribua de l'argent à cet
« homme, on lui fit la leçon et on l'enivra d'eau-
« de-vie.

« Ce fut le 18 frimaire que le lieutenant-colo-
« nel Bromley se présenta devant le fort. Il s'ar-
« rêta à quelque distance des premiers postes,
« et se fit annoncer au commandant, qui lui en-
« voya une tente et des rafraîchissemens. Il avait
« le costume turc, mais il portait, sous sa robe
« longue, l'habit anglais.

« Le commandant Cazals s'étant rendu auprès
« de l'officier parlementaire, celui-ci lui remit
« deux lettres de John Douglas, colonel au ser-
« vice de S. M. britannique, qui le sommait de
« livrer le fort. »

« Pendant que le commandant s'occupait
« avec l'officier anglais de l'objet de son mes-
« sage, le prisonnier, qui était un caporal de
« sapeurs, s'était avancé jusqu'aux avant-pos-
« tes, et avait aussitôt été environné de sol-
« dats, attirés par la curiosité ou par le désir de
« savoir des nouvelles de leurs camarades. Il
« leur montrait avec affectation l'argent qu'on
« lui avait donné, leur parlait des bons traite-
« mens qu'il avait éprouvés, et de la promesse
« qu'on lui avait faite de le renvoyer en France.

« Il leur fit voir la lettre dont il était chargé
« pour les officiers de la 9e. Cette lettre qui n'é-
« tait point cachetée fut prise et lue avec avi-
« dité. Ce ne fut que trop tard que quelques
« officiers, instruits de ce qui se passait, s'en
« emparèrent et la remirent au commandant.
« La troupe fut de suite consignée au camp, et
« le prisonnier, dont les discours ne tendaient
« qu'à semer l'insubordination et à préparer la
« révolte, fut renvoyé dans la tente du parle-
« mentaire.

« M. Cazals remit au lieutenant-colonel Brom-
« ley la réponse qu'il fit à la sommation de
« M. John Douglas, et le congédia. »

Voulez-vous savoir quel fut le résultat de ses
honnêtes manœuvres, et la part qu'il eût à la
reddition du fort? Le voici : Je continue la ci-
tation.

« Tandis qu'une partie de l'armée ottomane
« se pressait dans les fossés et autour de la lu-
« nette, une foule de Turcs se jeta au pied du
« bastion en construction, et monta sur la mu-
« raille à la faveur des matériaux répandus dans
« le fossé. Des soldats français poussèrent la fai-
« blesse ou la folie jusqu'à leur jeter des cor-
« dages pour les aider à monter.

« Les prisonniers turcs, qui jusque-là avaient
« été fort tranquilles, ne virent pas plutôt
« quelques-uns des leurs sur les remparts, qu'ils
« renversèrent les pierres qui fermaient la com-
« munication du fort au bastion, ouvrirent la
« poterne, et introduisirent tous ceux qui se
« trouvaient à portée des deux ouvertures. Lors-
« qu'ils se virent nombreux, ils se jetèrent sur
« les Français à coups de sabre et de pistolet,
« et commencèrent le carnage. Les Turcs qui
« se trouvaient sur les remparts, aussi avides
« de sang que de pillage, frappèrent de leur côté
« ceux même qui leur avaient jeté des cordes
« pour monter. Ce fut alors qu'un caporal d'ar-
« tillerie, reconnaissant, mais trop tard, la faute
« qu'il avait commise, se défendit corps à corps
« avec les assassins, et en tua sept avant de suc-
« comber sous leurs coups.

« Le désordre était à ce point, lorsque le
« commandant et les officiers, accompagnés
« d'un petit nombre de soldats fidèles, se reti-
« rèrent sous la voûte de la porte, et s'y barri-
« cadèrent, bien disposés à vendre chèrement
« leur vie.

« Le colonel Douglas, à l'aide d'une corde
« qui lui avait été jetée par des soldats, était

« monté sur les remparts. Au milieu de cette
« scène d'horreur, il parvint au commandant
« Cazals, et le pria avec instance d'ouvrir la
« porte du fort; mais le commandant lui pro-
« testa qu'il n'ouvrirait point sans obtenir une
« capitulation.

« Dans le même temps Rajeb-Pacha, et l'aga
« des janissaires, après avoir fait briser les pa-
« lissades et les barrières, se trouvaient en de-
« hors la porte, et menaçaient de la faire enfon-
« cer. Le colonel Douglas, se faisant reconnaître
« par eux, à une fente de la porte, leur dit que
« le commandant ferait ouvrir, si on lui accor-
« dait une capitulation. Les deux généraux turcs
« y consentirent. »

« La capitulation fut aussitôt écrite dans les
« termes suivans :

1° « La garnison du fort sortira avec les hon-
« neurs de la guerre, et emportera ses baga-
« ges. Les officiers conserveront leurs armes et
« effets.

2° « Les malades et les blessés sont recomman-
« à la générosité de l'armée ottomane.

« Fait au fort d'El-A'rych, le 8 nivose an VIII.

« Le colonel Douglas signa cette pièce, et après

« en avoir expliqué le contenu aux pachas im-
« patiens, la leur passa par la fente de la porte;
« ceux-ci y apposèrent leur sceau et la repassè-
« rent au commandant Cazals qui la signa et la
« garda. L'ordre aussitôt fut donné de retirer
« les obstacles qui avaient été entassés derrière
« la porte, et la porte fut ouverte.

« Semblables à un torrent furieux qui a rompu
« ses digues et détruit tout sur son passage, les
« Turcs se précipitèrent dans la forteresse et
« portèrent partout le ravage et la mort. Les uns,
« s'introduisant dans l'hôpital, égorgèrent dans
« leurs lits les malades et les blessés; les autres,
« établissant dans les forges un atelier d'assas-
« sinats, décapitèrent sur l'enclume les malheu-
« reuses victimes; d'autres, entraînant les Fran-
« çais dans leurs batteries, leur coupaient la tête
« à coups de pelles de pioches et sur la culasse
« des canons : ici on les jetait par-dessus le rem-
« part après les avoir dépouillés; là on les des-
« cendait avec des cordages à des affidés qui les
« conduisaient à quelque distance pour les égor-
« ger.

« L'aga des jannissaires et Rajeb-Pacha ne
« pouvant appaiser le carnage, cherchèrent à réu-
« nir autour d'eux les officiers et les soldats

« français : mais leur toute-puissance n'imposa
« pas à leurs féroces soldats. Ceux-ci arrachaient
« les Français jusque sous leurs yeux, et le
« commandant Cazals, déjà saisi par eux, allait
« devenir leur victime, s'il ne se fût accroché
« fortement à la robe de l'aga. Il abandonna sa
« redingote à ses bourreaux.

« Pour séparer les Français de la foule, l'aga
« des janissaires se retira avec eux sur le rem-
« part, dont la disposition étroite et escarpée
« pouvait rendre sa protection plus efficace.
« Mais l'affluence toujours croissante des assas-
« sins rendit cette mesure infructueuse. Il prit
« enfin le parti de les faire sortir du fort, et de
« les emmener au camp.

« Ce fut avec une peine extrême qu'il parvint
« hors de la porte. Pour échapper au torrent qui
« innondait le fossé, il sauta par-dessus la lunette
« et fut suivi des Français trop intéressés à ne
« pas s'écarter de sa personne. »

Eh bien ! n'ai-je pas eu grand tort de maltraiter ce pauvre émigré ? Ne fallait-il pas que j'applaudisse à ses embûches ? Que je le félicitasse de la vaste hécatombe qu'il avait préparée ?

Encore un mot, et j'ai fini. Vous prétendez qu'il n'y eut pas un opposant à la résolution de

Salahieh; mais Menou la repoussa, Lanusse en éluda la signature, et Desaix la combattit sans cesse. Ces généraux, morts depuis long-temps, ne *viendront pas me démentir*. Non sans doute; mais leur correspondance existe, vous pouvez la consulter. Quant à Davout, j'ai rendu compte du message dont il m'avait chargé, le reste était son affaire. Voyez cependant votre ami. Sa mémoire semble devenir paresseuse; pressez, excitez-la, peut-être retrouverez-vous quelques traces d'une scène de dépit, dont Lanusse n'était pas le seul objet; et, si je ne me trompe, la correspondance de Salahieh renferme des lettras de Kléber qui sont bien loin d'établir que la résolution de traiter fût unanime. Au reste, si elle ne le fut pas, elle aurait dû l'être. Soldats et généraux, consternés à la vue du désert, demandaient en arrivant à repasser en France; leurs plaintes avaient été impitoyablement repoussées par le général Bonaparte; il était bien juste que Kléber y fît droit deux ans plus tard.

Je reviens aux Mémoires. M. de Bourrienne se récrie contre la détestable habitude qu'avait Napoléon de s'associer certains fonctionnaires pour l'érection des monumens dont il couvrait la capitale. C'était sans doute un bonneur un peu coûteux, mais il ne s'adressait guère qu'à ceux dont les bons services appelaient cette distinction flatteuse; et eût-il été moins gracieux, ce n'était pas une raison pour lui donner une fausse origine. Il semble, en effet, qu'il nous vient d'Égypte, que c'est un souvenir de ces fréquentes avanies dont le général Bonaparte aimait à frapper les beys. Rien n'est moins vrai, et M. de Bourrienne ne l'ignore pas; bien plus, le secrétaire pourrait dire quand et à quelle occasion l'expédient dont il parle a été imaginé. Il sait qu'il n'y a rien d'égyptien dans cette affaire, que les beys avaient autre chose à faire qu'à se soumettre à des avanies. Ils défendaient, ne restituaient pas ce qu'ils avaient pris. Il est vrai que ce *pressurage* amena un événement fâcheux dont la cause n'a pas été mieux saisie. Je veux parler de la révolte du Caire. M. de Bourrienne l'attribue aux firmans du grand-seigneur. Je veux croire qu'ils n'y furent pas étrangers, mais assurément ce ne fut pas ce qui la décida. Une circonstance plus puissante, une circonstance de nature à remuer les masses mit les têtes en fermentation. Nous avions transporté avec nous nos institutions fiscales. Nous avions imposé la propriété, l'industrie; nous avions mis en usage tous les moyens de finance usités en Europe. Ces mesures avaient exaspéré la population. Elle s'était résignée tant qu'il ne s'était agi que du prophète; mais quand on s'en prit à son argent, elle ne ménagea plus rien. La révolte ne fut pas le résultat de la négligence qu'on mit à se garder, mais le produit du mouvement de tout un peuple qui ne veut pas se laisser arracher sa fortune. C'est du moins la cause que lui assigne l'Égyptien Abdul, qui, attaché lui-même au service des mosquées, a dû savoir ce que voulait la population, et mieux encore ce que voulaient ses confrères qui la dirigeaient. Voici comment il s'explique :

« On s'occupa à former un nouveau tribunal, qu'on appela Mékèm-el-Kada. On écrivit dans un registre les articles des conditions, on choisit six cophtes, six négocians musulmans. Le grand-cadi était Multi le cophte, qui était écrivain d'Eyub-bey le trésorier. On lui donna le pouvoir de juger les procès qui regardent le commerce, le peuple et les héritages. On rendit des ordonnances qui introduisaient des usages parmi eux ; on en fit des copies, que l'on envoya aux grands; on les afficha dans les rues et aux portes des mosquées. On y voyait des articles accumulés et des paroles sans suite ; le but était de légitimer les vols, comme cet article : « Il faut que ceux qui ont des biens fonds apportent leurs titres; lorsqu'ils auront été produits, et qu'on aura vu s'ils ont été achetés ou reçus en héritage, cela ne suffira pas, il faudra qu'ils soient enregistrés et que l'on paie suivant l'usage. Si les titres sont enregistrés, il faut en faire faire une nouvelle copie, et l'on paiera le deux pour cent sur la valeur des propriétés. Ceux qui n'ont pas de titres, ou dont les titres ne sont pas enregistrés, ou qui sont enregistrés avec manque de formalité légale, on s'en saisira et cela deviendra la propriété du divan.

« Cet ordre était très-préjudiciable aux propriétaires, parce qu'ils possédaient par achat ou par succession, et qu'ils avaient des titres nouveaux ou anciens peu réguliers. La plupart ne valaient rien, et il était impossible d'en prouver l'origine, soit par la mort des témoins, soit par les voyages; et, quand même on aurait amené des témoins, on ne les écoutait pas.

« Un autre article concernait les héritages : il disait que lorsqu'un homme mourait, on devait consulter le divan avant d'enlever le corps, et vingt-quatre heures après sa mort, on devait inventorier tout ce qu'il avait. Si la famille du mort s'y opposait, le divan s'emparerait de tout, et ne laisserait rien aux héritiers; pour faire l'inventaire, on prenait de l'argent ; lorsque l'héritier se présentait, on lui en demandait encore; lorsqu'un créancier du mort se présentait, il devait payer pour faire reconnaître sa créance, et lorsqu'on le payait, il devait encore payer.

« On arrêta encore d'autres articles sur le commerce et sur les dons volontaires, sur tous les procès en général, grands et petits ; les voyageurs même ne pouvaient partir sans un papier qu'ils devaient payer.

« Pour constater les naissances, il fallait payer ; il fallait payer pour toutes les transactions entre particuliers, etc., etc.

« Le samedi 10 de djemari-ul-ervel, on présenta au divan les registres de propriétés ; on établit sur les plus fortes un impôt de 48 fr., sur les moyennes un de 36, et sur les petites un de 18. Ceux dont le revenu du mois était moins d'un écu de 6 fr., furent exceptés. Les khans, les manufactures, les bains, les magasins, les boutiques furent imposées, quelques-unes à 180 f., d'autres à 240 fr. On fit imprimer la note, on l'afficha dans les rues, et on en envoya copie aux ayans. Les architectes et les ingénieurs allèrent pour déterminer ce que chaque maison devait payer, ils parcoururent quelques quartiers pour écrire les maisons et le nom de leurs habitans. Quand cette nouvelle fut répandue dans le peuple, il fut mécontent et dit : C'est une tyrannie. Il y eut des rassemblemens, on ne parlait que de cela. Une foule de jeunes gens s'assemblèrent, gens qui ne prévoyaient pas la fin des choses et qui ne pensaient pas que celui qui est dans la main est prisonnier. Ils se révoltèrent sans chef, et le dimanche matin les trouva prêts à combattre ; ils firent voir toutes les armes qu'ils avaient.

« Séïd-Bedr était à la tête d'un parti de rebelles de la lie du peuple des faubourgs, qui poussaient des cris affreux en disant : « Que Dieu donne la victoire aux vrais croyans ! » ils allèrent à la maison du juge de l'armée, ils avaient été précédés par environ 1000 hommes; le cadi craignit les suites, ferma les portes du Mékémé, fit rester ses gens derrière la porte. On les attaqua à coups de pierre et de bâton. Le cadi voulut s'enfuir, il ne le put pas. Une grande quantité de gens s'assembla dans la mosquée d'Asary. Alors Dupuy, à la tête d'un corps de cavalerie, parut dans la rue de Sénadikrié, alla à la maison du cheik Cherkavi, ne l'y trouva pas, se rendit à la maison du cadi; quand il vit cette foule, il se retira par la rue des Casréin, sortit par la porte de Zouhounet, où il y avait un gros rassemblement qui le combattit et le tua avec la plupart de ses soldats. Les Musulmans se mirent sur leurs gardes et s'emparèrent des issues, telles que la porte de Futor, de celle de Nalz et de Bérakié, jusqu'à la porte Zuvéïlet, la porte de Chairiet et l'endroit des armuriers. On fit des retranchemens avec les pierres des boutiques et derrière chaque retranchement, il y avait un corps de Musulmans.

« Au dehors, personne ne bougea et ne s'unit aux gens de la ville, pas même les habitans de l'ancien Caire et de Boulac qui étaient voisins de l'armée française (1). »

Voilà à quoi se réduisit cette insurrection qui *était générale, qui s'étendait de Sienne au lac Maréotis.* Personne ne bougea hors des murs du Caire. La population de Boulac elle-même resta paisible. M. d'Aure avait déjà réduit ce grand mouvement à ses véritables dimensions, mais peut-être n'était-il pas inutile d'interroger un

(1) *Délivrance de l'Égypte par Abdul-Rahman-Effendi, fils du défunt cheik Hussein-Djarebeti, uléma du Caire.*

habitant du pays. Si son témoignage n'ajoutait rien au poids de celui de l'ordonnateur en chef, il avait du moins l'avantage de faire voir combien M. de Bourrienne l'emporte en imagination sur les Arabes.

Le secrétaire prétend que cette levée de boucliers ne déplut pas trop au général en chef. Sans doute elle lui fournit les moyens de sortir de l'état de pénurie où il se trouvait; mais les conséquences politiques en étaient si graves, elle produisit sur l'Orient une impression si pénible, elle donnait un tel démenti aux félicitations des cheiks, elle imprimait à sa domination un tel caractère de violence, qu'il y a de la folie à insinuer qu'il ne la vit pas de mauvais œil, si même il ne s'y prêta. Au reste, M. de Bourrienne fait l'histoire comme il la faut à ceux qui la lui commandent. Y a-t-il une circonstance fâcheuse, un incident désagréable au général? Sa mémoire est d'une étonnante fidélité. Les moindres propos lui reviennent, les gestes, les impatiences, tout se représente avec une admirable précision. Les motifs qui ont déterminé son chef sont-ils, au contraire, de nature à justifier les mesures qu'il a prises, les résolutions auxquelles il s'est arrêté? le secrétaire n'a plus ni notes, ni souvenirs. Les ordres qu'il a expédiés, les instructions qu'il a écrites n'ont laissé aucune trace. Sa plume court au hasard, et, par une fatalité singulière, elle en rencontre jamais juste. J'en citerai une nouvelle preuve; la voici : M. de Bourrienne, qui a sans doute ses raisons pour ne pas approuver la campagne de Syrie, ne veut pas qu'on croie que les troubles du Delta contribuèrent à y mettre fin. Ces *échaffourées*, comme il les appelle, lui paraissent misérables; il ne pense pas qu'on ait jamais pu prendre ombrage de ces insurrections. Le général en jugeait autrement; mais ce n'est pas la première fois que le secrétaire s'est montré plus belliqueux que son chef. Son coup-d'œil était d'ailleurs plus sûr, plus étendu, ainsi que l'attestent ses Mémoires. Aussi, ne reproduis-je pas les timides instructions de l'un pour blâmer la noble assurance de l'autre. Mon but est moins élevé. Je ne veux que rappeler au secrétaire des dépêches qui paraissent lui être échappées, et qui pourtant sont toutes écrites de sa mains. Les soins qu'elles prescrivent, les précautions qu'elles recommandent et l'order de prendre position à Salahieh *pour peu que les nouvelles du Caire soient douteuses*, lui feront sentir, du reste, que les insurrections du Delta eurent plus d'importance qu'il ne leur en attribue.

Nous ajouterons aux observations précédentes quelques pièces que M. de Bourrienne, qui *n'écrit que pour la vérité*, ne trouvera pas sans intérêt. Elles sont officielles, il est vrai, mais elles n'émanent pas du général en chef, et puis l'amiral est si généreux, si loyal!

A bord du *Tigre*, devant Saint-Jean-
d'Acre, le 22 mars 1799.

Milord,

J'ai l'honneur de vous informer qu'ayant reçu de Djezzar-Pacha, gouverneur de Syrie, l'avis que l'armée du général Bonaparte faisait une incursion dans cette province, et s'approchait d'Acre qui en est la capitale, je me suis empressé de venir à son secours avec une partie des forces navales à mes ordres (1), et j'ai eu la satisfaction d'y arriver deux jours avant l'apparition de l'ennemi.

Dans cet intervalle, on exécuta, sous la direction du capitaine du *Thésée*, Miller, et du colonel Phélipeaux (2), beaucoup de travaux pour

---

(1) Il avait relevé depuis peu le commodore Tombridge dans le commandement de la station anglaise, devant Alexandrie.
(2) Émigré français, qui s'était chargé de mitrailler ses compatriotes au profit de l'Angleterre.

mettre la place dans un meilleur état de défense, et la rendre capable de résister à l'attaque d'une armée européenne. La présence d'une force navale anglaise paraît encourager et décider le pacha et ses troupes à faire une vigoureuse résistance.

Dans la nuit du 17, les bateaux du *Tigre* découvrirent l'avant-garde ennemie au pied du Mont-Carmel. Ces troupes, ne s'attendant à à trouver aucune espèce de forces navales en Syrie, s'étaient établies tout près du rivage de la mer, et se trouvaient conséquemment exposées à la mitraille de nos bateaux ; elle les mit en effet à l'instant même en déroute, et les obligea à se retirer précipitamment sur un des flancs de la montagne ; le corps d'armée, trouvant la route entre la mer et le Mont-Carmel aussi exposée, vint, par celle de Nazareth, investir la ville d'Acre, du côté de l'est. Toutefois, ce ne fut pas sans être très-harcelé par les Arabes Samaritains, qui ne sont pas moins ennemis des Français que les Egyptiens, et qui sont mieux armés.

Comme l'ennemi n'avait répondu à notre feu que par de la mousqueterie, il était évident qu'il n'avait point amené de canons ; nous en conclûmes que son artillerie viendrait par mer, et nous prîmes des mesures pour l'intercepter. *Le Thésée* avait déjà été détaché à cet effet devant Jaffa (l'ancienne Joppée); la flotille ennemie, venant du large, avait rencontré et pris *la Torride*. Elle tournait déjà le Mont-Carmel, lorsqu'elle fut rencontrée par *le Tigre*; elle consistait en une corvette et neuf autres bâtimens armés. Dès qu'elle nous aperçut, elle vira de bord. L'allégresse de l'équipage, en forçant de voiles sur elle, était vraiment digne d'éloges. Nous fûmes bientôt à portée de canon, et sept de ces bâtimens amenèrent. La corvette portant les effets personnels de Bonaparte, et deux petits bâtimens nous échappèrent, parce qu'il devenait important de suspendre la chasse pour amariner nos prises. Leur cargaison consistait en artillerie de siége, en munitions, plates-formes, etc., destinées au siége de Saint-Jean-d'Acre. Nous en avions grand besoin pour sa défense : nos prises allèrent en conséquence jeter l'ancre devant la ville ; nous leur donnâmes des équipages tirés de nos vaisseaux, et nous les employâmes de suite à harceler les postes de l'ennemi, à empêcher ses approches et à protéger les embarcations de nos vaisseaux qui avaient ordre de serrer de plus près le rivage pour lui enlever ses approvisionnemens et ses vivres qu'il faisait convoyer le long de la côte. Il sont, depuis cinq jours, occupés à ce genre de service, et le zèle de leurs équipages est tel, que, malgré la fatigue journalière excessive de la manœuvre des pièces et de la rame, ils ont demandé à n'être plus relevés.

Je regrette d'avoir à ajouter que nous avons éprouvé quelques pertes. Néanmoins, elles sont compensées par celles de l'ennemi, qui sont plus considérables, par le courage que notre exemple inspire aux Turcs et par le temps que nous gagnons en attendant l'arrivée de forces suffisantes pour faire échouer le projet de Bonaparte. J'ai lieu d'être très-satisfait de la bravoure et de la persévérance des lieutenans Brustley, Inglefield, Knight, Boshaz, du lieutenant des troupes de la marine, Burton, ainsi que des bas-officiers et des équipages qui se trouvent sous leurs ordres.

J'ai l'honneur d'être, etc.

Sidney Smith.

A bord du *Tigre*, à Acre, le 9 mai 1799.

A Milord Nelson.

Milord,

J'ai eu l'honneur d'informer votre Seigneurie, par une lettre du 2 courant, que nous étions constamment occupés à finir deux ravelins disposés à recevoir de l'artillerie pour prendre en flanc l'ennemi qui n'en est éloigné que de dix toises. Ils furent attaqués cette nuit-là même, et l'ont été depuis, presque toutes les nuits; mais chaque fois, l'ennemi a été repoussé avec beaucoup de perte. L'ennemi continuant à battre en brèche avec un succès progressif, a tenté neuf fois l'assaut, mais il a été repoussé autant de fois après un carnage affreux. Nos moyens de défense les plus sûrs ont été de fréquentes sorties pour le tenir sur la défensive, et empêcher les progrès de ses chemins couverts. Depuis le commencement du siége, nous nous battons constamment. Il n'y a de trève momentanée que pour refaire les troupes épuisées de fatigue de part et d'autre. Nous attendions avec impatience des renforts, sans lesquels nous ne comptions pas garder la place auss long-temps. Ces retards étaient occasionnés par Hassan-bey, qui avait reçu primitivement l'ordre de me joindre en Égypte; je fus obligé de lui réitérer l'ordre impératif de se rendre ici près de moi. Ce n'a été cependant qu'avant-hier soir, après cinquante et un jours de siége, que son convoi de corvettes et transports a paru; la vue de ce surcroît de forces a été le signal d'un assaut vigoureux et continuel de la part de Bonaparte, qui espérait se rendre maître de la ville avant que les renforts destinés à la garnison fussent débarqués.

Le feu continuel des assiégeans fut tout-à-coup dix fois plus vif; notre feu croisé fut très-violent comme à l'ordinaire, mais produisit moins d'effet qu'auparavant, parce que l'ennemi avait fait des épaulemens et des traverses d'une épaisseur suffisante pour le mettre à couvert. Les pièces dont on pouvait tirer un parti plus avantageux étaient un canon de dix-huit, français, placé au phare, servi par l'équipage du *Thésée*, sous la direction de M. Scroder, contre-maître, et la dernière pièce de vingt-quatre, placée dans le ravelin du nord, servie par l'équipage du *Tigre*, sous la direction de M. Jones, bas-officier. Ces canons, à portée de mitraille de la colonne qui attaquait, joints à la mousqueterie des Turcs, ont produit beaucoup d'effet. Je saisis cette occasion de recommander ces deux bas-officiers, dont le zèle et l'activité infatigables méritent de ma part les plus grands éloges. Les deux obusiers de douze pouces, provenant du vaisseau *le Tigre*, et placés à l'entrée du port, sous la direction de M. Bray, charpentier dudit vaisseau (un des hommes les plus braves et intelligens avec lesquels j'aie servi), ont jeté des obus dans le centre de cette colonne, avec un effet prodigieux, et l'ont considérablement ébranlée. Malgré cela, l'ennemi gagnait du terrain, et fit un logement dans le second parapet de la tour du nord-est. La partie supérieure fut entièrement démolie, et les décombres qui tombèrent dans le fossé servirent d'escarpe, par laquelle il pénétra. Le lever du soleil nous fit voir le pavillon français, flottant à l'angle extérieur de la tour. Le feu des assiégés avait singulièrement faibli, comparativement à celui des assiégeans, et notre feu croisé ne produisait plus d'effet, en ce que l'ennemi s'était retranché dans ce logement. Il en avait masqué l'entrée par deux barricades, le long du fossé, construites pendant l'action qui dura toute la nuit, et dont la composition était de sacs à terre et de cadavres hérissés de leurs baïonnettes. Les troupes d'Hassan-bey étaient dans les chaloupes à mi-chemin du rivage. Ce fut un moment critique, et il fallut un effort vigoureux pour conserver la place, au moins jusqu'à leur arrivée.

Je mouillai en conséquence les chaloupes dans le port, et dirigeai vers la brèche les équipages armés de piques. La reconnaissance, l'enthousiasme des Turcs, tant hommes que femmes et enfans, à la vue de tels renforts, dans cette circonstance, ne peuvent s'exprimer.

Plusieurs déserteurs se présentèrent devant nous à la brèche, défendue par une poignée de braves Turcs dont les armes les plus meurtrières étaient d'énormes pierres qui, tombant sur les assaillans, culbutaient les premiers et arrêtaient les progrès des autres. Une partie monta cependant à l'assaut, un monceau de ruines et de combattans servait de parapet aux uns et aux autres; les bouches de leurs fusils se touchaient et les cravates des drapeaux étaient roulées. Djezar-Pacha, voyant que les Anglais étaient à la brèche, quitta son poste où, suivant l'ancien usage turc, il se plaçait pour récompenser ceux qui lui apportaient les têtes de l'ennemi, et pour distribuer lui-même les cartouches. Le vieillard vint derrière nous, et, plein d'énergie, nous précéda avec violence, en s'écriant que tout serait perdu, s'il mésarrivait à ses amis les Anglais.

Cette lutte amicale, pour défendre la brèche, fit accourir sur le terrain beaucoup de Turcs et donna le temps d'arriver au premier corps des troupes de Hassan-bey. J'eus maintenant à combattre la résistance du pacha à admettre d'autres troupes que les siennes dans le jardin de son sérail, poste très-important par sa communication avec le rempart. Il ne restait plus que 200 hommes des 1,000 Albanais. Ce n'était pas l'instant de contester. Je surmontai ses objections en faisant filer le régiment de Chifflie de 1,000 hommes armés de baïonnettes, disciplinés à la manière des Européens sous les yeux du sultan Sélim, et mis à ma disposition par les ordres exprès de S. M. impériale. La garnison, animée à la vue d'un tel renfort, était sous les armes; et, comme elle suffisait pour défendre la brèche, je proposai au pacha d'abjurer toute esprit de jalousie en ouvrant ses portes pour laisser faire une sortie et prendre en flanc les assaillans. Il accéda sur-le-champ à ma demande, et j'ordonnai au colonel de s'emparer de la troisième parallèle ou de la tranchée la plus rapprochée de l'ennemi, et de s'y fortifier en masquant le parapet extérieur. Cet ordre étant bien exécuté, les portes furent ouvertes; les Turcs sortirent avec impétuosité, mais ils furent bientôt repoussés avec perte jusqu'à la ville. M. Bray cependant, comme d'ordinaire, protégea efficacement la porte de la ville avec la mitraille des obusiers. La sortie eut ce bon effet, qu'elle força les ennemis à se montrer sur les parapets, de manière que notre feu croisé en détruisit beaucoup et éloigna leurs forces de la brèche. Un petit nombre restant dans le logement fut tué ou dispersé par quelques grenades jetées par M. Sarouge, bas-officier du *Thésée*. L'ennemi tenta une nouvelle brèche par un feu continuel dirigé vers le sud du logement; chaque boulet abattait des pans entiers d'une muraille bien moins solide que celle de la tour, qui avait coûté tant de temps et de munitions.

Le groupe des généraux et aides-de-camp que les obus avaient souvent dispersés se trouvait alors rassemblé sur la montagne de Richard-cœur-de-Lion. Bonaparte était facile à distinguer au centre d'un demi-cercle; ses gestes annonçaient un renouvellement d'attaque, et son ordre à un aide-de-camp de se rendre au camp prouvait qu'il n'attendait qu'un renfort. J'ordonnai aux bâtimens de Hassan-bey de se jeter sur le bas-fond, au nord. Un peu avant le coucher du soleil, une colonne considérable s'avança à la brèche d'un pas résolu. L'intention du pacha ne fut pas cette fois de défendre l'entrée, mais de laisser pénétrer un certain nombre des ennemis, et de les envelopper alors, suivant la tactique turque. La colonne monta à la brèche sans opposition, et descendit des remparts dans le jardin du pacha. En peu de minutes, les plus braves et les plus téméraires d'entre eux, quoique armés d'un sabre d'une main et d'un poignard de l'autre, laissèrent leurs cadavres sans tête. Le reste se replia en désordre. Le commandant, que l'on voyait bravement encourager sa troupe, et que nous sûmes depuis être le général Lannes, fut blessé d'une balle. Le général Rambaud a été tué. L'entrée de l'ennemi, dans la ville, occasionna du désordre; il eût été impossible, même impolitique, de donner connaissance à chacun du moyen de défense projeté, de peur que l'ennemi n'en fût informé lui-même à l'aide de ses nombreux émissaires.

L'uniforme anglais, qui jusque-là avait servi de point de ralliement à la vieille garnison, partout où il se montrait, fut pris souvent pour l'uniforme français dans l'obscurité. Les Turcs, nouvellement arrivés, ne distinguaient rien dans la mêlée, et plusieurs coups de sabre mortels furent donnés à nos officiers. De ce nombre est le colonel Douglas, qui, ainsi que M. Yves et M. Jones, a été dangereusement blessé en se frayant un passage à travers nombre de déserteurs. L'ordre fut rétabli par les efforts du pacha, aidé de M. Trotte, qui venait d'arriver avec Hassan-bey. Ainsi se termina une bataille de vingt-cinq heures; les combattans étaient épuisés de fatigue de part et d'autre.

Bonaparte fera indubitablement une nouvelle attaque, la brèche étant praticable à cinquante hommes de front. La ville n'est pas et n'a jamais été susceptible d'être défendue suivant les règles de l'art. Nous nous obstinons à la conserver, non qu'elle en vaille la peine par elle-même, mais parce que nous prévoyons que c'est par cette brèche que Bonaparte veut marcher à de nouvelles conquêtes. *C'est de l'issue de ce combat que dépend l'opinion de la multitude des spectateurs sur les montagnes environnantes,* qui n'attendent que l'événement pour se joindre au vainqueur. Avec de tels renforts, pour l'exécution de ses projets connus, Constantinople et même Vienne éprouveraient de violentes secousses.

Soyez assuré, milord, que la grandeur de nos obligations ne fait qu'accroître l'énergie de nos efforts et de notre zèle à remplir nos devoirs, et quoique nous puissions être, et serons probablement défaits, j'ose dire que l'armée française sera tellement affaiblie avant cet événement, qu'elle ne pourra pas profiter d'une victoire qui lui aura coûté si cher.

J'ai l'honneur d'être, etc.

SIDNEY SMITH.

A bord du vaisseau *le Tigre*, en rade devant Jaffa, le 30 mai 1799.

Au contre-amiral, lord Nelson.

Milord,

La Providence du Tout-Puissant s'est fait sentir miraculeusement par la défaite et la retraite précipitée de l'armée française. Les moyens que nous avions de résister à ses efforts gigantesques répondaient imparfaitement à un résultat aussi heureux pour nous. La mesure d'iniquité semble avoir été comblée par le massacre des prisonniers à Jaffa, exécuté de sang-froid, trois jours après leur détention, et la plaine de Nazareth a été la limite de la carrière extraordinaire de Bonaparte.

Il a levé le siége d'Acre le 20 mai, laissant après lui toute sa grosse artillerie, enfoncée ou jetée à la mer, où on l'aperçoit, et d'où elle peut facilement être retirée. Voici les circonstances qui ont amené cet événement, postérieur à ma dernière dépêche.

Me persuadant que les idées des Syriens, quant à la valeur supposée irrésistible de ces usurpateurs, devaient avoir changé, depuis qu'ils avaient été témoins des revers que l'armée des assiégeans avaient essuyés journellement dans leurs opérations devant la ville d'Acre, j'écrivis une circulaire aux princes et chefs des chrétiens du Mont-Liban, ainsi qu'aux cheics des Druses. Je les rappelai au sentiment de leur devoir et les engageai à couper les vivres à l'armée française. Je leur adressai en même temps copie de la proclamation impie de Bonaparte, dans laquelle il se vante d'avoir détruit tous les établissemens chrétiens, en l'accompagnant d'une exhortation convenable, qui les sommait de choisir entre l'amitié d'un chevalier chrétien, et celle d'un renégat sans principes. Cette lettre produisit tout l'effet que je pouvais en attendre. Ils m'envoyèrent sur-le-champ deux ambassadeurs qui protestèrent non-seulement de leur amitié, mais encore de leur soumission, m'assurant que, pour preuve de ceci, ils avaient mis en campagne pour arrêter les montagnards, qui fourniraient du vin et de la poudre au camp français; ils mirent à ma disposition quatre-vingts prisonniers de cette classe. J'eus alors la satisfaction de voir la carrière de Bonaparte au nord arrêtée d'une manière efficace par un peuple belliqueux, habitant un pays impénétrable. La division du général Kléber avait été envoyée à l'est, à travers les endroits guéables du Jourdain, pour s'opposer à l'armée de Damas. Elle fut rappelée pour partager les efforts journaliers de l'escalade d'Acre, dans laquelle toutes les autres avaient échoué avec perte de leurs plus braves soldats, et de près des trois quarts de leurs officiers. Il paraît qu'on se promettait des succès de la part de cette division qui, par la fermeté et la résistance opiniâtre qu'elle opposa, en formant un bataillon carré, tint plus de dix mille hommes en échec toute une journée, dans la plaine entre Nazareth et le Mont-Thabor, jusqu'à ce que Bonaparte, arrivant avec son artillerie légère, dégagea ces troupes, et dispersa la multitude de cavalerie irrégulière qui les cernait complètement.

Le régiment turc Chifflie, ayant été blâmé de l'insuccès d'une sortie qu'il avait faite, et de la molle attaque du jardin, fit une nouvelle sortie la nuit suivante. Soliman-Aga, lieutenant-colonel, déterminé à réparer l'honneur du régiment, par l'exécution ponctuelle des ordres que je lui avais donnés, de se rendre maître de la troisième parallèle de l'ennemi, s'en acquitta parfaitement : mais l'impétuosité de quelques-uns des siens, les emporta jusqu'à la seconde tranchée, leur fit perdre quelques drapeaux (1). Ils eurent cependant le temps d'enclouer quatre pièces de canon, avant leur retraite. La division Kléber, au lieu d'escalader, suivant les désirs de Bonaparte, fut obligée de perdre du temps et des hommes pour la reprise de ces fortifications. Elle réussit après trois heures de combat, laissant le tout *in statu quo*, à

---

(1) Quelques drapeaux ! entendez-vous, M. de Bourrienne.

l'exception de la perte des troupes, qui fut très-considérable de part et d'autre. Après cet échec, les grenadiers français refusèrent absolument de tenter de nouveau l'escalade sur les cadavres pestiférés de leurs frères d'armes, qui n'avaient pas été enterrés. Ils étaient tombés victimes de l'impatience et de la fougue de Bonaparte, dans des attaques antérieures où il fit des fautes si grossières, que des matelots en auraient profité. Il semblait qu'il n'avait d'autre plan que de gagner du terrain, et que rien ne le retenait pour assouvir son ambition, quoiqu'il dût paraître à tout autre que, fût-il parvenu à prendre la ville, le feu des bâtimens l'eût bientôt forcé d'en sortir. Cependant la connaissance que la garnison avait du massacre infâme de Jaffa l'avait exaspérée au dernier point. Elle résolut de se défendre à outrance. Deux tentatives pour m'assassiner dans la ville ayant échoué, on employa la plus insigne violation des lois de l'honneur et de la guerre. Un parlementaire fut envoyé en ville de la part d'un dervis arabe (1), avec une lettre adressée au pacha, proposant un armistice pour enterrer les cadavres, dont la puanteur devenait in-

(1) Voyez donc comme tout cela est vraisemblable, un dervis qui propose des suspensions d'armes ; comme on a dû l'écouter !

supportable, et menaçait les jours de chacun des combattans. Plusieurs étant morts, en peu d'heures avec des accès de rage, et les premiers symptômes de la peste, il était naturel que nous accédassions promptement à cette proposition (1), et que nous ne nous tinssions pas strictement sur nos gardes pendant la trêve (2). Pendant que nous délibérions sur la réponse à faire, une grêle de boulets et de bombes annonça un assaut prochain (3), que la garnison fut cependant disposée à repousser, et qui n'a servi aux assaillans qu'à augmenter le nombre des morts à la honte éternelle du général, qui les a perfidement sacrifiés (4). J'ai sauvé la vie de l'Arabe de l'indignation des Turcs, et je l'ai fait conduire à bord du *Tigre*, d'où je l'ai renvoyé au général, avec une dépêche qui a fait rougir l'armée (5), de s'être exposée à des reproches si justement mérités. Il n'y eut bientôt plus de subordination, et tout espoir de repos étant perdu, l'ennemi

(1) Naturel, en effet ! On avait traité avec un dervis.
(2) Elle n'était pas encore conclue !
(3) Voyez ce mécréant de Bonaparte qui va scandaleusement troubler une si pieuse délibération !
(4) Quoi ! c'est le général; tout-à-l'heure il s'agissait d'un dervis.
(5) Voyez comme elle est pudibonde ! elle rougit de n'avoir pas reconnu un dervis pour son chef.

n'eut d'autre alternative qu'une retraite précipitée qui eut lieu dans la nuit.

J'ai dit plus haut que le train d'artillerie de siége (à l'exception des affûts qui furent brûlés) est maintenant en notre pouvoir, au nombre de vingt-trois pièces. Les obusiers, les canons de douze, transportés par terre avec beaucoup de difficultés dans le principe, et employés avec succès à faire la première brèche, furent embarqués dans les bâtimens du pays, qui devaient ranger la côte avec les plus malades des deux mille blessés (1), qui allaient embarrasser la marche de l'armée. On devait prévoir cette opération. Je pris alors mes précautions, afin de me trouver entre Jaffa et Damiette, avant que les Français parvinssent jusqu'au premier de ces lieux. Les bâtimens se trouvant précipitamment sous voile, sans marins pour la manœuvre, et les blessés manquant de tout, même d'eau et de vivres (2), ils firent route pour aller à la rencontre des vaisseaux de Sa Majesté, dans la pleine confiance qu'ils recevraient les secours de l'humanité,

---

(1) Deux mille blessés, les malades! M. de Bourrienne ne le savait pas. Ajoutez encore les obusiers, les canons, et comptez le nombre de bâtimens qu'exige un convoi semblable!

(2) Comme tout cela est vrai!

dont ils n'ont pas été frustrés. Je les ai envoyés à Damiette (1), où ils éprouveront tous les soulagemens qu'exige leur état, ce qu'il m'a été impossible de procurer à un si grand nombre. Les expressions de leur reconnaissance envers nous étaient entremêlées d'exécrations pour le nom de leur général, qui les avait, disaient-ils, exposés au péril, plutôt que de renouveler avec les Anglais les communications qu'il avait interrompues, par cette assertion fausse et méchante, que j'avais à dessein exposé les premiers prisonniers aux horreurs de la peste. On peut dire, à l'honneur de l'armée française, qu'elle n'ajouta pas foi à cette assertion, et la honte en reste à son auteur. Le but évident était de détruire par là l'effet que la proclamation de la Porte commençait à faire sur les soldats dont les mains se levaient avec empressement au-dessus du parapet de leurs ouvrages, quand on la jetait par la brèche. Il ne pouvait dire pour excuse, qu'il a été mal informé, puisque son aide-de-camp, M. Lallemand (2), eut de libres communications avec

---

(1) Demandez plutôt au général Colbert.
(2) Jamais le général en chef n'eut d'aide-de-camp de ce nom. Sidney n'eût pas dû se méprendre, puisque cet officier communiquait librement avec *le Tigre*.

ces prisonniers, à bord du *Tigre*, lorsqu'il vint pour en traiter, et qu'il leur ordonna, mais un peu tard, de ne pas répéter les marques de leur satisfaction à la perspective de retourner dans leur patrie. Il était évident aux deux partis que, quand un général recourait à de semblables moyens, et en même temps à un artifice aussi vil, à une fausseté aussi perfide, tous les moyens étaient épuisés, et la défection dans son armée était par suite portée à son comble (1). Le plus grand désordre a régné dans la retraite, et la route entre Acre et Gaza est jonchée des cadavres de ceux qui ont succombé à la fatigue et à de légères blessures, car tous ceux qui pouvaient marcher n'ont pas, malheureusement pour eux, été embarqués. Les chaloupes canonnières à la rame inquiétaient l'avant-garde de l'armée au bord du rivage, et les Arabes harcelaient son arrière-garde quand elle pénétrait dans le pays, pour éviter le feu des chaloupes. Nous distinguions la fumée de la mousqueterie, devant les bancs de sable, de l'attaque d'un parti d'entr'eux, qui parvint à nos chaloupes, et touchait notre pavillon avec des démonstrations de respect et d'union.

(1) On a vu, en effet, combien grande était la défection.

Ismaël-Pacha, gouverneur de Jérusalem, qui fut prévenu des dispositions que faisait Bonaparte pour la retraite, entra par terre dans cette ville, au même instant que nos chaloupes canonnières s'avançaient pour attaquer du côté de la mer. On arrêta le massacre et le pillage déjà commencés par les Naplousins; le pavillon anglais, hissé de nouveau sur la maison du consul (devant laquelle le pacha me rencontra), sert d'asile à toutes les religions et aux habitans de toutes les classes qui ont survécu. Les monceaux de Français privés de sépulture et étendus sur les cadavres de ceux qu'ils massacrèrent, il y a deux mois, seront une nouvelle preuve de la puissance divine qui a fait périr ces assassins, des exhalaisons pestilentielles occasionnées par leurs propres atrocités. On a trouvé *sept pauvres malheureux dans l'hôpital*, et on en prendra soin. Nous avons été exposés à toute espèce de dangers et de peines dans notre débarquement ici pour protéger les habitans : mais il a parfaitement réussi. Ismaël-Pacha mérite des éloges pour la manière habile avec laquelle il m'a secondé dans cette opération. Deux mille hommes de cavalerie viennent d'être envoyés pour arrêter l'arrière-garde française ; et j'espère moi-même atteindre cette arrière-garde assez à temps pour profiter de son désordre. Mais ceci dépendra du concours d'une force suffisante dont je ne suis pas absolument le maître, quoique je fasse tout mon possible pour lui donner l'impulsion convenable et une juste direction. Ma confiance repose entièrement sur les officiers et équipages des trois vaisseaux sous mes ordres, qui, en présence d'un ennemi très-formidable, ont fortifié une ville qui n'avait pas un seul gros canon monté du côté de la terre, et qui ont maintenu une libre communication par mer, malgré le feu continuel de la mitraille et de la mousqueterie. Je me flatte qu'ils seconderont parfaitement l'armée dans ses prochaines entreprises. On doit à l'activité de M. England, ainsi qu'à celle du lieutenant Summers, à la bravoure d'autres officiers, la conservation du vaisseau *le Thésée*, à bord duquel le feu se manifesta tout-à-la-fois en cinq endroits, par l'effet des bombes et boulets des Français, qui avaient éclaté à son bord.

J'ai l'honneur d'être, etc.

SIDNEY SMITH.

CHAPITRE VI.

Erreur de date relevée par M. de Bourrienne. — Championnet. — Situation des armées. — Nos soldats.

On a, dit M. de Bourrienne, t. III, p. 16, imprimé dans un recueil de pièces concernant le général Bonaparte : « Le général Championnet écrivit au directoire, le 4 octobre 1799 : que Bonaparte était arrivé en France et qu'il donnait sa démisssion. Une simple comparaison suffit pour donner la valeur de cette assertion. Non-seulement Bonaparte n'arriva pas en France le 4 octobre, mais ce ne fut que le 7 de ce mois que le temps nous permit de sortir du golfe d'Ajaccio. » Et qu'importe cette circonstance ! A-t-on prétendu fixer, à l'aide de la lettre de

Championnet, le jour où le général Bonaparte prit terre à Fréjus? Nullement ; on a voulu simplement constater quels étaient à-la-fois l'opinion des troupes, le patriotisme du général, qui, jugeant que le vainqueur d'Arcole était seul capable de porter le faix, résiliait noblement en sa faveur le commandement dont il était revêtu. Est-ce cette abnégation patriotique que M. de Bourrienne trouva invraisemblable? Il pouvait aisément de se convaincre que quelque inouïe qu'elle lui paraisse, elle n'en est pas moins réelle. L'autographe de la dépêche qu'il conteste était dans les mains de l'éditeur, il lui était facile de dissiper ses doutes. Nous persistons donc à faire hommage à Championnet de son dévouement. Nous ferons plus, nous citerons quelques pièces de sa correspondance ; elles serviront à-la-fois à établir quelle était au vrai la situation de la France au retour de Bonaparte, ce qu'on doit penser des grands services administratifs du héros des Mémoires, et quels étaient ces soldats si indignement outragés dans cette longue compilation. Nous reviendrons, du reste, sur les prodiges que nous vante M. de Bourrienne.

Quartier-général de Grenoble,
le 16 août 1799.

Championnet, général en chef, au général Joubert, commandant l'armée d'Italie.

Je n'ai pu, mon cher général, vous faire connaître, à cause de votre absence, toutes mes opérations dans l'armée des Alpes; je vous en transmets aujourd'hui le tableau général.

L'armée n'a jamais été en état d'agir depuis mon arrivée, tant à cause de sa composition que par le manque absolu de tous les moyens, en argent, en subsistances, en munitions et en transports.

Le départ des demi-brigades, 34° et 74°, du 3° de chasseurs envoyés en Italie par ordre du général Moreau, l'avait réduite aux nombreux dépôts dispersés dans ces contrées, à quelques bataillons incomplets, et aux conscrits inorganisés qui ne faisaient que consommer beaucoup, sans pouvoir rien faire pour la république, parce que ces corps manquaient de tout ce qui est nécessaire pour agir.

Aujourd'hui, elle a pris une forme plus régulière par l'arrivée des demi-brigades 28e légère,

87e et 10e de ligne, que le ministre de la guerre m'a envoyées, et par l'encadrement des conscrits dans tous les bataillons et corps incomplets, sa force peut être fixée à 17,000 hommes.

Il y a quatre jours que je n'avais d'autres officiers-généraux que Grenier, Hattry et Muller ; le premier lutte contre les besoins à Chambéry ; le second s'occupe de l'approvisionnement si difficile des places de Briançon et environs, et le troisième commande la 7e division militaire. Aujourd'hui, j'espère voir réunir, sous mes ordres, dans trois ou quatre jours, la totalité des généraux que le gouvernement m'a destinés.

Sous le rapport du personnel, j'ai donc lieu d'espérer que, dans quelques momens, il manquera peu de chose à l'organisation complète de l'armée des Alpes, mais elle sera bien inférieure au nombre des forces qui m'avaient été promises dans le premier tableau.

Il s'en faut de beaucoup que j'aie les mêmes espérances sous le rapport des moyens ; mais j'y ai jusqu'ici suppléé par mes propres efforts, et j'ai agi avec toute la latitude que le danger autorise.

Il n'y avait en caisse, à mon arrivée, qu'une somme de vingt mille livres ; et, ce qu'il y a de plus étonnant, c'est qu'il n'avait été donné aucun ordre pour pourvoir à mes besoins. J'ai fait un appel à tous les départemens compris dans l'arrondissement des 7e, 8e et 19e divisions militaires, que je commande, pour la somme d'un million trente mille livres.

Cet appel aura tout l'effet que j'en ai attendu. La Drôme m'a fourni sur-le-champ 100,000 liv. le Rhône 150,000, l'Isère 100,000, le Mont-Blanc 70,000, le Léman 50,000, et tous m'ont promis de compléter dans peu leur contingent, conformément à la répartition que j'en avais fixée.

Ces fonds n'ont, pour ainsi dire, fait que toucher la caisse, par le soin que j'ai pris de les envoyer exclusivement au paiement de la solde qui était arriérée pour le soldat, de plusieurs décades, et pour les officiers, de plusieurs mois.

Le restant, qui ne va pas au-delà de cent mille livres, est consacré à payer les dépenses qu'occasionnent les premiers mouvemens de l'armée.

Cette opération inconstitutionnelle a tout sauvé; la désertion était générale, elle n'a cessé qu'avec l'affreuse misère à laquelle le soldat était réduit, tant par le manque de solde, que par l'abandon absolu de tous les services.

Je ne me suis pas contenté de faire aux départemens un appel en argent, j'ai par un ordre exprès à tous les receveurs, suspendu tous les paiemens jusqu'à ce que les fonds nécessaires à l'armée des Alpes fussent assurés. Cet ordre s'exécute, malgré les réclamations et les cris des compagnies qui, après avoir abandonné tous les services, ont couvert toutes les caisses de délégations.

Les magasins n'étaient pas en meilleur état que les caisses; j'ai été obligé de m'en occuper avec le même soin. Au 17 prairial, il avait été fait un appel en denrées par le directoire exécutif, sur les départemens de l'Isère, de la Drôme, du Mont-Blanc, des Hautes et Basses-Alpes. Ces magasins ne doivent être ouverts qu'au premier termidor, suivant les dispositions expresses des arrêtés; les compagnies qui devaient faire le service à leurs dépens les ont tous envahis et épuisés avant le terme fixé. Les communes abandonnées par les compagnies pour le service des étapes, ont imité les fournisseurs, de manière qu'à mon arrivée, je n'ai trouvé que des réclamations et des plaintes de tous les cantonnemens où l'on n'existait que par le bienfait des habitans, les réquisitions forcées, ou par l'herbe que produisent les montagnes, comme cela est arrivé au Mont-Cenis.

J'ai consacré cent mille livres pour les premiers besoins, et j'ai fait un nouvel appel en denrées qui me fournira un mois de subsistances.

Les places fortes étaient dans un état plus dangereux encore que les cantonnemens; les plus exposées n'avaient pas quinze jours de vivres. Les autres ne vivaient qu'au jour la journée; j'ai donné au général Hattry la plus grande latitude dans toutes ses opérations, il n'en a pas abusé; mais il y a dans toutes les places un commencement d'approvisionnement que je vais compléter sur-le-champ, par la facilité que me donne un second appel en denrées, et par les fonds que je me suis procurés.

Je n'avais aucun moyen pour les transports, n'ayant aucun argent pour les payer. J'ai pris un arrêté pour 600 mulets qui me seront fournis par le département des Hautes et Basses-Alpes, et du Mont-Blanc, à raison de 38 sous par jour, tout compris, et par la voie d'une réquisition forcée, ou par la faveur accordée aux conscrits de convertir le service militaire en transports, à la condition par eux de fournir chacun trois mulets.

Par ce moyen, que je regarde comme infaillible, j'assure le service des transports si difficile et si coûteux dans la guerre des montagnes.

Si le gouvernement désapprouve des opérations si indispensables, il me donnera sans doute les moyens de faire autrement; car pour moi je suis absolument décidé à prendre partout où je trouverai, avant de permettre que la frontière s'ouvre tout entière à l'ennemi, par la désertion générale du soldat, qui ne peut soutenir long-temps une crise de besoins aussi violens.

Il ne me reste plus à pourvoir qu'au service des estropiés abandonnés : 1° par les compagnies; 2° par les sous-traitans restés sans paiement; 3° par les municipalités qui, après avoir épuisé leurs contributions en denrées, ont redouté de n'être pas payées de leurs avances personnelles. Le soldat ne vit presque plus que chez l'habitant qui le loge, c'est-à-dire que l'état de guerre a commencé pour nos concitoyens. Je n'ai aucune ressource encore pour y remédier ; mais je suis résolu à le faire par tous les moyens qui seront possibles, si le gouvernement, auquel je ne laisse aucun repos par mes représentations importunes, ne vient à mon secours.

Je vous donnerai une idée très-exacte de nos magasins par un seul mot. Il n'y a rien, ni habits, ni chemises, ni souliers, ni havresacs, ni bidons, ni guêtres, ni chapeaux. Les soldats et les conscrits ne sont couverts que par les vieux haillons qu'ils ont pu conserver. Le ministre m'a promis beaucoup, et il n'y a rien qu'on ne doive espérer de l'infatigabilité de son zèle, mais je crains qu'il ne soit lui-même un peu trompé sur ses ressources.

Un seul fait vous fera connaître combien cette crainte est fondée, et combien sont fictives et frauduleuses les fournitures dont on lui donne des états trompeurs.

Il m'a été expédié 1400 habits de canonniers, reçus et vérifiés dans nos magasins. Le croiriez-vous? Il n'y a ni forme, ni taille dans la nature auxquelles cette caricature d'habits puisse être adoptée; ils ont été tous réformés.

L'audace des coquins qui fournissent est à son comble. Il y a dix jours qu'il est arrivé ici 600 chevaux bien visités, bien légalement reçus; le scandale a été général dans toute la ville, par l'évidence même de la fraude; une seconde visite a démontré que sur les 600, 400 étaient absolument hors de service.

Quel remède opposer à un aussi grand désordre, auquel le ministre de la guerre, malgré ses continuels efforts, ne remédiera qu'avec le temps? conserver l'embargo sur les caisses, et si les dangers deviennent extrêmes, les convertir en docile. Il n'y a que cette mesure qui puisse sauver la république et l'honneur de ceux qui la gouvernent et commandent les armées.

Voilà, mon cher général, quant aux opérations administratives, le détail de tous les soins qui m'ont occupé depuis vingt jours que je suis à Grenoble. Je ne puis vous dire combien ils ont été pénibles tant par les longueurs et les résistances des administrations dont on ne peut rien obtenir, que par l'importunité, surtout lorsque les demandes qu'on leur fait se trouvent en contradiction avec les ordres des ministres ou compromettent leur responsabilité personnelle, par la crainte de n'être pas approuvés par la trésorerie nationale et d'exposer la fortune de leurs familles.

Pour ce qui concerne les opérations militaires, je n'ai pu, jusqu'à ce moment, les étendre beaucoup au-delà des soins de l'organisation générale de l'armée; néanmoins, quoique je n'aie jamais eu d'état-major, quoique les commissaires ne soient à leurs postes que depuis peu de jours, quoiqu'il n'y ait ni caisse, ni payeur, et que la trésorerie me refuse jusqu'aux personnes qui constituent l'administration des dépenses, j'ai pourtant réussi à mettre dans tous les mouvemens une telle rapidité que, dans moins de huit jours, Grenier aura sous ses ordres une division de près de sept mille hommes à Chambéry pour couvrir le Mont-Cenis et les vallées de la ci-devant Savoie, et que dans cinq jours, je me trouverai moi-même à la tête de quatorze mille hommes de bonnes troupes, en état de repousser l'ennemi s'il se présente, de couvrir la vallée de la Sture et me porter sur Coni avec rapidité, et préserver par là toutes les frontières.

Cette disposition de mouvement m'a paru la seule qu'il fût expédient de faire dans les circonstances, sans craindre de me trouver en opposition par quelqu'opération trop précoce avec le plan général des opérations que vous avez à faire.

Je me suis mis au courant, mon cher général, dans ma correspondance avec vous, par ce tableau raccourci, de tout mon travail; je m'y conserverai par mon exactitude scrupuleuse à vous transmettre tout ce que les circonstances m'obligeront de faire.

Salut et respect,
CHAMPIONNET.

Gênes, 29 brumaire an VIII de la République (20 novembre 1799.)

Championnet, général en chef, au ministre de la guerre.

Je m'empresse, citoyen ministre, de vous faire connaître la situation de l'armée d'Italie, tant sous les rapports militaires, que sous ceux d'administration, et particulièrement les besoins pressans auxquels elle est en butte.

Les ordres précis de vos prédécesseurs, d'après ceux du directoire, m'ordonnaient de conserver en même temps *Coni, la ville de Gênes, tous les débouchés de la Ligurie*, et de prendre l'offensive. Vous concevez aisément qu'avec les faibles moyens qui restaient à l'armée, après tous ses malheurs, ce plan d'opérations ne pouvait avoir une exécution qui fût avantageuse à la république. J'avais proposé au directoire, comme premier point d'opérations, de réunir toutes nos forces sur un seul point, pour marcher en corps à l'ennemi. Il fallait se résoudre à abandonner momentanément Gênes et Coni. J'avais proposé de faire sauter cette dernière, si on s'obstinait à garder Gênes, puisque sa position est telle que, tombant au pouvoir de l'ennemi, les deux grands débouchés des Alpes sur l'Italie, par Tende, et par la vallée de la Sture nous sont fermés, et qu'en la démantelant, l'ennemi ne peut défendre ces passages contre une armée qui voudrait déboucher. Mon avis fut rejeté ; j'eus ordre de conserver Coni. Dès lors, je proposai de réunir l'armée sous ses murs, et d'évacuer Gênes, dont la position nous serait toujours assurée, si nous rejetions l'ennemi au-delà du Pô. Un système contraire a prévalu : on a voulu tout garder et tout défendre ; nous sommes à la veille de tout perdre. J'ai rendu compte à votre prédécesseur des mouvemens de l'armée et de leur résultat, par dépêche du 25 de ce mois. Depuis cette époque, l'armée occupe à-peu-près les mêmes positions. La droite couvre les débouchés de la rivière du Levant et de la Bochetta : ce corps est en avant de Novi et d'Aqui. Le centre est dans les vallées de la Bormida et du Tanaro. La gauche sur les Alpes ; Coni est cerné. L'ennemi, qui connaît aussi bien que nous notre cruelle position, et qui n'ignore pas que nous ne sommes pas en mesure d'agir, rassemble un corps nombreux entre Tortone et Alexandrie, sous les ordres de M. le général Kray; un corps détaché, commandé par le général Klenau, renforcé depuis quatre jours par deux mille Russes arrivés de Livourne, est en position près de Chiavari, et s'était approché, il y a deux jours, à deux milles de Gênes. Je m'attends à tout moment à être attaqué sur ce point. Un corps de six mille Autrichiens, commandé par M. de Bellegarde, s'est porté le 25 sur Garessio, a forcé nos troupes à se retirer sur les hauteurs et menace Ormea. Le 24, le général Richepanse, commandant la garnison de Tende, après un combat de douze heures, a été obligé d'abandonner à l'ennemi Vernante; il m'annonce qu'il s'est retiré sur Limon, mais qu'il ne croit pas pouvoir y tenir, et qu'il se dispose à se retirer sur Tende. Je n'ai pas de nouvelles des troupes qui sont dans la vallée de Sture et les autres débouchés des Alpes.

Vous jugerez aisément, citoyen ministre, que notre position est bien critique, qu'elle n'est pas soutenable avec des troupes peu nombreuses et découragées, sur une ligne d'opérations aussi étendue, qui se confond avec la ligne de bataille. L'armée ne forme qu'un cordon; un seul corps forcé compromet tous les autres, et si les efforts de l'ennemi se portaient, comme je le crains, sur le centre, et qu'il obtînt des succès, l'armée se trouverait séparée en deux; il ne resterait d'autre ressource à la droite, que de se jeter, pour vivre et se sauver, dans la Toscane, comme dans une place forte pour y attendre d'être dégagée.

Je vous ai dit que le soldat est découragé, le fait n'est malheureusement que trop vrai; les cruelles privations qu'il éprouve depuis si longtemps ont abattu son courage; il se regarde comme abandonné de la patrie, et déjà des complots se trament dans les corps pour retourner en France avec les drapeaux. L'officier, mille fois plus malheureux et plus à plaindre que le soldat, ne peut plus rien sur lui; la misère la plus affreuse a détendu tous les ressorts de son esprit et de l'autorité que la loi lui confie; pour ne pas mourir de faim, ayant vendu jusqu'à son dernier vêtement, il est à la merci du soldat près duquel il mendie une faible portion de sa chétive subsistance.

Le soldat est sans vêtement; toute l'armée, en position sur les montagnes qui vous sont connues, est pieds nuds; toute la Ligurie ne renferme que pour huit jours de subsistances. Nous n'avons aucun transport pour porter, sur le sommet des montagnes, le peu que nous arrachons par la force aux malheureux habitans de la Ligurie, et l'irritation qu'occasionnent les mesures coërcitives que les officiers-généraux sont forcés d'employer pour empêcher l'armée de mourir de faim est telle chez les Liguriens, que nous avons été à la veille, dans la rivière de Ponent, de voir renouveler les scènes affreuses de Vérone. Déjà plusieurs communes étaient en armes : le feu de l'insurrection générale était prêt à éclater sur tous les points, le coup était combiné avec les Autrichiens et les Anglais, qui devaient protéger les insurgés. Le génie de la Liberté a sauvé l'armée de ce danger; les chefs du complot ont été saisis à Gênes ; ils sont traduits devant une commission militaire.

La solde est arriérée de cinq mois. Depuis mon arrivée à l'armée, je n'ai pu faire payer que deux décades; il n'y a pas un sol dans la caisse. J'avais fait un emprunt de deux millions cent cinquante mille francs à plusieurs particuliers de Gênes, notoirement reconnus pour les ennemis des Français et les partisans des ennemis. La rentrée de cette somme, sur laquelle je comptais beaucoup pour donner quelque secours à l'armée, a été contrariée par le directoire ligurien ; près de deux mois se sont écoulés en pourparlers et en promesses, mais elles ont toutes été sans effet. Hier, j'ai renouvelé ma demande en employant les formes diplomatiques et constitutionnelles : on a beaucoup promis, mais je n'obtiendrai rien.

Les administrations de l'armée sont nulles, absolument nulles; celle des hôpitaux est horrible, l'état dans lequel se trouvent ces établissemens fait frémir l'humanité.

Nous n'avons pas un million de cartouches dans toute l'armée, pas une once de plomb dans les magasins, aucun moyen de s'en procurer, plus de fer coulé dans les calibres de campagne, à peine cent chevaux d'artillerie, notre cavalerie perdue, voilà en substance, citoyen ministre, la position où se trouve l'armée, je ne vous le dissimule pas, elle touche au moment de sa dissolution complète, si le consulat ne se hâte d'employer des moyens prompts et vigoureux pour la sauver. J'ai fait tous mes efforts pour adoucir son sort, ils ont été infructueux. Je ne puis plus résister sous le poids du fardeau qui m'accable. J'ai déjà prié trois fois avec les plus vives instances le directoire exécutif de me donner un successeur : je lui ai déclaré sur mon honneur que je ne pouvais plus commander en chef l'armée d'Italie; j'en forme une nouvelle demande au consulat; je vous prie, citoyen ministre, de l'appuyer fortement. Je vous déclare, sur mon honneur, je ne puis conserver le commandement de l'armée d'Italie. Je serai toujours prêt à servir ma patrie, à verser mon sang pour elle, et si les dangers qui la menacent ne sont pas dissipés par la sagesse du gouvernement et par la bravoure des armées, je me jetterai, s'il le faut dans ses rangs, pour contribuer comme soldat à son triomphe.

Salut et fraternité.

CHAMPIONNET.

20 novembre 1799.

ARMÉE D'ITALIE.

Le général de division, chef de l'état-major général, au général Berthier, ministre de la guerre, à Paris.

Citoyen ministre,

Le général en chef m'a communiqué les détails que *vous lui avez adressés sur les événe-*

mens des 18 et 19 *brumaire* apportés par le chef d'escadron Razou, aide-de-camp de Joubert. Ils ont été aussitôt publiés à l'armée, comme vous le verrez par l'ordre du jour et la proclamation dont je vous expédie des exemplaires. L'intérêt des armées ne pouvait être confié à des mains plus habiles que les vôtres; celle d'Italie doit attendre de vos efforts réunis et de ceux du héros qui l'immortalise, une amélioration à son sort, et de mon côté je ne cesserai d'y concourir avec un zèle infatigable.

Depuis ma dernière lettre, datée de Toirano le 24 brumaire, la ligne de l'armée occupe les positions que je vous ai déjà indiquées.

L'aile gauche placée aux montagnes près de Coni était chargée d'empêcher l'investissement de cette place. Le 24, le général Richepanse a eu à soutenir un combat de douze heures et a dû céder à la supériorité des forces, en artillerie surtout, des ennemis. Il était déjà à Roccavione al Robillante (et non à Yvernante, comme je le disais par erreur dans ma dernière lettre). Il s'est replié jusque sur Limon, et déjà il est à craindre qu'il ne soit forcé dans ce dernier poste, et repoussé jusqu'à Tende.

Le centre, composé des deux divisions Victor

et Lemoine, au retour du général en chef dans la rivière après l'évacuation de Mondovi, a été établi à Garesio et Calissano. Depuis notre arrivée à Gênes, nous apprenons que la position de Garesio est forcée et que le général ennemi Bellegarde l'occupe avec 6,000 hommes.

La droite continue d'occuper les environs de Serravalle, de Novi et Aqui, dont le général Miollis, qui vient de prendre le commandement de la division Laboissière, s'est emparé à la baïonnette. L'ennemi paraît réunir un détachement considérable près d'Alexandrie, tandis qu'il ne cesse de harceler, par un corps d'observation, la petite division que nous tenons dans la rivière du Levant, et la pousse quelquefois jusque sous les murs de Gênes.

Cette ligne, ainsi étendue et divisée, est principalement nécessitée par l'ordre du gouvernement de conserver Coni et Gênes à-la-fois, disposition qui menace la première de ces places d'un danger imminent, par les assauts réitérés qu'a eu jusqu'ici à soutenir le corps d'armée chargé de défendre l'approche de l'ennemi.

Après ce tableau rapide de nos positions ou de nos opérations militaires, à mesure qu'elles varient et se succèdent, chaque courrier m'impose la pénible nécessité de vous représenter aussi le tableau, toujours le même tableau de notre affreuse misère. Vous le trouverez dans cette lettre à-peu-près tel qu'il est déjà dans celles du 14 au 24 brumaire. Je l'ai tracé avec une franchise sans bornes, comme mon zèle pour le bien de l'armée. Le mal s'accroît chaque jour avec une désolante rapidité; ce qui ne peut nous faire envisager que le plus effrayant avenir.

La pénurie de tous les moyens, la défection de tous les services, la nullité de toutes les ressources, sont déjà à leur comble; je ne l'ai pas laissé ignorer au gouvernement. Mais je le dis en gémissant, et vous en gémirez aussi, citoyen ministre, bientôt, demain peut-être, la constance de l'armée à supporter ses maux sera à son terme. La patience et la docilité du peuple ligurien, qui souffre comme nous des maux de la guerre, paraissent également s'épuiser.

Vous frémiriez, citoyen ministre, si je vous disais que la solde de l'armée est arrêtée; que les distributions cessent; que le soldat n'a plus de souliers, plus d'habits, plus de capottes, et qu'en rentrant dans la rivière de Gênes il ne trouve pas même de bois pour faire ses feux de nuit;

si j'ajoutais que nos munitions sont totalement épuisées; que nos combattans sont sans cartouches, aux prises avec l'ennemi; que nos blessés, rapportés du champ de gloire et de douleur, ne trouvent pas de linge, pas d'eau-de-vie, pas de bouillon, pas de paille; qu'il n'existe ni voitures ni mulets de transport pour les besoins les plus sacrés, et aucun fonds pour s'en procurer; si enfin je portais devant vous les plaintes du soldat, je puis presque dire ses menaces, le mécontentement des officiers, en un mot le dégoût général qui mine le corps usé d'une armée malheureuse, dépouillée, abandonnée dans ses angoisses. Vous frémissez à la seule pensée de tant de malheurs rassemblés un instant sur la brave armée d'Italie. Eh bien ! ce n'est pas là notre situation d'aujourd'hui, d'hier; c'est celle dans laquelle nous nous traînons depuis plusieurs mois; c'est celle dans laquelle il nous faut vivre encore ou plutôt périr, pendant un mois au moins, avant que le gouvernement ait pu réparer le mal, envoyât-il des secours avec toute la rapidité possible.

La désertion fait cependant des ravages, la désorganisation s'étend jusqu'aux bataillons auxiliaires à mesure qu'ils approchent. Ces bataillons viennent en très-petit nombre, avec lenteur, dans une nudité d'habits et d'armes qui neutralise d'avance leurs services, et cet abandon accuse vivement la négligence ou la mauvaise volonté des administrations départementales.

S'il arrive promptement des grains, du plomb, des habits, de l'argent, il est possible de mettre l'armée à même d'obtenir des quartiers d'hiver. Ses pertes et sa misère lui en font un besoin indispensable; jetez les yeux sur cette malheureuse armée, mon cher général, vous verrez qu'il faut en reconstituer le moral, et que le premier, le plus sûr moyen, est de mettre un terme à ses privations. Cet objet fixera votre sollicitude et celle du gouvernement, et vous qui joignez si bien, à la connaissance des besoins d'une armée le désir d'y pourvoir, vous ferez, j'en suis sûr, tout ce qu'il faudra pour nous rendre les moyens de redevenir ce que nous avons été à Lodi, Rivoli et Arcole.

Estime et attachement.

Signé, L. G. S. Suchet.

Au quartier-général de Nice, le 26 frimaire an vIII de la République française (10 septembre 1799).

ARMÉE D'ITALIE.

Championnet, général en chef, au ministre de la guerre.

Je m'empresse, citoyen ministre, de vous annoncer l'issue de l'insurrection alarmante qui avait éclaté dans la division Lemoine, et dont j'ai heureusement arrêté l'explosion sans autres moyens que ceux de la persuasion.

C'est avant-hier au soir que j'appris que les 17e et 63e demi-brigades, qui avaient abandonné leurs positions, s'étaient rendues à Menton, qu'elles se disposaient à partir le lendemain pour Nice avec l'intention de ne s'arrêter que là où elles recevraient des subsistances, des souliers, l'habillement et la solde.

Je savais, par des rapports certains, qu'aucune exhortation des chefs n'avait été capable de contenir la fermentation; que le général Fressinet, que j'avais envoyé à leur rencontre, avait été repoussé avec entêtement; que loin qu'il y eût des moyens de réprimer les fuyards par la force, il y avait un danger presque assuré de la compromettre en l'employant; que la colonne s'était grossie dans sa marche d'une partie des 10e, 34e et 105e demi-brigades; qu'elle marchait jusqu'au nombre de 3,000 hommes, avec ordre et en armes, réunis sous les drapeaux de la 63e; que la discipline à laquelle elle s'était soumise était si sévèrement observée, que les habitans des lieux où elle passait ne témoignaient aucune appréhension, et que si le soldat insurgé montrait une obstination opiniâtre contre la force ou la persuasion, il ne se permettait cependant aucun désordre ni propos insolent.

La résolution de les laisser avancer jusqu'aux environs de Nice, où j'avais reçu des moyens pour les soulager, me parut préférable à celle de les faire rétrograder, attendu que les bâtimens sortis de Marseille n'étaient pas encore rendus à leur destination, et qu'il y avait à craindre que ces demi-brigades n'y manquassent de subsistances.

Dès que j'appris que la colonne s'approchait de la ville, je me portai à sa rencontre, accompagné seulement du général Suchet et des officiers de l'état-major. A peine je fus aperçu que les tambours font un roulement, et qu'elle se forme sur deux haies pour m'ouvrir le passage;

elle hésite un moment comme incertaine si elle devait m'entendre; mais elle obéit avec assez de facilité à l'ordre que je lui donnai de faire halte.

Ce moment me parut favorable pour faire sentir à ces hommes égarés la gravité de leur faute et les conséquences de leur insubordination.

Je leur parlai des dangers effrayans auxquels une défection si coupable pouvait exposer la république, de mes espérances, de vos promesses, des intentions bien connues du gouvernement actuel de porter à leurs maux un remède aussi prompt qu'efficace; j'en fus écouté avec silence et avec un intérêt général; mais au moment où je leur représentai les dangers où ils laissaient derrière eux leurs frères d'armes, plus fermes et plus patiens au poste de l'honneur, la facilité qu'ils laissaient à nos ennemis de les couper et de les détruire, un cri unanime se fit entendre; ils me protestent qu'ils n'ont aucune intention de déserter, qu'au contraire ils sont résolus de retourner à leurs positions, si on réussit à leur donner les moyens d'y exister; que la famine qu'ils y ont éprouvée est au-dessus de toutes les forces humaines; qu'il est impossible que leurs camarades aient été dans une situation aussi affreuse ; que depuis trente jours ils n'avaient pas mangé la valeur de six rations ; qu'ils avaient vu leurs frères et leurs compagnons mourir à leurs côtés faute de nourriture ; que quatre compagnies entières avaient été frappées de délire pour avoir mangé une herbe venimeuse, que trente-sept de ces infortunés avaient péri par suite de ce poison ; que lorsqu'ils avaient pris le parti de quitter leur position ils étaient reduits à la dure nécessité de se battre avec les habitans pour se procurer des subsistances ; qu'ils ne pouvaient pas se faire à ce genre de brigandage qui déshonorait l'armée, et que jamais ils ne se seraient décidés à abandonner leur poste s'ils avaient pu espérer un meilleur sort ; mais qu'ils savaient qu'il n'y avait plus rien ; que le blé qui arrivait appartenait aux habitans de la Ligurie, et que pour en avoir, il faudrait encore se battre avec eux. Plusieurs pleuraient en parlant ainsi ; d'autres disaient : Eh bien ! retournons à notre poste, puisqu'il faut mourir de faim, nous mourrons.

Il n'y a aucun doute que j'aurais pu, dans le moment, profiter de ces dispositions favorables, pour faire retourner à leurs positions cette masse d'insurgés ; mais je savais que rien n'était encore prêt pour les y nourrir. Je donnai en conséquence l'ordre à la colonne de se diviser par corps, de se former en bataille hors de la route, et après avoir fait sortir des rangs quatre grenadiers de chaque demi-brigade, je les déterminai à conduire leurs camarades dans des cantonnemens séparés, pour les diriger le lendemain dans les postes qu'ils avaient abandonnés.

Tout a été exécuté sans plainte et sans murmure, aujourd'hui la 17e et la 34e sont parties pour rejoindre leurs chefs, demain les autres se mettront en route, et je suis persuadé qu'ils retourneront avec l'ordre et la discipline qu'ils ont observés dans leur marche.

Ce que les chefs, officiers et sous-officiers des corps ont fait, pendant cette fermentation si critique, mérite d'être connu. Ils ont pris les postes de leurs soldats, se sont armés de fusils, et ont résolu d'y périr, plutôt que de les abandonner.

L'insurrection des 3e, 17e et 55e à Gênes, celle des 12e, 30e 78e à Voltagio, et celle de la brigade du général Seras avait pris un caractère aussi sérieux ; l'arrivée des secours attendus avec tant d'impatience, a tout calmé. Ainsi s'est entièrement terminée une crise qui m'avait fait craindre la dissolution de l'armée.

Aujourd'hui toutes les apparences me font espérer que l'insurrection ne se renouvellera plus; six mille capottes confectionnées à Marseille sont en route, j'espère que les autres ne tarderont pas à les suivre, il me sera à la vérité très-difficile de faire payer une partie de la solde, puisque je ne reçois pas même de nouvelles du million que vous m'avez annoncé être parti le 4 et le 8 courant, mais l'impatience du soldat s'appaisera par l'abondance des grains qui arrivent à la faveur des vents dans tous les ports de la rivière.

Quatre-vingt voiles sont entrés, cent-cinquante sont en route, les subsistances sont assurées jusqu'au mois de pluviose, et si les marchés que vous m'avez annoncés s'exécutent, il n'y a plus de danger pour l'avenir.

Mais, citoyen ministre, je dois vous le dire avec franchise, il m'en a bien coûté de recourir aux mesures qui m'ont mis en état de terminer cette crise affreuse; quel autre motif que la nécessité extrême eût pu me déterminer à l'odieuse piraterie que j'ai été obligé d'exercer envers des négocians qui, après avoir payé la permission d'exporter des grains, voient leurs cargaisons saisies par nos propres vaisseaux, pour alimenter nos magasins; il est impossible que le gouvernement ne prenne pas au plus tôt des mesures pour dédommager ces individus, dont la plupart sont ruinés.

Tels sont, citoyen ministre, les derniers soins que j'aurai à donner à l'armée d'Italie. Mon successeur, qui va en prendre le commandement sous les auspices d'un gouvernement plus juste et plus prévoyant, sera sans doute plus heureux, mais il ne pourra être ni plus actif ni plus ardent que moi à la préserver des maux qui l'ont accablée, et qui ont enchaîné les élans de son courage et de son dévouement.

Salut et fraternité,

CHAMPIONNET.

Voilà à quoi se réduisent les grands travaux administratifs de Bernadotte, la situation brillante où il mit tous les services. Écoutez-le cependant; aussi imperturbable lorsqu'il raconte les merveilles de cette époque de sa vie, que lorsqu'il retrace celles qu'il fit à Wagram avec ses Saxons, il nous montre la France se levant toute entière à sa voix, l'armée se remettant de ces défaites à la simple lecture de ses proclamations.

Il n'a qu'un embarras, c'est celui de toutes ces ressources que son énergie a rassemblées. Des hommes! il en a au point de ne savoir qu'en faire. Championnet, il est vrai, est seul de sa personne pour fermer les Alpes. Mais que sont quelques malheureuses demi-brigades sur *deux cents bataillons de mille hommes qui accourent chercher des ennemis*. Ce général est obligé de supléer à l'action du gouvernement, de frapper des impôts, de faire des levées. Il n'importe, quelques recrues de plus n'ajouteront pas aux perplexités du ministre qui *n'a d'autres moyens d'utiliser ces masses, que de les jetter à flots sur l'Allemagne*. Il en est de même des remontes. Championnet requiert des mulets; mais les chevaux encombrent les dépôts. Les compagnies en fournissent, les communes en donnent, tous les services sont pourvus, on ne sait tout-à-l'heure à quel usage employer ces animaux coûteux. N'allez pas croire que cette surabondance tienne à quelque motif secret, à quelque combinaison sordide. Non? fournisseurs et bureaux se sont épurés au feu du patriotisme de leur chef. Aucun d'eux ne connaît d'autre intérêt que celui de la patrie. Bernadotte est d'ailleurs sans cesse au milieu d'eux. Il surveille, il contrôle, du matin à la nuit close, il suit avec une sollicitude inquiète la moindre de leurs opérations.

Voyez cependant la mésaventure ! De 40 mille chevaux, dont il ne sait que faire, 600 sont enfin envoyés à l'armée des Alpes. Elle n'a ni transports, ni attelages ; eh bien ! la qualité de ces chevaux est telle, qu'elle est obligée d'en rebuter les deux tiers. Les corps sont indignés, Grenoble crie au scandale, mais il n'importe, le ministère de Bernadotte n'est pas moins un modèle d'administration. Les troupes manquent d'armes, je le sais ; elles sont sans vêtements ; sans chaussures, je le sais encore ; mais quelles circulaires ! Quelles proclamations ! Comme elles sont brûlantes ! Comme elles sont civiques ! Or, à quoi bon une vile pâture quand on a de l'enthousiasme ! Qu'a-t-on besoin de sabres, de fusils, quand on brûle d'exterminer les ennemis de la liberté ! Vraiment on dirait que la *guerre est un métier à l'eau de rose*, et qu'on ne peut se battre qu'après dîner. On veut du pain quand on est en ligne, de la paille, du bouillon même, quand la fièvre ou des blessures en ont éloigné. Jamais exigence semblable ne se vit à l'armée de Sambre-et-Meuse, et Bernadotte n'est pas fait pour déroger. Aussi, avec quelle dextérité il échappe aux réclamations qui l'assiégent! Comme il se joue de l'importunité! L'un insiste-t-il pour avoir des troupes? Il lui répond par l'éloge de ses talens. L'autre demande-t-il des munitions? Il lui proteste qu'elles sont en route. Un troisième implore-t-il la pitié du gouvernement pour nos malheureux blessés? Bernadotte gémit de leurs souffrances, mais n'expédie ni secours, ni médicamens. Cependant le temps passe, les efforts redoublent, la fortune nous sourit. Et il se trouve tout-à-coup que ce n'est pas Championnet qui a levé l'armée des Alpes, Masséna qui a soutenu celle d'Helvétie. Ni ces deux généraux, ni Suchet, ni Joubert n'ont su ranimer les troupes. C'est Bernadotte qui a tout fait. Il le dit, le fait dire, et chacun de répéter, l'habile homme! habile en effet, car, parcourez les ouvrages qui ont paru depuis quelques années. Partout mêmes folies! Partout mêmes exagérations! Bernadotte est le héros de l'époque. Moreau, Jourdan, Masséna, ont, il est vrai, surpris quelques victoires à l'ennemi, mais tous les trois sont d'une inaptitude singulière pour les affaires politiques. L'ex-ministre est le seul qui réunisse l'illustration du champ de bataille à l'habileté du cabinet. Lui seul a toujours vu les choses sous leur véritable face. Perspicace en Italie, modéré à Vienne, intraitable à Paris, s'il a échoué dans ces situations diverses, ce n'est pas qu'il soit inquiet, brouillon, trop épris de lui-même, mais parce que le mauvais génie de la France s'attachait à ses pas, lui suscitait des dégoûts continuels. Il savait que pour réussir dans ses desseins, il fallait l'éloigner des affaires. Aussi, avec quel sollicitude inquiète il cherche à arrêter les progrès de sa popularité toujours croissante ! Bernadotte publie le *compte rendu de son administration : ce travail devrait être la leçon des ministres.* Eh bien ! Bonaparte en empêche la distribution. C'était pourtant un compte unique en son espèce, *car Bernadotte est le seul ministre de France, qui de 1789 à 1824, ait rempli un devoir sacré, celui de rendre ses comptes.* Petiet, Scherer, Millet-Mureau avaient, il est vrai, essayé quelque chose de semblable, mais on ne *reste pas frappé d'étonnement* devant ce qu'ils ont écrit, on peut le regarder comme non avenu. La publication de Bernadotte avait d'ailleurs une bien autre importance, elle établissait que tout prospérait en France lorsque Bonaparte reparut, que sa présence n'était pas nécessaire pour rappeler la victoire : chose qui valait la peine d'être démontrée.

CHAPITRE VII.

M. de Bourrienne et Bernadotte. — Quelques observations. — Méprise. — Ce n'est pas Bonaparte. — L'esprit conciliateur. — Pièces de correspondance.

C'est bien à tort qu'on se plaint de M. de Bourrienne, qu'on cherche à flétrir son cœur, à le peindre comme un homme qui trahit ceux qu'il aima. Personne ne me paraît plus chaud, plus constant dans ses affections. Il montre, j'en conviens, un peu de mauvaise humeur à ceux de ses amis qui ont été assez maladroits pour se brouiller avec la fortune. Mais les autres, pour peu qu'ils soient princes ou rois, comme il les caresse! comme il les soigne!

Voyez, par exemple, avec quelle ferveur il loue Bernadotte. Comment, pour lui plaire, il travestit les faits. Suivons sa narration : Le rôle, dit-il, t. IV, p. 2, que *le général avait joué au 18 brumaire*, *lui valut une disgrace.* Laquelle? Bernadotte, il est vrai, se crut perdu pour les *œillades* qu'il avait lancées à la 69ᵉ, et courut se cacher dans un des pavillons de la Malmaison. Mais il en fut presque aussitôt tiré et fait conseiller d'état. *La disgrace survécut long-temps à la circonstance qui l'avait fait naître :* les dignités dont Bernadotte fut successivement revêtu, les commandemens qui lui furent confiés en sont la preuve. *On ne manqua pas de faire au nouveau consul des rapports désavantageux :* sur les intrigues de l'Ouest, sans doute? Et pourtant elles étaient si innocentes! comme on en jugera plus tard. Mais telle est la bonté de Bernadotte, qu'au lieu de garder rancune à la police, il la remercia vivement d'avoir étouffé cette affaire.

Le premier consul n'osa pas se venger ouvertement. Je le crois bien. Moreau, Pichegru, avaient pu être livrés aux tribunaux; mais, Bernadotte! la nation ne l'eût pas souffert. Il l'avait tant fait vaincre!

Le premier consul épia toujours l'occasion de l'éloigner. Son inquiétude se conçoit, Bernadotte l'eût éclipsé. Voyez, au reste, comme la jalousie est gauche! Bonaparte, qui peut donner à cet officier une mission, un commandement qui le porte aux extrémités de la France, ne sait plus qu'il tient l'autorité dans ses mains, et cherche timidement une occasion d'éloigner un homme qui lui déplaît. Ce que c'est que l'ascendant d'un grand caractère ! *Il épia l'ocasion de le placer dans des positions difficiles :* Lesquelles ? celle de l'Ouest ? Nous y viendrons tout à l'heure. *Espérant que Bernadotte ferait des fautes : Espérant!* Les craneries de Marseille, l'*échauffourée* de Vienne, les folies de l'Ouest autorisaient plus que des espérances, si le premier consul en avait eu de semblables, fautes *dont le premier consul ferait retomber sur lui toute la responsabilité.* Le voile jeté sur les intrigues de l'Ouest, l'impunité et l'inaction de Koësen, etc., en sont la preuve.

Dans les premiers temps du consulat, la déplorable guerre de la Vendée était dans toute son intensité. En 1800 ! la guerre de la Vendée ! Stofflet, Charrette, Cathelineau étaient-ils encore à la tête de ces bandes redoutables qui firent trembler le comité de salut public ? Le consulat date-t-il de l'époque où Nantes faillit succomber, où Grandville, en flammes, n'échappait qu'avec peine à sa ruine ? La Vendée avait, il est vrai, repris les armes quand le 18 brumaire éclata.

Mais les chefs qui l'avaient soulevée furent successivement obligés de se soumettre, et dès les premiers jours de février, la pacification était complète. Ces troubles ne purent donc compliquer la mission de Bernadotte.

La mission était difficile ; ce fut pour cela que Bonaparte en chargea Bernadotte : la mission pouvait avoir ses difficultés ; ce ne fut pas néanmoins Bonaparte qui en chargea Bernadotte, mais bien Bernadotte qui demanda à en être chargé. Ce général voulut faire preuve de zèle. Prodigue alors, comme il le fut toute sa vie, de protestations de dévouement, que sa conduite démentait, il attendait le commandement de l'armée d'Italie, que Joseph sollicitait pour lui. Des croisières anglaises se montrèrent sur les côtes, des insurrections eurent lieu dans quelques parties de la Bretagne; le premier consul laissa voir quelque inquiétude. Bernadotte saisit la circonstance ; il offrit ses services. Le général Bonaparte accepta, sans se douter que son secrétaire viendrait quelque jour découvrir un piége où il n'en aperçut point alors. Bernadotte nous donne lui-même une partie de ces détails. Voici sa lettre :

Saint-Brieux, le 12 thermidor an ix.

Le général Bernadotte, au premier consul.

Des avis qui me parviennent annoncent, mon général, que les Anglais ont le projet de s'emparer de l'île d'Ouessan, et de pénétrer ensuite dans la rade de Brest pour brûler les flottes combinées. Je charge le général Meunier de porter les garnisons de l'île à 500 hommes, et je lui recommande de réunir ses efforts à ceux de la marine, pour réduire à la nullité les tentatives de leurs armées. D'autres avis me disent que plusieurs hommes influens du Finistère, et notamment de Brest, cherchent à préparer un soulèvement parmi les troupes de l'expédition. Je partirai après-demain pour cette ville; je vous rendrai compte de ce que j'aurai appris. Les ennemis du gouvernement annoncent le retour de la guerre civile incessamment après la récolte, le zèle des chefs, et l'activité des colonnes empêcheront toute réunion.

Le blé augmente chaque jour; cette cherté inattendue a pour cause l'achat des grains sur pied, les troupes réparties sur la côte ne sont pas suffisantes pour arrêter l'exportation. Je vous ai

demandé deux demi-brigades; je vous assure, général, qu'elles sont essentiellement nécessaires.
— Le préfet maritime à Lorient me demande 500 hommes, pour tenir garnison sur les vaisseaux dont vous avez ordonné l'armement ; je vais les lui donner.

Je vous prie de vous rappeler que mon empressement à me rendre à Brest l'année dernière, dans une circonstance-à-peu près semblable, me priva du commandement de l'armée d'Italie où vous aviez dessein de me nommer; j'espère que vos bonnes intentions ne seront pas arrêtées pour celui que vous avez eu la bonté de me promettre.

Croyez, mon général, que mon attachement égale le respect que j'ai pour vous.

BERNADOTTE.

L'esprit conciliateur de ce général (Bernadotte), *les manières chevaleresques, son penchant à l'indulgence*, etc. Voyons quel fut cet esprit conciliateur, et quelle indulgence montrait alors Bernadotte pour les nobles et les prêtres. Le roi de Suède leur fait aujourd'hui force complimens; mais le général de la république leur était moins favorable. On en jugera par quelques pièces de sa correspondance.

Au quartier-général de Rennes, le 16 floréal an xi de la république française une et indivisible.

Bernadotte, conseiller d'état, général en chef, au général Bonaparte, premier consul de la république française.

Si j'ai à vous annoncer, mon général, de nouveaux assassinats, j'ai aussi à vous rendre compte de l'arrestation de douze brigands, dans le département du Morbihan, et de la prise de plusieurs fusils, espingolles, pistolets munitions, etc.

Un des officiers commandant une colonne en mouvement me dit avoir découvert le télégraphe chouanique; nous le mettrons en usage pour en retirer quelque fruit.

Cinq brigands, auteurs de l'enlèvement de la caisse et de l'assassinat commis le 29 germinal sur le citoyen Hussant, receveur de l'enregistrement à Lohêne (Ille et Vilaine) ont été arrêtés; le tribunal spécial va les juger.

Tous les rapports s'accordent à dire que les chouans annoncent un mouvement pour la Saint-Jean; ce mouvement, disent-ils, sera mieux combiné que celui du 3 nivose.

Plusieurs chefs de chouans amnistiés quittent

le pays; quelques-uns, en surveillance à Rennes, doivent se rendre à Paris.

J'envoie au ministre de la police des renseignemens sur les deux frères Burban Malabry; tous deux jouissent de la confiance de Georges; l'un fut envoyé par lui chez le général Brune lors de la pacification; l'aîné, qui n'a au plus que cinq pieds, passe pour un déterminé coquin capable de tout oser pour servir le parti royal.

Les prêtres insoumis, et ils sont en grand nombre, prêchent le retour des Bourbons; ils disent aux paisibles habitans des campagnes que vous n'êtes que vice-roi, et que si vous ne cédez pas le trône à l'héritier légitime, la foudre céleste est prête à vous écraser. C'est dans les ténèbres qu'ils aiguisent les poignards, et qu'ils les dirigent contre toutes les personnes qui, fatiguées des troubles, se soumettent au gouvernement.

Chaque jour les Anglais vomissent sur nos côtes des cargaisons d'émigrés et de prêtres; vingt-cinq ont été arrêtés en débarquant à Cancale. Le maire de cet endroit les a pris sous sa surveillance, et le préfet et le sous-préfet ont approuvé. J'attends les nouvelles troupes pour garnir la côte et changer les garnisons. Alors les débarquemens seront moins fréquens, et l'exportation des grains moins facile.

La force des lois ni celle de la raison ne peuvent plus atteindre ces infâmes qui ont lassé votre patience; la triste humanité gémit des ravages que trop de tolérance de la part des autorités a semblé propager. Il est bien instant, mon général, que ces malheurs aient un terme et que les lois et arrêtés du gouvernement soient respectés.

J'ai eu l'honneur de vous témoigner dans le temps mon vœu pour la permutation de quelques autorités civiles; il est le même aujourd'hui. Il est de plus fondé sur le relâchement qui s'est opéré depuis quelque temps dans toutes les branches de la machine politique. Je sais, mon général, que je touche une partie extrêmement délicate, mais je vous dois la vérité. Il faut que vous la connaissiez, c'est le vrai moyen de vous donner une idée exacte de la situation morale du pays.

Un juge de paix a été enlevé par les brigands dans la commune de Plundret; on craint qu'il n'ait cessé de vivre.

Il est bien nécessaire, mon général, que je sache si je puis faire remettre en mer les émigrés que les Anglais débarquent sur nos côtes, ou si je dois souffrir la tolérance des autorités civiles, tolérance qui est contraire à vos arrêtés et à l'existence du gouvernement; je réclame à cet égard vos ordres.

J'ai annulé tous les ports d'armes dans le Morbihan; les rapports me disent que les chouans, avant de quitter le pays pour se rendre à Paris et dans d'autres grandes villes, se font donner la bénédiction par leurs prêtres.

Salut et respect.

J. BERNADOTTE.

Au quartier-général de Guingamp, le 23 thermidor an VIII de la république française une et indivisible.

Bernadotte, conseiller-d'état, général en chef, au général Bonaparte, premier consul.

J'ai trouvé, mon général, sur la route de Rennes à Brest, le courrier qui se rend près de vous : je l'ai retenu pour vous rendre compte de ce qui m'est parvenu depuis ma dernière. Ci-joint l'extrait d'une lettre du général Sahuguet; vous verrez qu'il est parfaitement tranquille.

Le préfet du Morbihan m'apprend, par sa dépêche du 19, qu'il est instruit par des voies sûres que la plupart des chefs insoumis ont quitté leurs repaires ordinaires, pour se porter sur les côtes. L'éloignement de ces misérables, que la gendarmerie poursuivait depuis plusieurs jours, a calmé l'agitation des communes de Gustime, Bubry, Meillerau et autres.

On ne parle plus autant, me dit-il, de l'arrivée d'un prince pour se mettre à la tête des insurgés. Les chefs ont défendu de répandre ce bruit. Ils annoncent qu'un grand événement doit arriver à Paris. Les anciennes bandes ont ordre de se tenir prêtes à marcher.

Le préfet est affecté de la misère des troupes; beaucoup de lamentations de sa part à ce sujet.

Le chef d'état-major de l'aile droite me rend compte que, dans sa tournée, il a acquis la certitude que les habitans des campagnes sont vivement travaillés, et qu'il y aura un mouvement général dans le département du Morbihan après la récolte; il sera protégé par un débarquement des Anglais. En continuant, il me dit: Georges et Mercier sont dans le pays; ils ont eu des entretiens avec les chefs de chouans; ceux-ci doivent prêcher la révolte, et promettre 30,000 hommes de secours aux habitans, dont la plupart sont disposés à rester tranquilles; mais une forte partie consent à s'enrôler au service des Bourbons, pourvu qu'on l'habille et qu'on la paie.

La cour de Londres fait des promesses outrées, ce qui fait croire qu'elle n'a point envie de les tenir.

On annonce l'arrivée prochaine d'un Bourbon dans la Bretagne, et un grand mouvement à Paris.

Beaucoup de prêtres manifestent leur turbulence; leur arme est puissante, vous la connaissez. Ils arracheront bientôt par leur influence toute espèce de pouvoir moral au gouvernement. Il est néanmoins politique de ne point les heurter ouvertement. J'ai fait parler à plusieurs des plus indociles. Étonnés d'être découverts, ils se rejettent sur leur position pénible. Ils finissent toujours par promettre qu'ils parleront en faveur du gouvernement, mais ils demandent, comme moyen de faire cesser tout mécontentement, le retour de leurs anciens évêques.

Il est notoire que les chefs des rebelles répandent de l'argent pour exciter les soldats à la désertion. Très-peu de ceux qui ont quitté leurs drapeaux se sont enrôlés : ils ont dédaigné l'or qu'on leur offrait, malgré leur misère et leur nudité. Ils ont pris la route de leurs départemens, guidés, m'assure-t-on, par des paysans. La gendarmerie en a arrêté beaucoup; ceux qui ont échappé à sa surveillance restent paisibles dans leurs foyers; ils y sont même accueillis, principalement dans Loir-et-Cher et la Gironde.

Il me semble, mon général, qu'il serait prudent dans ces circonstances d'interdire momentanément la chasse : les coups de fusil qu'on tire fréquemment sur la côte et dans l'intérieur donnent l'alarme à nos postes. Sous prétexte de chasse, il se forme des rassemblemens armés qui peuvent devenir dangereux.

On pourrait défendre, par une proclamation, toute réunion d'hommes armés et même le port d'armes. Cet avis paternel pourrait porter la teinte de la dignité, de la prévoyance et de la force. Mais comme tous les anciens chefs soumis, les sous-chefs, et même les soldats, ont reçu, lors de la pacification, la permission de marcher armés; j'ai cru devoir prendre vos ordres à cet égard.

Les instructions pour la surveillance et la destruction des brigands se renouvellent souvent. Deux fois j'ai été prévenu du jour et des endroits où Georges se réunissait avec ses chefs; la maladresse des officiers chargés de les capturer a trompé nos espérances.

Tous les cinq jours ces scélérats passent sur l'escadre anglaise. Ils sont servis par les pêcheurs et par les employés des douanes. Je vous demande, mon général, d'ordonner que ces employés passent d'un département dans un autre. Ils ont trop d'habitude des lieux où ils sont. Leur déplacement est nécessaire à la tranquillité du pays.

A mon passage à Port-Brieux, je me suis fait rendre compte de la situation des vivres. Le préfet m'a assuré que celui des vivres-pain ne se soutenait que par suite d'un marché passé par lui dans les premiers jours de son installation. Il m'a autorisé à vous prévenir que la régie ne ferait aucun fonds pour ce service, quoiqu'elle eût approuvé le marché. La distribution aurait été suspendue dans le courant de la décade, si une somme de 21,000 fr. n'avait été ordonnancée par lui au bénéfice des fournisseurs. Je me suis convaincu, mon général, que cette somme était prise sur les fonds destinés à la solde. Le préfet en est convenu.

Le service des fourrages est totalement abandonné; il faut l'alimenter par les mêmes moyens.

Celui des étapes n'existe plus depuis long-temps. Le soldat est obligé de faire, lorsque la solde n'est pas payée, huit à neuf lieues avec une ration de pain. Les marches sont fréquentes dans les quatre départemens de la presqu'île. Les déserteurs du bagne, ceux des vaisseaux et de l'armée de terre, mettent continuellement des détachemens en mouvement.

Il y a beaucoup d'argent dans les caisses des receveurs des Côtes-du-Nord. On porte la somme à plus de cent mille francs. Il serait bien nécessaire qu'on fît verser cette somme dans celle du payeur.

Les préfets d'Ile-et-Vilaine et des Côtes-du-Nord nous ont prêté des secours; quoique faibles, ils nous ont paru précieux, en raison de notre détresse. Ces deux magistrats méritent votre bienveillance.

Salut et respect.

J. BERNADOTTE.

Bernadotte, conseiller-d'état, général en chef, au général Bonaparte, premier consul.

Les rapprochemens qu'on avait obtenus entre

les citoyens de différentes opinions semblent avoir disparus, pour faire place aux haines et aux vengeances qui ont affligé si longuement ces malheureuses contrées. Dans plusieurs départemens, les partis sont en état d'hostilité morale. Chacun se tient sur ses gardes, cache ses armes, et semble attendre le signal du combat. — Les prêtres nouvellement rentrés prêchent ouvertement la révolte; un dixième n'a pas encore fait la promesse de soumission aux lois et au gouvernement; la crainte fait aller les acquéreurs de domaines nationaux au-devant des émigrés, même non rayés. Cet empressement est la suite des menées que font ces mêmes prêtres aux habitans de ces pays; les assassinats multipliés et dirigés plus particulièrement sur ces mêmes acquéreurs, et sur les hommes qui servent le gouvernement, effraient les bons esprits, amis de la tranquillité publique. Le parti royal annonce avec une espèce d'ostentation qu'il n'est pas encore mort; il fait circuler qu'avant peu des événemens amèneront de grands changements. J'ai donné ordre à six compagnies de grenadiers, de partir pour le Morbihan; je vais m'y rendre moi-même; je distribuerai les détachemens et les petites colonnes. Je puis vous assurer, mon général, que les brigands qui sont en armes vont être poursuivis à outrance. J'espère que dans quinze jours, trois semaines au plus tard, ces bandes auront disparu.

Sans contrevenir à l'article 3 de votre arrêté du 4 ventose, je ne puis exécuter vos intentions sur la création des commissions militaires; il s'exprime en ces termes : « Les commissions militaires extraordinaires cesseront leurs fonctions, sur la signification de l'installation du tribunal spécial, qui sera faite par le préfet au commandant de la division. » Cet article, enchaînant ma volonté de suivre strictement vos ordres, il est nécessaire, mon général, que j'aie une autoririsation particulière pour mettre de nouveau en activité les commissions dans les départemens où les tribunaux spéciaux sont établis. Pour qu'une prompte justice frappe les brigands qui sont pris les armes à la main, et afin d'éviter les dangers de la translation, je vais requérir les préfets de faire transporter le tribunal spécial dans l'arrondissement que vont parcourir les détachemens. Néanmoins je regarde comme indispensable que les commissions militaires reprennent, dans certains départemens, leur activité, car elles jugent de suite, et en plein air, les bandits pris les armes à la main. Si vous donnez cette autorisation, vous pourrez, mon général, en limiter le terme, et le borner à une époque de deux mois, que vous serez toujours à temps de prolonger.

Salut et respect.

J. BERNADOTTE.

Pontivi, le 28 prairial an IX.

Au général Bonaparte, premier consul.

La tranquillité, mon général, renaît dans les départemens de la 13ᵉ division; avec un peu de persévérance, on parviendra à purger les départemens qui la composent, des brigands qui y ont si longuement porté la destruction et la mort. L'adjudant commandant V*** est parvenu à détruire beaucoup de ces bandits. Je désirerais, mon général, que vous pussiez connaître le zèle qu'il met à poursuivre ce fléau de l'espèce humaine. Depuis un mois il est à la poursuite de Georges, il a presque toujours bivouaqué. Le département du Morbihan demande un préfet d'une fermeté rare. Celui qui y est a les meilleures intentions, mais je crois, dans ma conscience, qu'il n'est pas en position d'y réunir les esprits; il rendrait plus de services dans une autre préfecture. La majeure partie des maires du Morbihan, et principalement ceux des campagnes, favorisent les brigands par mal intention ou par crainte. Ils ont besoin d'être surveillés par un homme ferme; un général en imposerait plus qu'un commissaire civil, et je persiste à croire que vous auriez à vous louer d'y placer le général Chapsal. Ses cheveux blancs inspireraient le respect et la vénération.

Je compte toujours, mon général, sur l'assurance que vous avez eu la bonté de me donner, de m'appeler au commandement de l'armée d'Angleterre lorsque vous la formerez. Vous trouverez en moi obéissance et attachement.

BERNADOTTE.

Quartier-général de Rennes, le 7 thermidor an VIII.

Les bruits de guerre que les ennemis de la république s'empressent de propager donnent la me-

sure de la bonne foi de la majeure partie des chefs de chouans. Plusieurs réunions ont déjà eu lieu, et leurs propos annoncent le retour de la guerre dans ces contrées après la moisson.
— Je vous ai déjà marqué, mon général, que je croyais la masse des habitans disposée au calme et à la tranquilité. Je crois vous avoir dit que le moindre revers rehausserait les actions de nos ennemis; je persiste dans cette opinion. Tous les rapports qui me parviennent me le confirment.
— On annonce de même, dans le commencement de ce mois, un débarquement de 15,000 Anglais, auxquels doit se joindre un régiment d'émigrés à la solde de l'Angleterre. Je continue de croire que ce débarquement n'aura pas lieu. — Les étrangers qui ont pris part à la guerre civile et qui habitent ces contrées sont en grand nombre. Ils circulent dans les campagnes, se réunissent ensuite dans les villes, et y exercent une espèce de suprématie que l'aisance donne naturellement, mais qui est toujours en sens contraire de l'autorité reconnue. — Nul doute, mon général, que ces hommes ne soient très-incommodes dans le pays et même dangereux. Je crois qu'il est très-politique d'ordonner à tout étranger qui a pris parti dans la guerre de la chouanerie de se retirer

dans ses foyers. Ces gens-là ont eu assez de temps pour terminer les affaires d'intérêt qu'ils ont dit les retenir dans l'Ouest. Si vous croyez que cette mesure ne doive pas être un acte du gouvernement, et qu'elle puisse être prise par le général de l'armée, ayez la bonté de le dire au citoyen Gérard, mon aide-de-camp, que je vous dépêche; il me rendra exactement vos intentions.

Si la guerre extérieure doit reprendre, il est essentiel, mon général, que vous réduisiez à la nullité, en les isolant, ces éternels ennemis de la république, de tout ordre de choses qui ne leur donne pas un Bourbon. — Je vous le répète, mon général, je suis loin de croire que la rébellion puisse prendre de long-temps un caractère bien alarmant; néanmoins, je regarde comme sage et prévoyant d'empêcher le mal plutôt que d'être obligé de le punir. — Des avis venus de Paris et envoyés par des gens qui approchent le ministre, ont annoncé comme certaine la suppression de l'armée de l'Ouest et mon départ pour une autre armée. Dans la supposition que vous ayez le projet de m'appeler à un autre commandement, gardez-vous bien, mon général, de supprimer l'armée; vous porteriez le désespoir parmi la classe des habitans paisibles qui ne veulent qu'être gouvernés, et plus particulièrement parmi les républicains qui ont défendu la liberté. Les royalistes seuls en seraient bien aises, parce que ce système entrerait dans leur plan: n'ayant plus d'unité ni de centre dans le commandement, les émigrés rentreraient à leur aise, et le brigandage se réorganiserait avec plus de facilité. — J'ai calmé les inquiétudes de toutes les personnes qui m'ont témoigné leurs craintes à ce sujet, et je les ai assurées que vous ne prendriez pas légèrement une pareille détermination.

Salut et respect.

BERNADOTTE.

Quartier-général de Rennes, le 7 thermidor an VIII.

La commune de Nantes vient d'éprouver de nouveau, mon général, un grand malheur. Le général Chabot, en me rendant compte de ce fâcheux événement, s'exprime de la manière suivante: « Hier 5, sur les onze heures du soir, il s'est manifesté un incendie dans la principale corderie; il n'y a aucun doute que cet accident ne soit l'effet de la malveillance. Le feu s'est montré en même temps dans trois magasins différens, tous séparés les uns des autres, par des cours, jardins et une pièce d'eau. La perte en chanvre est considérable, les magasins en étaient pleins. Les prompts secours qu'on a apportés ont arrêtés le progrès des flammes. Le feu n'a pu se communiquer à aucun bâtiment voisin; personne n'a péri. » Je vous ai déjà fait part, mon général, de mes inquiétudes sur la ville de Nantes; elle est depuis la levée de l'état du siége, le réceptacle de tous les gens sans aveu, des ex-chefs de rebelles et des émigrés rentrés. — La police s'y exerce mal, ou pour mieux dire ne s'y fait pas du tout. La population de cette grande cité devrait exiger, ce me semble, la création d'un préfet de police de 2e ordre, ou tant au moins d'un sous-préfet qui correspondrait avec le ministre de la police. — Je donne des ordres au général Chabot de se concerter avec le préfet afin de découvrir les étrangers et les chefs des réfugiés dans les villes. Je l'autorise, s'il est nécessaire, de faire un réglement sévère et raisonnable sur la police à observer.

Salut et respect.

BERNADOTTE.

Rennes, le 8 thermidor an VIII.

Je charge, mon général, mon aide-de-camp, que je vous ai dépêché, de vous donner connaissance d'une lettre qui vient de m'arriver du préfet du département de la Sarthe ; elle est un diminutif d'un grand nombre qui me sont écrites sur le même sujet. Ces lettres annoncent le retour prochain de la guerre civile et la perfidie des prêtres qu'on a cru ramener par l'indulgence. Mes rapports particuliers s'accordent avec tous ces avis ; ils annoncent l'espoir que fondent les chefs de chouans sur les moyens que doit leur donner le gouvernement anglais après la récolte. — La plupart des préfets sonnent l'alarme ; ils donnent souvent dans les extrêmes ; à la vérité, celui de la Sarthe n'est pas dans ce cas ; aussi les autres parlent-ils avec moins d'assurance. — J'ai donné ordre au général Liébert de réunir le bataillon de la 93ᵉ dans la Sarthe, et j'ai chargé le général Wirion d'y envoyer plusieurs escouades de gendarmerie. Je crois vous avoir déjà donné avis de ces dispositions, je vous le renouvelle parce que je crains qu'il ne vous donne de trop grandes inquiétudes sur la situation du pays. — Sa position, il faut l'avouer, n'est pas très-rassurante. Les émigrés, les prêtres non assermentés, quelques maires de communes et même les préfets conspirent ou servent mal le gouvernement. Là, un préfet fait sonner les les cloches. Plus loin, c'est un maire accusé d'avoir fait partie des rassembemens armés. Est-ce bêtise ou malveillance? chacun se justifie et invoque toujours les intentions pacifiques du gouvernement. — Si je puis parvenir à faire solder et habiller les troupes, les mouvemens seront faciles, les réunions praticables. La mobilisation qui s'effectuera, écrasera les rebelles et pourra démasquer ces protées qui empruntent toutes les couleurs pour renverser le gouvernement républicain.—La tournée que j'ai faite dans le Nord a arrêté les germes de la rebellion prête à reparaître ; je suis tranquille, mon général sur ce département pour quelque temps. Les Côtes-du-Nord se présentaient, il y a huit jours, sous un aspect peu satisfaisant. La surveillance qu'on y exerce, change son allure, je m'y rendrai incessamment.

Les prêtres insoumis scrutent partout les consciences et portent la désolation dans les familles. Des pères et des mères ont la douleur d'entendre leurs enfans leur reprocher de les envoyer en enfer, par suite des sacrilèges qu'ils ont commis en recevant la première communion d'un prêtre soumis aux lois de la république. L'union et la confiance des citoyens, que je me réjouissais de voir reparaître, diminuent, et ce sont ces malheureux ministres d'un Dieu qui leur ordonne la paix qui portent le trouble et les querelles de religion dans les ménages. Je vous l'assure, mon général, ces hommes ne veulent point du gouvernement actuel; ils frémissent de rage au seul nom de république. Ils terrorifient la classe crédule en lançant l'anathême et l'excommunication. — Par un malheur qu'il ne faut attribuer qu'aux circonstances, depuis six ans, les troupes employées dans l'Ouest ont été négligées, précisément aux époques où l'Angleterre a le plus tenté de recréer les bandes et renouveler la rebellion ; c'est dans ces temps fâcheux qu'il faudrait redoubler d'efforts pour améliorer la situation du soldat; c'est, mon général, dans ces temps d'agitation qu'il est le plus abandonné. On ne rougit pas néanmoins de vous assurer qu'on s'occupe de lui. — Des corps entiers sont privés, depuis plusieurs jours, de manger de la soupe par le défaut de solde; je suis obligé moi-même d'ajourner des tournées nécessaires par l'impossibilité où est la caisse de me solder mes appointemens. Des fonds annoncés, depuis deux mois, ne sont pas encore parvenus. — Un événement fâcheux vient d'arriver dans la commune de Mont-Dol, département d'Ille-et-Vilaine : un détachement que le général P**** et le sous-préfet de Saint-Malo avaient fait déguiser dans l'espoir d'atteindre une bande de brigands, qui, depuis peu, désolent ces contrées, a été assailli par les habitans ; deux soldats ont été tués, deux autres blessés à mort. Parmi ces derniers se trouve un gendarme à cheval ; j'ai ordonné au général P**** de se porter lui-même sur les lieux et de me rendre un compte fidèle

Salut et respect.

BERNADOTTE.

Rennes, le 7 vendémiaire an IX.

Joseph m'a déjà prévenu, mon général, que vous approuviez que *j'aille* passer quelques jours à Paris pour régler des affaires d'intérêt qui exigent ma présence. — La tranquillité qui règne dans le pays, malgré les efforts d'une foule d'hommes qui agissent avec perfidie, m'en fournit la possibilité, me mettra à même de vous donner une idée exacte de leurs menées.

— Je vous prie, mon général, de signer la permission ci-jointe, et d'être persuadé de la franche amitié qui me lie à vous.

Je vous salue respectueusement.

BERNADOTTE.

Au quartier-général de Rennes, le 15 prairial an VIII.

Je reçois un courrier du département de la Vendée, qui m'annonce un débarquement d'émigrés sur les côtes de Saint-Jean-des-Monts. J'ordonne au général Travot de réunir toutes les troupes dont il pourra disposer, avec vingt brigades de gendarmerie à pied et dix à cheval pour courir sus. Croyez, mon général, que mon zèle égalera l'amitié que je vous ai vouée.

Salut et respect.

BERNADOTTE.

Quartier-général de Rennes, 20 messidor an VIII.

Bernadotte au général Bonaparte.

J'ai été instruit, mon général, que plusieurs ouvriers du port de Rochefort, accablés sous le poids des besoins, ont été séduits par l'or de l'Angleterre, et sont dirigés par ce gouvernement; ils doivent, vers la fin de ce mois, incendier le port et l'hôpital de Rochefort. J'ai peine à croire que des pères de famille, quelque soit leur misère, se soient aussi lâchement vendus. Mais je suis certain que les Anglais, persuadés que leurs projets sur Brest et l'Orient sont connus, ont aujourd'hui l'intention de se diriger sur Rochefort. J'ordonne au général Hédouville d'établir une surveillance active sur les côtes. J'envoie d'ici un bataillon.

Les détails que j'ai reçus sont trop longs et trop affreux pour vous en envoyer copie.

Les émigrés trouvent asile et protection dans beaucoup de communes des départemens de la Vendée et de Maine-et-Loire. Ces deux départemens en fourmillent, aussi y a-t-il beaucoup d'embaucheurs et d'agens de l'Angleterre. Les autorités civiles paraissent un peu trop indulgentes; les préfets demandent la levée de l'état de siége des principales villes; ils mettent en avant le vœu de leurs administrés, vœu qui n'est pas fidèlement rendu, parce que les cinq sixièmes désiraient plutôt que cet état *subsiste* jusqu'à la la récolte. Ainsi, mon général, ne vous laissez pas surprendre par les prétendus désirs des habitans. Le peuple sait que les militaires n'ont aucun esprit de localités, qu'ils sont impassibles et justes. *Aucune haine ni vengeance* particulière ne les dirige. Je pense qu'il serait imprudent de céder à la demande des préfets. La ville de Nantes en fournit un exemple. Depuis la levée de l'état de siége, elle est le réceptacle de tous les embaucheurs et des émigrés qui ont quitté les autres villes, afin d'échapper à une surveillance sévère et pouvoir avec plus de sécurité conspirer contre le gouvernement et la tranquillité publique.

Salut et respect.

BERNADOTTE.

Quartier-général de Rennes, le 7 thermidor.

Le général Liébert me rend compte, mon

général, que des bandes de brigands, de quinze ou vingt chacune, habillés, armés, équipés en chouans, ont paru dans les cantons de Vallon, Lazus, Cheminay, Sablé et Malicorne, faisant partie du département de la Sarthe. J'envoie au général Liébert un renfort de gendarmerie à pied; je lui ordonne de mettre des généraux à la tête des détachemens et de faire exterminer ces bandes.

Dans Maine-et-Loire, trente à quarante hommes armés ont paru dans la plaine de Soulhours; ce ressemblement était composé de voleurs qu'on a chassés du département des Deux-Sèvres, il y a près de deux mois; c'est du moins le bruit commun.

Le nommé Laroche-Jacquelin, évadé des prisons de Paris, a été arrêté à Laval.

La physionomie politique de la 22e division militaire se rembrunit. C'est dans ces contrées que Bourmont a exercé son influence, et qu'il a répandu, il y a près de deux mois, beaucoup d'argent. Je ne laisserai pas à ses agens le temps d'organiser leurs bandes; je recommande d'en exterminer les noyaux, dès qu'on les rencontrera.

Si le ministre pouvait disposer accidentellement d'un bataillon de la 17ᵉ division pour la 22ᵉ, on pourrait détruire ces bandes dès leur principe. Je le renverrai sitôt l'arrivée des corps qui me sont annoncées. Cependant, si le ministre ne peut pas ordonner ce mouvement, je ferai partir des troupes propres à ce genre de service. Je les tirerai du département du Morbihan.

Salut et respect.

BERNADOTTE.

13 floréal, an IX.

La première partie de cette lettre a été insérée dans le *Moniteur*, où elle figure comme adressée au ministre de la guerre, quoique dans le fait, elle le soit au premier consul. Il est donc inutile de la reproduire. Nous nous bornerons à donner la suite.

— Je crois utile, mon général, de vous faire passer par la voie la plus sûre et la plus courte des lettres faisant suite à la correspondance de Mercier, intime de Georges; j'y joins le résumé d'un projet arrêté par les Anglais; c'est le préfet des Côtes-du-Nord qui m'en donne connaissance. Ces pièces confirment les espérances des royalistes, et leurs intentions sur Brest.

D'autres rapports nous annoncent que les Anglais opéreront leur débarquement en même temps qu'un mouvement aura lieu à Paris. Ils comptent beaucoup sur la réussite, et semblent même ne pas douter du succès. La présence de l'escadre ennemie et celle des bâtimens de transports sur les côtes du Morbihan, a agité l'intérieur du pays. Le préfet a craint de voir la rebellion reprendre son ancien caractère. Il m'a exposé ses alarmes, peut-être même ses suplications auront frappé vos oreilles. Quoique ses demandes fussent communes à celles de plusieurs de ses confrères, les troupes ont continué de rester péletonnées. Des détachemens se sont promenés dans les campagnes, et ont dispersé plusieurs rassemblemens. Trente à quarante chefs décorés des attributs de la monarchie, ont été vivement poursuivis. Ces misérables cherchaient à soulever les habitans de la côte. Les battues ont produit l'arrestation de quelques chefs subalternes. — *Il serait nécessaire, mon général, que les conseils de guerre eussent l'attribution exclusive de juger ces ennemis éternels de tout ordre social. La justice ordinaire a des formes lentes, et les prisons sont encombrées de ces scélérats.* Dans plusieurs endroits, les tribunaux ne sont pas installés.

Dans deux décades, la flotte anglaise ne donnera plus d'inquiétude. A cette époque les mouvemens des troupes dans l'intérieur devront être rapidement exécutés. Le besoin de frapper l'œil du campagnard, par la présence d'une force toujours prête à le réprimer, se fait sentir de plus en plus. Georges doit réunir ses forces sur les confins du Morbihan et du Finistère. J'ai ordonné que les forts qui investissent Brest, fussent gardés. Les campagnes avoisinantes seront par cette disposition mieux soutenues, et la place de Brest mieux défendue.

On annonce comme chose certaine, qu'un prince du sang royal doit se mettre à la tête des rebelles; s'il y vient, on lui fera une réception peut-être incivile, mais au moins républicaine.

Permettez, mon général, que je vous dise que l'armée est nue; je redoute l'approche de l'hiver. Jusqu'à présent le soldat a été docile: naturellement enclin à écouter les chefs qui s'occupent de lui, il a été contenu par l'espoir d'être vêtu. Les grandes chaleurs ont plaidé notre cause, mais les pluies viennent, et il est à craindre qu'elles n'amènent les maladies et la désertion.

Salut et respect.

BERNADOTTE.

CHAPITRE VIII.

Notes sur les Mémoires de M. de Bourrienne, par le comte de Survilliers.

VOLUME PREMIER.

Avertissement, p. 3. — Des considérations m'imposent silence. Après que la mort, etc.

Ces considérations de convenances ont-elles cessé après sa mort? N'avez-vous pas plutôt craint, tant qu'il vécut, les démentis qu'il eût pu donner à vos calomnies? Aujourd'hui, bien assuré que les morts ne répondent pas, vous vous livrez sans crainte à des récits, *che sono accuse e pajono laudi;* on sait d'ailleurs que c'est la seule manière qui vous reste de servir encore des princes dont vous avez été le ministre d'état, et de rétablir votre fortune par la publication des écrits que vous avez volés à celui que vous déchirez aujourd'hui, et auquel vous devez encore la vogue qui s'attachera à vos Mémoires, protégés par le titre de son secrétaire.

Introduction, p. 11. — Je suis convaincu qu'aucun des écrivains de Sainte-Hélène, ne peut être taxé de la plus légère imposture. Leur dévouement et leur noble caractère sont de sûrs garans de leur véracité.

Peut-on en dire autant du vôtre?

Introduction, p. 15. — Ne doit-on pas paraître un peu suspect lorsqu'on écrit ou qu'on dicte sa propre histoire.

Est-ce donc vous, délateur de votre ancien maître, qui méritez la confiance des gens qui estiment la fidélité et l'honneur?

Mémoires, p. 32. — Il aurait dû (Charles Bonaparte) suivre la fortune de Paoli et succomber avec lui.

Charles Bonaparte est resté fidèle à Paoli, jusqu'au dernier moment.

Page 60. — Laporte n'était probablement pas le plus influent.

Laporte n'était pas à l'armée d'Italie.

Page 66. — Salicetti fut depuis l'ami et le confident du jeune Bonaparte : ces relations changèrent après son élévation.

Salicetti n'a pas été l'ami de Napoléon personnellement; il l'était de son frère Joseph, avec lequel il avait été membre du département de la Corse, en 1792 et 1793.

Page 67. — Bonaparte a souvent dit à Ste-Hélène qu'il l'aimait beaucoup (Duroc). Je le crois; mais j'ai la certitude que Duroc ne le lui rendait pas. Il y a tant de princes ingrats! pourquoi ne verrait-on pas quelquefois d'ingrats courtisans?

Duroc a été l'ami de Napoléon, qui a été aussi le sien; l'auteur taxe ici d'ingratitude Napoléon et Duroc pour justifier celle que ses propres Mémoires dévoilent assez.

Page 71. — *Qu'il est heureux ce coquin de Joseph!* C'était l'expression ordinaire et le sentiment de petite envie qui se manifestait souvent chez lui.

Si M. de Bourrienne avait lu une partie de la correspondance de Napoléon avec son frère Joseph, à cette époque, il reconnaîtrait dans lui des sentimens plus nobles et plus naturels; il aimerait cette âme aimante et tendre qu'il n'a pas plus connue que la plupart de ses contemporains.

Page 89. — Le récit de cette journée (celle du 13 vendémiaire) est tout entier de sa main, avec les particularités de son style et de son ortographe. On verra dans l'autre chapitre cette pièce, qu'il m'envoya à Sens, et qui était écrite de sa main.

Comment concilier l'ingratitude de Bonaparte pour ses amis de collége, avec l'envoi de la relation du 13 vendémiaire, toute écrite de sa main, à Sens, à son ami Bourrienne? Pour être plus conséquent avec les invectives qui précèdent et que l'on met dans la bouche de madame de Bourrienne, il valait mieux convenir que la note autographe qui commence le chapitre VIII, a été soustraite comme les autres pièces originales du cabinet de Napoléon, par le secrétaire à qui elles étaient confiées, et qui devait un jour s'en servir pour donner de l'importance aux Mémoires d'un ministre d'État de Louis XVIII, écrits selon les vues des ennemis de Napoléon.

Page 229. — Il espérait, malgré ses vingt-huit ans, remplacer un des deux directeurs que l'on allait chasser. Ses frères et ses amis se donnèrent beaucoup de peine pour faire réussir ce projet.

Cette assertion n'est pas vraie.

Page 264. — Les *Clichyens* avaient refusé de recevoir Joseph Bonaparte au conseil des cinq-cents.

Joseph Bonaparte était ambassadeur à Rome, et non député au conseil des cinq-cents, lors de Clichy. Lorsqu'il entra à ce conseil, à son retour à Rome, il n'éprouva aucune opposition.

Page 292. — Votre affectionnée sœur « Christine Bonaparte. » L'écriture de cette lettre est de Lucien Bonaparte.

Il est faux que madame Bacchiochi s'appelât

Christine; il est faux qu'elle ait jamais écrit la lettre dont M. de Bourrienne donne ici la copie. Peut-on pousser plus loin la légèreté, et quel nom donner à l'homme qui se saisit des lettres qui ne lui sont pas adressées pour en faire la confidence au public après vingt ans de date! Pense-t-il donc que ses lecteurs applaudiront à une telle impudence! Quel est celui d'entre eux qui, se mettant à la place de ceux dont il intercepte les lettres pour dévoiler des secrets de famille, après leur chute ou leur mort, ne conçoive pas le juste mépris qui s'attache à celui qui méprise ainsi ce qu'il y a de plus sacré parmi les hommes?

Page 315. — Quelle distance de Bonaparte, auteur du Souper de Beaucaire, vainqueur du royalisme à Toulon, auteur et signataire de la pétition à Albite et Salicetti, heureux vainqueur du 13 vendémiaire, instigateur et soutien de la révolution de fructidor, et fondateur de républiques, fruits de ses immortelles victoires, à Bonaparte, premier consul en 1800, consul à vie en 1802, et surtout à Napoléon, empereur des Français en 1804, roi d'Italie en 1805.

Aussi quelle distance de la France de 1793 à la France de 1800! Bonaparte a suivi le mouvement de sa nation; il eût été Washington aux États-Unis d'Amérique: le but de sa vie a été de bien mériter de la postérité, il n'a servi aucune passion personnelle, ni aucune faction politique; il a cherché à marcher avec les masses, à deviner les événemens, et en a profité sans chercher à en créer aucun, comme prétendent Bourrienne et les hommes superficiels qui visent à la profondeur. Napoléon avait un extrême bon sens et des idées simples et précises qui le trompaient rarement. Après la terreur et la réaction, tout tendait en France à la concentration du pouvoir exécutif; il a obéi à cette tendance : il a voulu sincèrement la paix; les Anglais et la classe oligarchique, qui dominent aujourd'hui les cabinets de l'Europe, ne l'ont pas voulu, parce qu'ils ont prévu la grandeur de la France, et l'affaiblissement de leur importance politique avec la prospérité dont la paix allait entourer la France et son premier consul. Cette guerre a continué; elle a offert tous les jours de nouvelles victoires au premier consul, a mis à sa disposition des couronnes, a accru sa gloire, son importance personnelle. Elle l'a tellement élevé au dessus des autres que la France a cru devoir consolider sa prospérité présente par l'hérédité de la première magistrature. Mais les ennemis de la France nouvelle ont été aidés par les frimats prématurés de la Russie, par les trahisons intérieures, par la fortune enfin, et ils ont espéré de réduire la France et l'Europe à l'état où elles se trouvaient avant la révolution. Mon opinion est que si Napoléon vivait, il serait aussi libéral que l'opinion des classes instruites de la société européenne l'est aujourd'hui : ce n'est que dans cette opinion qu'il verrait l'approbation de la postérité, pour laquelle il a toujours tout sacrifié.

VOLUME II.

Page 18.—On verra, à l'article de l'Égypte, quels trésors il enleva au pays des Pharaon.

Quelques soient les affirmations de M. de Bourrienne, je puis affirmer à mon tour, qu'en partant pour l'Égypte, il déposa dans mes mains tout ce qu'il possédait, et que cette somme se rapprochait bien plus des 300 mille francs déclarés par les écrivains de Saint-Hélène que des trois millions dénoncés par le secrétaire particulier, dont il est facile d'apprécier l'intention : la louange est dans l'expression et la calomnie dans les faits.

Page 19. — Bonaparte voulait donner sa fille à Duroc. Josephine voulait la marier à Louis... On verra dans la suite comment s'est passée cette affaire. Ses frères poussaient à ce mariage pour isoler Joséphine d'Hortense, pour laquelle Bonaparte avait une tendre amitié.

Aucun des frères de Napoléon n'était près de lui, lors de son départ pour l'Italie, excepté Louis, qui n'intriguait pas sans doute contre Joséphine, dont il épousa la fille : ces injures sont gratuites.

Page 34. — Il (Bonaparte) a toujours regardé la guerre et les conquêtes comme les plus nobles et les plus inépuisables sources de sa gloire, etc.

Cette conversation est rapportée pour en tirer la conséquence perfide qui suit. La vérité est que si Napoléon aima la gloire, il ambitionna le suffrage de la postérité; tout son éloge est dans ces mots, si l'on convient qu'il ne fut pas dépourvu de sens commun; il n'ignorait pas que la vérité se saurait un jour tout entière, il dut donc agir pour plaire à cette postérité en se montrant l'ami des droits des hommes que la révolution avait consacrés, en cherchant à les faire triompher des ennemis intérieurs et extérieurs, dont il les trouvait entourés en arrivant au pouvoir. « *Faire tout ce qu'on peut est d'un homme, faire ce qu'on voudrait serait d'un Dieu* », avait-il coutume de dire.

Page 156. — Avant de partir pour Salahieh, il (Bonaparte) a plusieurs fois causé avec moi du projet de se rembarquer avec la flotte.

Le général Bonaparte est déjà tout occupé de la passe du port d'Alexandrie, dès le 18 messidor; voyez sa lettre au directoire. On voit par celle du 9 thermidor à l'amiral Brueys qu'il le croyait avec son escadre, en sûreté dans le port d'Alexandrie. C'est moins le désir de défendre un brave homme, tel que l'amiral Brueys que celui de décrier son ancien général, qui anime le nouveau ministre d'État de 1815.

Page 198. — Les liaisons de James avec les Bonaparte datent de cette époque (celle de l'expédition d'Égypte). Nous le verrons plus tard jouer à la Bourse avec Lucien Bonaparte et escompter Marengo.

M. le préfet de police de 1814 est dans l'erreur. M. James père connaissait le père de Napoléon depuis long-temps. Napoléon avait connu James fils au collége d'Autun, avant d'avoir fait la connaissance de M. de Bourrienne à Brienne. L'historiette de l'escompte de Marengo est une calomnie. Un mot sur la visite de Jaffa.

L'admirable scène de Jaffa est un des épisodes les plus beaux de cette grande histoire de la campagne d'Égypte; il fallait donc la nier : M. de Bourrienne s'est hâté de le faire. Il croyait ne trouver aucun contradicteur, mais malheureusement il y a des gens au monde qui ont de la mémoire.

M. Desgenettes, M. le général Andréossy, l'ordonnateur en chef de l'armée d'Égypte, M. d'Aure, étaient à Jaffa; ils ont vu, et leurs écrits démentent le récit de M. de Bourrienne. Ce qu'il y a de plaisant en ceci, c'est la hardiesse du faiseur de Mémoires. Il nie un fait qu'il a vu lui-même. Il se trouvait à cette visite de l'hôpital, à côté de Bonaparte, dont il était le secrétaire. Pendant vingt-cinq ans, il s'est fait honneur de ce voisinage courageux; tous ceux qui le connaissent se rappellent lui avoir entendu raconter la chose comme toute l'Europe la sait; bien plus, un jour, étant dans le cabinet de M. de B.... devant l'esquisse du sublime tableau des Pestiférés, il se plaignit de l'oubli du peintre, qui ne l'avait pas mis auprès du général en chef; il trouva fort mauvais qu'un artiste se fût permis de mentir à la vérité qui lui donnait un si bon rôle dans le drame de Jaffa, et maintenant il ne veut plus que Bonaparte ait touché les bubons, il ne veut pas que M. Desgenettes ait dit vrai, page 49 de son *Histoire médicale de l'armée d'Orient*; il s'inscrit en faux contre le rapport de M. Andréossy à l'Académie des Sciences ; l'autorité de MM. Miot et Bouquin, commissaires des guerres, lui paraît suspectes : M. d'Aure a beau lui dire : « Bonaparte fit plus « que toucher des bubons ; aidé d'un infirmier « turc, le général souleva et porta un pestiféré « qui se trouvait en travers de la porte d'une « des salles ; cette action nous effraya beaucoup. « Le général continua sa visite avec calme et « intérêt, parla aux malades, etc. » M. de Bourrienne ne veut pas se laisser persuader ! Quelle pitié, et puis croyez aux Mémoires de certaines gens !

La visite de Bonaparte à l'hôpital de Jaffa est un fait digne de l'histoire, de la peinture et de la poésie ; l'histoire l'a recueilli, deux jeunes poètes l'ont célébré en bons vers, et Gros l'a immortalisé par un chef-d'œuvre de peinture.

Page 267. — *Vous êtes un nigaud, vous n'y entendez rien, et il le disait en signant le bulletin, qui allait remplir ce monde et inspirer les poètes et les historiens.*

Soutenir le courage des Français qui, sous Desaix, combattaient dans la Haute-Égypte, ceux qui, dans la Basse, étaient aux prises avec les fanatiques exaltés par l'ange el Mohady, et ceux enfin qui, dans le Caire même, pouvaient succomber sous les efforts d'une population immense, si elle n'eût été contenue par la crainte du retour prochain de l'armée victorieuse de la Syrie.

Page 294. — Il était encore dû par les villages des sommes assez considérables, que les affaires militaires empêchèrent de retirer.

On ne sait ce qu'on doit le plus admirer, ou de l'audace du dépositaire infidèle, qui ne craint pas d'avouer son larcin, ou de l'importance que ces mots autographes donnent à ses mémoires, ou de l'ingratitude de perfide qui dirige sa plume.

VOLUME III.

Page 12. — Je dois ajouter que, ne voulant pas toucher pour ses besoins particuliers à la caisse de l'armée, qui n'avait jamais assez d'argent pour la moitié de ses dépenses, il tira, en plusieurs fois, par l'entremise de M. Jams à Gênes, et sur les fonds qu'il possédait dans la maison Clary, 15,000,20,000 fr.

Cela n'est pas exact, le général Bonaparte n'avait pas de fonds dans la maison Clary.

Page 35. — Le Code civil est le seul acte de législation que puissent avoir la philosophie et la raison.

Parce qu'il était destiné à toujours exister, et

que les sénatus-consultes et les arrêtés du gouvernement étaient des actes qui ne devaient avoir qu'une existence temporaire, comme le pouvoir dictatorial, dont le consul et même l'empereur, ont été investis par la première de toutes les lois, celle de la nécessité. Napoléon disait souvent : D'abord il me faut encore vivre vingt ans, et à Bayonne dix, pour achever mon ouvrage.

Page 36. — Que l'on mette dans la balance, d'un côté, toutes nos victoires, toute notre gloire; de l'autre l'Europe à Paris, le honteux traité de 1815 avec ses accessoires et ses conséquences, etc.

C'est juger par les faits qui ne sont pas imputables à un seul homme. La haine persévérante de l'Angleterre, l'hiver prématuré, l'incendie de Moscou, la trahison de quelques généraux, la folie vaniteuse de quelques hommes publics, doivent-ils être imputés à Napoléon?

Page 37. — Quand Joséphine revint à Paris, nous y étions déjà. Les souvenirs du passé, les récits amers et envenimés de ses frères, exaspérèrent Bonaparte au dernier point.

Ses frères étaient à la campagne, et ne revirent Napoléon qu'à Paris, où il les avait précédés, ainsi que sa femme; ils n'eurent donc pas la possibilité de prévenir leur frère par les récits haineux dont parle M. de Bourrienne. C'est encore là une calomnie gratuite, et facilement démentie.

Page 46. — Leurs exigences en faveur de leurs clients contribuèrent à le (Bernadotte) détacher d'eux, et le déterminèrent à ouvrir les yeux du directoire sur ce que la république pouvait avoir à redouter du génie entreprenant de Bonaparte.

Bernadotte n'avait plus d'influence au directoire à l'arrivée du général Bonaparte. Il n'était plus ministre depuis long-temps.

Page 46 *bis*. — Ce ne fut que sur les instances réitérées de Joseph et de Madame Joseph Bonaparte, sa belle-sœur, qu'il (Bernadotte) se détermina à venir voir son ancien général.

Bernadotte n'a eu besoin d'aucune instance pour aller voir son ancien général.

Page 5o. — Mais, dit Bernadotte au général, vos frères en sont les principaux fondateurs (du Manége), et pourtant n'est-ce pas vous qui m'accusez d'avoir favorisé ce club, etc... Vous savez bien que votre ami Salicetti, que celui de vos frères qui est son confident, se font remarquer parmi les directeurs du club (du Manége), etc.

Il est faux que Joseph ou Lucien aient été membres de la société du Manége; l'auteur met dans la bouche de Bernadotte une conversation

qu'il n'a pas tenue; il n'eût pas débité des faussetés; il n'eût pas appelé Salicetti, l'ami du général Bonaparte; il n'eût pas désigné son beau-frère Joseph qu'il aimait, comme confident d'un directeur du Manége, ou comme l'un des directeurs de cette société. En géneral, tous ces discours de Bernadotte sont hors de la vérité; au reste, Bernadotte vit encore; il peut les apprécier et les juger.

Page 52. — Je me suis trouvé nez à nez avec Bernadotte à la sortie du spectacle, et ma foi, etc.

Il y a loin des Français, à la rue Cisalpine; la fausseté de cette conversation est démontrée par ce seul fait, pour les personnes qui savent que la rue Cisalpine est située à l'une des extrémités de Paris, près de Mousseaux; ce n'était pas là le chemin du général Bonaparte pour gagner sa maison rue de Chantereine, à la sortie des Francais; nous nous appesantissons sur ce fait, parce qu'il peut servir à donner à tout le monde, la mesure de la véracité des petits récits de M. de Bourrienne.

Page 68. — J'étais depuis peu d'instans avec lui (Bonaparte) quand je vis arriver Joseph avec Bernadotte. Joseph ne l'avait pas trouvé la veille et était allé le prendre chez lui. Je fus tellement surpris de voir le général en habit bourgeois, que je m'approchai et lui dit à voix basse : Mon général, tout le monde ici, excepté vous et moi, en uniforme ! etc.

« Tout ce récit est controuvé; le général Bernadotte n'a pas vu le général Bonaparte le matin du 18; il n'est pas entré dans sa maison; il s'est contenté de l'accompagner jusqu'à la cour, où il a pris congé de moi; ce que Bourrienne dit de sa conversation avec lui est sans doute dicté par le désir de se donner de l'importance, et de faire croire au public que le général Bernadotte avait alors beaucoup de considération pour lui; au reste, on le répète, Bernadotte vit encore, sa femme et sa sœur savent aussi bien que moi, qu'il ne vit pas le général Bonaparte le 18 brumaire. »

Page 78. — J'appris par elle (Joséphine) que madame Joseph avait reçu la visite de l'adjudant-général Rapatel, envoyé par Bonaparte et Moreau près de son mari, pour l'engager à se rendre aux Tuileries... Moreau était donc d'accord avec Bonaparte, etc.

On a vu précédemment que Joseph était avec son frère : M. de Bourrienne a ignoré que lui, Joseph, avait accompagné quelques jours auparavant, le général Moreau, chez le général Bonaparte, que celui-ci s'étant ouvert sur les propositions qui lui étaient faites, et sur la situation actuelle, Moreau interrompit Bonaparte par ces propres paroles : « Vous m'en avez assez dit, il « suffit; vous avez en moi un aide-de-camp de « plus, notre position est telle qu'elle ne peut « pas empirer, comptez sur moi. »

Page 86. — Je m'aperçus du mauvais effet que produisait ce bavardage sur l'assemblée, etc.

Tout ce récit est fait à plaisir dans le but de déconsidérer le général Bonaparte, il est contraire à la vérité.

Page 113. — M. Gourgaud dit : *Il y eut des instans où il parlait comme un Dieu, d'autres où il s'exprimait comme le mortel le plus ordinaire.* La moitié de ceci est vrai, mais j'y étais, et je puis assurer que je n'ai pas entendu parler le Dieu.

Moi aussi j'y étais, il y a exagération des deux côtés; le vrai toutefois est dans la version de Gourgaud, si vous remplacez le mot *Dieu* par celui de *grand homme*.

Page 113. — Depuis, j'ai souvent parlé dans les mêmes termes, etc.

Faux : il m'a dit le contraire mille fois.

Page 113. — La place qu'il (Bonaparte) occupera dans l'histoire sera-t-elle belle sans qu'il faille, etc.

Oui, elle sera belle, malgré vos calomnies.

Page 116. — M. Collot lui donna (au premier consul) 500,000 francs en or. Il en fut bien mal récompensé... Cette somme ne lui fut rendue que très-tard, après beaucoup de difficultés et sans aucun intérêt.

M. Collot prêta cette somme en déclarant qu'il ne voulait point d'intérêts; pourquoi lui en ôter le mérite pour le plaisir d'accuser le consul!

Page 119. — Le premier consul repoussait un homme médiocre quand on le lui présentait; mais s'il le connaissait depuis long-temps, il cédait à l'empire et à l'habitude, ne craignant rien plus que le changement, et, comme il le disait lui-même, *les nouvelles figures*.

Comment concilier ces habitudes avec l'ingratitude dont vous l'accusez si souvent?

Page 119. — Le tribunat lui inspirait une crainte anticipée.

Il en sentait le danger, au moment où l'orage révolutionnaire grondait encore: il avait l'expérience de 93.

Page 127. — Sièyes est un homme très-profond. — Profond!... c'est creux que vous voulez dire.

Si après Waterloo, cet homme *creux* avait eu

l'influence qu'ont exercé au corps législatif, Lanjuinais et consors, les alliés ne fussent pas entrés dans Paris : Sieyès, en 1815, fut digne de la renommée qu'il acquit à l'assemblée constituante, dont il fut l'oracle dans ses grandes crises ; il ne cessait de dire à tous les fanatiques d'une liberté intempestive : « Napoléon seul peut nous sauver des étrangers! « vive Napoléon ; nous nous sauverons bien après lui, s'il le faut. »

Page 200. — Bonaparte était tellement maître de lui, que ce fut, immédiatement après en avoir pris connaissance (de la lettre de Kléber au directoire), etc.

Le consul me dit, après m'avoir communiqué cette lettre, en riant de mon indignation : « Si Kléber était ici, je le nommerais gouverneur de Paris, et il servirait bien. »

Page 214. — *La conquête m'a fait ce que je suis, la conquête peut seule me maintenir :* c'est cette pensée qui le domina toujours, qui lui faisait sans cesse rêver de nouvelles guerres et en répandre les germes dans toute l'Europe.

Pourquoi chercher dans des probabilités mensongères et odieuses, des explications que l'histoire de son règne et l'obstination de l'Angleterre nous donnent?

Page 218. — L'amitié n'est qu'un mot ; je n'aime personne. Non, je n'aime pas même mes frères, Joseph peut-être un peu, etc.

Il ne disait pas à Bourrienne absolument tout ce qu'il pensait : il se raidissait contre son caractère trop porté à l'indulgence ; il savait que bien des hommes en eussent abusé ; son frère Joseph, qui devait le connaître mieux que personne, avait coutume de dire, lorsqu'il le voyait faire le fâché, qu'il se donnait plus de peine pour paraître méchant, que les autres hommes pour paraître bons. Il souriait sous cape, il en convenait tout bas : sa mère, sa femme, ses frères, sœurs, Hortense, ceux qui l'aimaient véritablement, comme Duroc, Menneval, etc., le savaient bien : il jugea probablement que, dans le fond, M. de Bourrienne n'était pas de ceux-là, qu'il était de ceux qu'il fallait tenir dans le devoir, en les empêchant de trop compter sur les faiblesses de son amitié : a-t-il eu tort de ranger dans cette classe l'auteur de ces Mémoires? Le lecteur en jugera.

Page 220. — Il n'était pas plus dans mes devoirs que dans mon caractère d'aller colporter ses paroles, etc.

Dans vos devoirs, non! dans votre caractère, oui! témoins ces Mémoires.

Page 226. — Dans la chaleur de sa conversation, toujours séduisante, toujours remplie d'aperçus nouveaux, d'idées élevées, il lui échappait quelquefois des indiscrétions involontaires sur ses vues à venir, ou tout au moins des choses qui pouvaient mettre sur la voie, etc.

C'était une conséquence de son caractère, naturellement expansif, bon et confiant, que l'on n'a pas connu; c'est de lui que l'on peut dire: *Non io connobhe il monde mentre l'Ebbe.*

La dictature prolongée ne va à personne; mais je le dis avec pleine conviction : de tous les hommes que j'ai connus, Napoléon est celui dans les mains de qui ce fléau m'a paru le moins offensif.

Page 22. — La politesse avec les femmes n'entrait pas dans le caractère de Bonaparte; il avait rarement quelque chose d'agréable à leur dire, etc.

Napoléon, en reconstituant la société, après la révolution, dut appeler les femmes à la cour, mais il dut éviter des apparences qui eussent montré des dispositions à en être dominé, comme Louis XIV, Louis XV, etc.; dispositions qui ont été si nuisibles à la France, et que la révolution avaient rendues plus impopulaires que jamais. Toutefois, il faisait un compliment indirect à madame de Chevreuse, elle ne le sentit pas; elle eût dû penser que l'empereur aussi avait des yeux; que ses beaux et blonds cheveux n'étaient pas plus roux à ses yeux qu'à ceux de tous les autres hommes; il lui disait une contre-vérité; avec plus d'esprit, elle eût rougi modestement, et cette rougeur eût dit qu'elle appréciait un compliment indirect, et savait gré de l'intention, sur laquelle une femme se trompe rarement: mais madame de Chevreuse portait aux Tuileries des préventions hostiles, dont elle se rendit elle-même la victime, pour plaire à son faubourg Saint-Germain.

Page 282. — Il n'avait plus que dix jours à attendre pour coucher aux Tuileries; ce jour-là précisément devait cesser le deuil de Washington. On aurait pu le remplacer par le deuil de la liberté.

La passion est aveugle: comment l'ancien secrétaire de Napoléon n'a-t-il pas senti que ces réflexions hostiles décélaient les intentions dans lesquelles le préfet de police de la restauration décrit les événemens du consulat, et lui ôtaient tout le caractère d'impartialité dont a besoin, avant tout, un historien?

Page 287. — J'ai eu beaucoup de raisons de penser que le nom de Murat était sorti, avec celui de Charles, de la bouche de Junot, lors de ses indiscrétions aux sources de Massoudiah.

Soupçons odieux et gratuits, dont le soi-disant ami de Joséphine ne craint pas de gratifier sa mémoire.

Page 291. — Le mariage de Caroline et de Murat fut célébré au Luxembourg.

Ceci n'est pas exact : le mariage de Murat et de Caroline a été célébré dans la commune de Plailly, près de Mortefontaine, département de l'Oise.

Page 291 *bis*. — Au moment du mariage de Murat, Bonaparte n'avait pas beaucoup d'argent; il ne donna donc à sa sœur que 30,000 fr. de dot.

L'auteur oublie les trois millions dont il a gratifié le général Bonaparte dans le volume précédent.

Page 992. — Joséphine savait que le célèbre bijoutier Foncier avait chez lui une magnifique collection de perles fines, etc.

On reconnaît dans cette historiette la tendre affection de Bourrienne pour l'excellente Joséphine et pour le général Berthier; mais lorsqu'il s'agit de calomnier des hommes qui ne sont plus à ménager, le préfet de police de 1815 redouble d'audace.

Page 314. — Tout grand homme qu'était Bonaparte, il craignait les plus petits écrits.

Parce qu'ils avaient allumé cet immense incendie de la révolution, qu'il avait tant de peine à calmer, et que les ennemis extérieurs savaient employer les amis comme les ennemis de l'intérieur pour la rallumer.

La tempête fut telle pendant le consulat, qu'il ne resta au premier consul, d'autre parti à prendre, pour sauver le navire, qu'à se tenir constamment serré contre le timon, à commander audacieusement la manœuvre, à se faire obéir en faisant et disant : « Tout pour le peuple français. » Il n'oublia toutefois pas l'avenir, dans les conseils des hommes sages et éclairés, témoins le Code civil, et toutes les lois dont l'avenir aurait pu jouir avec la paix, et dont en partie le temps présent jouit malgré la restauration.

Page 326. — Savez-vous, Bourrienne, que Talleyrand est un homme de bon conseil ; c'est un homme d'un grand sens, etc.

L'auteur pense comme M. de Talleyrand. Celui-ci pensait alors comme la majorité et la partie la plus éclairée de la nation. Bonaparte pensa aussi comme eux. Quelle étrange manie de vouloir condamner dans lui ce que Bourienne loue dans Talleyrand! On le répète, si les Français eussent pensé en 1800 comme les Américains après la guerre de l'indépendance, Bonaarte eût pensé comme Washington, parce que, comme lui, il vivait dans la postérité et pour la postérité.

VOLUME IV.

Page 6. — Bonaparte éprouvait le besoin de sauver des hommes frappés par la loi, et quand les impérieuses nécessités de la politique le lui permettaient, il en éprouvait une véritable joie, etc.

M. de Bourrienne parle ici de la bonté du premier consul, pour faire valoir ses propres services en faveur de quelques émigrés; on dirait que, devenu empereur, Bonaparte n'était plus le même, parce que Bourrienne n'était plus avec lui.

Page 12. — Parmi les pièces qu'on lui envoya, se trouvait une lettre de Charrette; j'en ai conservé le mauvais autographe.

De quel droit?

Page 19. — Bonaparte, qui ne croyait pas à la vertu des hommes, croyait à leur honneur.

Devait-il croire à la vôtre? devait-il croire à votre honneur?

Page 20. — Dites-moi, Rapp, pourquoi avez-vous laissé

les portes ouvertes? — Je vous aurais laissé seul avec un homme comme cela (Georges), n'est-ce pas! — Fi donc! Rapp, vous n'y pensez pas, etc.

Comment, après ce récit, oser dire que Bonaparte ne croyait pas à la vertu : s'il revenait à la vie, il aurait sujet d'être bien édifié de la vertu, de l'honneur de son ancien secrétaire! Avait-il bien placé sa confiance? Bonaparte n'a été que trop confiant.

Page 58. — J'avais couru avec le général les hasards d'une vie aventureuse.

Le hasard forme souvent les liaisons d'enfance.

Page 58. — J'ai dit quelle confiance Bonaparte avait en moi.

La confiance accordée par un grand homme immortalise, sans doute, la fidélité de l'ami qui s'en montra digne, mais elle immortalise aussi la honte attachée à l'ingratitude et à la calomnie.

Page 68. — Je me rappelle qu'un jour il me dit : Bourrienne, je n'ose rien faire contre les régicides; mais je vais leur faire voir ce que je pense d'eux, etc.

Tous ces discours contre les régicides sont faits à plaisir : Bourrienne les prête à Bonaparte pour se justifier, aux yeux de ses nouveaux maîtres, de l'avoir servi si long-temps.

Page 69. — Les actes de générosité ainsi que le choix des personnes et les actes de sévérité étaient chez Bonaparte le résultat d'un calcul. Il gouvernait toujours.

Oui, mais c'est son cœur qui l'inspirait; il se mettait à la place de ceux qu'il allait obliger; il jugeait leur reconnaissance par celle qu'il eût éprouvée lui-même, s'il eût été l'objet de leur générosité : c'est ce qui le perdit à Rochefort, lorsqu'il jugea le prince régent d'après lui, et les ministres anglais d'après l'opinion qu'il avait conçue de Cornwallis et de Fox; il ne croyait que trop à la grandeur d'âme, et certes, il fut loin de prévoir les sentimens qui ont dicté les Mémoires de son compagnon de Brienne et d'Égypte.

Page 72. — J'ai vu dans le *Mémorial de Sainte-Hélène*, ce que Bonaparte a dit des négociations de Louis XVIII avec lui, et je suis dans la nécessité d'en citer quelques lignes relatives à cette circonstance, afin de pouvoir ensuite faire remarquer les différences qu'elles offrent avec les autographes que j'ai conservés.

Comment M. de Bourrienne ne sent-il pas, que cet aveu d'un abus de confiance doit étonner tous les lecteurs? Où en serait la société civile, si l'on pouvait se vanter d'avoir dérobé les objets confiés à nos soins? Ces autographes sont ils donc la propriété légitime du secrétaire particulier? et s'il n'en est pas ainsi, que sont-ils donc, sinon des objets volés?

Page 83. — Vous m'avez dit un jour qu'on voulait vous faire jouer le rôle de Monck : vous ne le pensez pas ; car vous savez mieux que moi la différence qui existe entre un général qui combat l'usurpateur de la couronne et celui que la victoire et la paix ont élevé sur les ruines d'un trône abattu, etc.

Tous ces discours sont faits après l'événement.

Page 83. — Il est mort à Sainte-Hélène, et les Bourbons sont revenus.

Qui les a ramenés? les frimats anticipés du Nord, la trahison, et des événemens hors de toute prévoyance humaine; et quels en sont les résultats pour la France? le ministère Villèle, d'abord, puis le ministère Polignac et Bourmont.

Page 115. — M. Collot avait été dans la plus grande intimité de Bonaparte, et ne lui avait rendu que des services. C'étaient deux raisons dont une seule aurait suffi pour causer l'inimitié de Bonaparte, car il ne voulait jamais convenir qu'il fût l'obligé de personne, et il n'aimait pas ceux qui étaient trop initiés dans certains secrets de famille, qu'il avait enfin pris la résolution de cacher.

Et ce sont ces secrets que l'ami Bourrienne, le secrétaire discret, se complaît à révéler? Pour estimer un tel homme, il faudrait respecter dans un militaire la lâcheté, dans un ecclésiastique l'impiété; jusqu'à ce que ce temps vienne, Bourrienne doit se contenter de l'argent que lui rapportera son livre; mais il ne doit pas prétendre à l'estime d'aucune âme élevée.

Page 119. — Et ce nigaud de Joseph qui était là.

Il est faux que Joseph ait été là. On voit que Bourrienne met souvent dans la bouche d'un autre des accusations trop fortes contre Bonaparte ou sa famille; il sent que l'ami d'enfance devrait se taire.

Page 136. — M. Collot revenait d'une excursion qu'il avait faite aux îles Borromées avec Joseph Bonaparte, et je me rappelle même qu'il me dit que, lorsqu'il avait été prendre chez lui le nouveau conseiller d'état, il l'avait trouvé en *très-mauvaise compagnie*, ce qui n'a pas besoin d'explication.

Ce qui a besoin d'explication, c'est le motif d'une semblable assertion, aussi fausse qu'insignifiante, si l'on ne se rappelait le dicton populaire : « De la calomnie! il en reste toujours quelque chose. » Et nul doute que l'un des mobiles du livre de M. de Bourrienne ne soit de dénigrer, tant qu'il peut, les frères de Napoléon; cependant, pour *que de la calomnie il reste quelque chose*, et qu'elle ne retombe pas sur le calomniateur, il faut que le calomnié ne puisse se défendre; les morts ne parlent pas, mais tout le monde n'est pas mort : je me rappelle que le jour où je fis une excursion, de Milan aux îles Borromées, M. le général Lannes et M. le général Victor se rendirent à mon logement, où M. Collot les trouva au moment de monter en voiture; ainsi, le propos de libelle, dont M. de Bourrienne ne craint pas de salir son livre, peut être démenti par ceux de ces messieurs qui vivent encore. Il ne peut paraître vrai qu'à ceux qui pourraient l'appliquer au glorieux duc de Montebello et à M. le duc de Bellune. — Au reste la compagnie de ces généraux célèbres dont je m'honorais, peut aujourd'hui paraître mauvaise à M. de Bourrienne et à sa nouvelle société; on ne dispute pas des goûts : libre à chacun de garder « les siens. »

Page 142. — J'y vois (dans ses notes) que MM. Talleyrand et Fouché furent les premiers à témoigner, par les bruits favorables au premier consul qu'ils répandaient dans Paris, qu'ils entraient dans le projet de Bonaparte, où ils y engagèrent Sieyès sans beaucoup de difficultés. J'y vois encore que l'on chercha à entrer en négociation avec Moreau.

On a déjà dit que Moreau s'était entendu avec Bonaparte.

Sieyès avait obtenu à l'assemblée constituante, une grande considération ; ce fut lui qui proposa d'appeler les états-généraux *assemblée nationale*. Aussi, un jour que quelqu'un rappela que c'était le général Bonaparte qui avait le premier salué la France du nom de la grande nation, Sieyès reprit : « Cela est vrai, mais auparavant « nous l'avions faite nation, à l'assemblée cons- « tituante. »

Au directoire, Sieyès comprima l'assemblée du Manége, et au 18 brumaire unit ses efforts à ceux du général Bonaparte pour reconstituer l'état, quoiqu'il prévît très-bien qu'il ne resterait pas long-temps son collègue. Mais il pensait, comme tous les patriotes sages, que la France avait besoin d'une dictature qui comprimât tous les partis, arrivât à la paix par la victoire, et à un état stable et prospère, fondé sur les principes de la liberté et l'égalité. Le dictateur et la dictature ont péri avant d'avoir obtenu la pacification générale. — Sieyès voulait le bien de la patrie, il a connu et apprécié Napoléon, et nous répétons que si ceux qui ont tout perdu au corps législatif en 1815 eussent été animés de son esprit, la France eût été sauvée, mais pas à la manière de Bourrienne et du ministere Polignac.

Page 154. — Pendant que la victoire assurait en Italie les destinées du premier consul, ses frères s'occupaient moins des affaires de la France que de leurs propres affaires. Ils aimaient autant l'argent que Bonaparte aimait la gloire. On verra par une lettre que Lucien adressa à son frère Joseph, combien ils étaient toujours prêts à exploiter à leur profit la gloire et la fortune de celui par qui ils étaient tout. J'ai retrouvé dans ces papiers cette lettre à Lucien, etc.

Les injures de M. de Bourrienne ne sont pas des vérités; seulement elles caractérisent son livre et en font un odieux libelle. Les frères de Napoléon n'étaient pas sans doute les seuls, en France, à être inquiets de l'issue de la campagne de Marengo; l'un était à Paris, ministre de l'intérieur, l'autre en Italie près de son frère; comment l'auteur ose-t-il avouer qu'il a soustrait une lettre de Lucien à Joseph? Si la lettre est véritable, comment pût-il ne pas l'envoyer à son adresse? Comment ose-t-il la publier comme vraie si elle est fausse? Dans tous les cas, comment peut-il justifier un tel larcin ou une telle impudence? Pense-t-il par là donner beaucoup d'importance à son livre, et est-ce en se montrant sous des rapports si peu estimables, qu'un écrivain peut donner de la gravité à ses écrits, et inspirer de la confiance à ses lecteurs, quelque bénévoles qu'il les suppose pour lui?

Page 172. — Je l'ai soigneusement conservée (la lettre de Desaix au premier consul).

Le lecteur lira sans doute cette lettre avec intérêt ; mais comment se trouve-t-elle dans les mains de M. de Bourrienne? Est-ce à lui que Desaix l'avait adressée, ou bien Bonaparte lui en a-t-il fait donation?

On ne peut s'empêcher de renouveler l'observation qu'on vient de faire ; comment M. de Bourrienne peut-il sacrifier la réputation de fidélité, à laquelle tout honnête dépositaire tient, au vain désir d'exciter la curiosité de quelques lecteurs, et même à celui de faire vendre quelques exemplaires de plus de son ouvrage?

Les propos qu'à l'occasion de M. Durosel on fait tenir à Napoléon contre les membres de la convention, sont plus dignes du libelliste que du général Bonaparte, dont le plus grand mérite fut peut-être cette extrême tolérance politique, qui ne lui faisait jamais médire en masse d'aucune association, et bien moins sans doute de la convention, qu'il avait sauvée au 13 vendémiaire, et dont beaucoup de ses anciens membres remplissaient les conseils et les administrations du consulat, et même de l'empire (1).

Page 220. — Ce n'était pas seulement dans le cabinet des Tuileries qu'on agitait la question de l'hérédité : c'était le texte habituel des conversations dans les salons de Paris. On y parlait déjà de dynastie nouvelle, et ces bruits étaient bien loin de déplaire au premier consul; mais il vit bien qu'il avait fait une faute en agissant avec trop de précipitation, c'est pour cela qu'il jeta feu et flamme contre le *Parallèle*, ne voulant pas qu'on pût soupçonner qu'il avait eu une part quelconque à un coup manqué.

La vérité sur l'histoire du *Parallèle*, dont l'au-

(1) On peut citer, à l'appui de ces observations, une lettre remarquable écrite à l'occasion d'un fournisseur de volailles qui avait été éloigné de Paris pour d'anciennes opinions démagogiques.

Dresde, le 8 juillet 1813.

Mon cousin,

Je vous envoie un rapport du duc de Vicence. Je lui ai répondu, comme de raison, que je ne me mêlais pas de semblables détails, et que je ne pouvais descendre jusque là. Mais je vois avec peine que le duc de Rovigo réagit. Le duc de Rovigo ne connaît ni Paris ni la révolution. Si on le laissait faire, il aurait bientôt mis le feu en France. En vous enteur se sert habilement pour donner à Bonaparte le caractère qu'il lui convient aujourd'hui de

tretenant de ce fournisseur, ce n'est pas de lui que je vous parle, mais de toutes les mesures de cette nature. A-t-on quelque chose à reprocher à cet homme depuis seize ans? On l'éloigne de Paris comme ayant été violent révolutionnaire. Si on pèse ainsi sur la classe des gens domiciliés et tranquilles, il est à craindre que cela ne produise le plus mauvais effet, et n'excite une inquiétude générale. Si le duc de Rovigo voulait éloigner de la France tous ceux qui ont pris part à la révolution, il n'y resterait plus personne; et comment peut-on faire un crime à des hommes de cette classe de leur exaltation dans la révolution, lorsque le sénat, le conseil d'état et l'armée sont pleins de gens qui y ont marqué par la violence de leurs opinions? Je dois supposer qu'on n'avait rien à reprocher à cet homme depuis seize ans, puisque les gens de ma maison, qui ne sont nullement partisans des opinions révolutionnaires, le gardaient comme fournisseur. Vous ferez connaître au duc de Rovigo que mon intention est qu'il n'éloigne personne de Paris, sans vous en avoir parlé auparavant. Dites-lui que s'il se laisse entraîner par le préfet de police ou des hommes de cette robe, qui ne connaissent ni la situation de la France, ni celle de Paris, il aura bientôt mis tout en feu et ébranlé mon gouvernement, qui est fondé sur la garantie de toutes les opinions. Vous demanderez au duc de Rovigo de vous remettre sur-le-champ l'état de toutes les personnes qu'il a exilées de Paris, en les divisant en deux classes; l'une contenant tous ceux qui se sont mal conduits, et qui ne possédant rien, désirent toujours des troubles; l'autre contenant les hommes domiciliés et tranquilles, et auxquels on n'a rien à reprocher que leurs anciennes opinions. On doit laisser, sans les inquiéter, ceux qui appartiennent à cette dernière classe. Au train dont va le duc de Rovigo, je suppose qu'il réagirait bientôt sur tous les généraux qui ont été chauds révolutionnaires. Comme il m'est revenu de plusieurs côtés que beaucoup de gens de cette classe ont été exilés, demandez au duc de Rovigo de vous en remettre l'état exact.

Sur ce, je prie Dieu qu'il vous ait en sa sainte et digne garde.

Signé, NAPOLÉON.

lui prêter, est celle-ci : M. de Fontanes, nouvellement rayé de la liste des émigrés, avait plu à Lucien, ministre de l'intérieur, par son esprit et ses connaissances : il recevait un traitement du ministère, il était désireux de montrer ses talens et sa reconnaissance ; un jour il porta à Lucien cet écrit du *Parallèle;* Fontanes, comme tant d'autres, poussait à la concentratiou du pouvoir dans les mains du premier consul ; Lucien effaça tous les passages qui lui parurent trop dans ce sens. Fouché, qui était ennemi de Lucien et de Fontanes, se servit de cet écrit pour les desservir auprès du premier consul, qui ne voulait pas être poussé par personne, qui ne travaillait pas en intrigant, comme le suppose Bourrienne, à hâter la concentration du pouvoir ; mais qui obéissait à l'opinion générale, lorsqu'elle lui semblait telle. Son talent était de suivre le mouvement national, de marcher avec la masse, de faire tout pour elle ; voilà pourquoi il a encore retrouvé la masse populaire pour lui à son retour de l'île d'Elbe. L'homme habile avait-il coutume de dire : devine l'opinion et obéit aux exigeances du siècle et de la nation.

Page 225. — Il faut convenir que Joseph avait joué là un rôle bien digne d'un futur roi !

On a vu plus haut que Joseph connaissait le *Parallèle*, et qu'il le désapprouvait; tous ceux qui, à cette époque, étaient dans son intimité, se le rappellent sans doute, et Napoléon a bien connu son opinion. Quel besoin avait Joseph de dénoncer dans M. de Bourrienne des sentimens qui étaient les siens?

M. de Bourrienne veut donner le change à l'opinion sur la véritable cause de l'éloignement qu'il a toujours conservé pour Joseph, contre qui il nourrit des sentimens tels, qu'ils se manifestent par des expressions d'une malveillance si ridicule, qu'elles ne peuvent tourner qu'à la confusion du libelliste. Sans doute Joseph n'a pas craint d'éclairer son frère sur le caractère de son secrétaire intime, et sur le danger qu'il y avait pour son gouvernement de laisser une confiance aussi illimitée à un homme qui s'était oublié jusqu'avec le frère et l'ami véritable du premier consul. Voici comment la chose se passa:

Joseph, arrivant un jour de la campagne, attendit le premier consul dans son cabinet, où se trouvait M. de Bourrienne entouré des papiers qu'il devait présenter à sa signature. Celui-ci s'oublia assez, après lui avoir parlé de la grande confiance que le consul avait en lui, pour lui faire des ouvertures qui l'étonnèrent autant qu'elles le blessèrent. Le consul arrivant, Joseph ne les lui cacha pas. Après le déjeûner, ayant rencontré sa femme dans le parc, le premier consul courut à elle et s'empressa de lui raconter ce que Joseph venait de lui dire, ajoutant : Si Bourrienne se permet de telles insinuations avec Joseph qu'il connaît à peine, qu'est-ce que ce doit être avec toi qu'il voit tous les jours? Joséphine répondit : « Qui ne connaît Bourrienne! Il n'y a que le premier consul qui ne veut pas le connaître. » A quelque temps de là, Bourrienne surveillé, finit par être parfaitement connu du premier consul, qui se contenta de l'éloigner de sa personne, sans perdre un homme avec lequel il était lié depuis si long-temps.

Joseph avait joué le rôle d'un frère affectionné; lorsqu'il fut roi, il joua le rôle convenable à un roi indépendant, et, rentré dans le sein de sa patrie, il sacrifia sa propre opinion à la confiance que lui montrait, dans un immense désastre, le frère, l'ami de son enfance. Quelle fut la conduite de M. de Bourrienne? Il fut mis à la tête du cabinet noir, et plus tard à la police. Un tel homme mérite-t-il confiance?

253. — Joseph Bonaparte, tout en traitant pour la France, à Lunéville, spéculait à la Bourse, sur la hausse que, selon lui, cette paix devait produire. Des personnes plus habiles, qui, comme lui, étaient dans le secret, vendirent leurs rentes au moment où la certitude de la paix fut acquise, et Joseph en acheta beaucoup pour les revendre au moment de la signature. Mais la nouvelle était escomptée et la baisse arriva.

Il est faux que Joseph ait spéculé sur les rentes lors du traité de Lunéville. Toute cette historiette, faite à plaisir, a pour but de détourner l'attention des services, que, dans cette occasion, il eut le bonheur de rendre à son pays.

Page 277. — Il y avait aussi des théologiens habiles, parmi lesquels on distinguait le docteur C***.... Les plénipotentiaires du premier consul étaient Joseph Bonaparte, Cretet et l'abbé Bernier, mort évêque à Versailles.

Caselli, depuis archevêque de Parme, homme savant et intègre! il est faux qu'il ait été gagné par des promesses d'argent et de dignités.

L'abbé Bernier était évêque d'Orléans.

Page 304. — Les Anglais éluderont, chicaneront et finiront par demander que Malte soit mise sous la protection du roi de Naples, c'est-à-dire sous la protection d'une puissance entièrement à leurs ordres, et à laquelle ils en donnaient comme à un préfet.

Naples dépendait de la France qui en occupait

une partie, et qui était en mesure d'occuper l'autre, du jour au lendemain.

Page 308. L'amitié que Bonaparte avait pour sa sœur Pauline, était pour beaucoup dans cette *large manière d'enrichir son mari* (celle d'envoyer Leclerc commander à Saint-Domingue).

Quelle amitié partiale et faible que celle qui permettait à une jeune femme délicate de suivre une expédition aussi hasardeuse, où il y avait tant de fléaux à braver, sur la mer et sur la terre de Saint-Domingue. Il faut avoir un goût bien décidé pour la satire, pour trouver à le satisfaire dans une occasion semblable, où il n'y avait qu'à applaudir au dévouement du frère et à celui de la sœur. N'était-ce pas un motif de confiance en faveur de l'expédition que de voir la sœur du premier magistrat en partager les hasards?

Page 321. — Louis s'est laissé imposer sa femme; elle l'avait jusqu'alors évité autant que possible.

Calomnie odieuse! Lorsque Louis épousa Hortense, il en était très-amoureux; ses lettres en font foi.

Page 343. — En 1802, Jérôme était parvenu au grade d'enseigne de vaisseau et se trouvait à Brest, où il se permettait des dépenses bien au-dessus de sa fortune et des obligations de son emploi, dépenses qui ne se faisaient qu'aux frais de l'État.

Comment ces dépenses étaient-elles aux frais de l'État, puisque son frère les payait ? Jerôme était bien bon d'avoir tant de confiance dans Bourrienne; mais sa grande jeunesse l'excuse assez.

Page 345. — Jérôme n'a jamais répondu aux vœux ni aux désirs de son frère.

Napoléon disait que Jérôme serait devenu un excellent général; à Waterloo, il a montré beaucoup de fermeté; il y a été blessé, il est resté un des derniers sur le champ de bataille. Quel rapport entre Jérôme, roi de Wesphalie, et Héliogabale!! Il faut avoir mission pour décrier les frères de Napoléon, pour trouver de semblables rapports.

Page 346. — Le premier consul était ennuyé et fatigué des continuelles demandes d'argent que lui faisaient ses frères. Pour en finir avec Joseph, qui dépensait de grosses sommes à Morfontaine, comme Lucien à Neuilly, il avait fait donner à M. Collot la fourniture des vivres, mais à la condition de remettre sur ses bénéfices 1,500,000 francs par an à Joseph.

C'est une infâme calomnie; Bourrienne est sans doute richement payé pour de telles inventions. On demande à tous les amis de la liberté de la presse, s'il ne conviendrait pas de donner aux calomniés des moyens légaux de poursuivre les calomniateurs, qui sont les véritables fléaux de la liberté de la presse, comme les terroristes furent les fléaux de la liberté. L'état actuel de la législation de la France ne le permet pas.... La publicité doit au moins faire justice des calomniateurs qui insultent aux cendres des morts et à l'inoffensive retraite des proscrits.

Page 354. — Hâtez-vous de sauver Malte ; des hommes et des vivres, il n'y a pas de temps à perdre.

Fallait-il donner cet avis aux Anglais, pour qu'ils redoublassent de précautions pour empêcher l'introduction des vivres ?

Page 360. — Lucien vint voir madame Bonaparte, qui lui dit : Pourquoi n'êtes-vous pas venu dîner lundi dernier? — Parce qu'il n'y avait pas de place marquée pour moi. Les frères de Bonaparte doivent avoir les premières places après lui.

C'est encore une historiette faite à plaisir; la fausseté résulte de l'application que l'on en avait faite à Jérôme qui a prouvé l'*alibi*; on s'est rejeté sur un autre frère, mais celui-ci, ministre, avait une place marquée par cela même, après les consuls. L'historiette convenait à Jérôme qui n'était qu'enseigne de vaisseau. On voit évidemment la maladresse du calomniateur.

M. de Lafayette fut invité par Joseph à assister à la fête donnée aux Américains, à l'occasion du traité de commerce et d'amitié qui venait d'être conclu avec eux. Le premier consul offrit à M. de Lafayette de le faire entrer dans le sénat. M. de Lafayette n'accepta pas cette offre, mais continua cependant à voir le premier consul, etc.

M. de Lafayette fit plus, il voulut bien, conjointement avec M. Liancourt de la Rochefoucault, se charger d'inviter les Américains qui se trouvaient à Paris, et aider Joseph, qui ne parlait pas l'anglais, à leur faire les honneurs de la fête.

CHAPITRE IX.

Documens impériaux. — Ambassade de Bernadotte à Vienne. — Romans atroces. — La vérité.

M. de Bourrienne se récrie contre les déceptions de l'empire. Il demande ce que serait une histoire écrite d'après les documens que nous a légués cette époque. Peu de chose assurément; elle garderait le silence sur M. Collot; elle parlerait médiocrement de Bernadotte; de Talleyrand, qu'en dirait-elle? Je ne sais; peut-être aurait-elle l'insolence de répéter l'odieux propos du roi de Bavière; mais à coup sûr elle aurait laissé ignorer à la France quel homme prodigieux s'était enfoui dans les cartons du cabinet, de quel trésor de lumières Napoléon se priva en le renvoyant. Si du moins elle s'arrêtait là ; mais, sans doute, elle ne tiendrait compte ni de l'heureuse spéculation d'Erfuth, ni des hautes méditations d'Hambourg. Aussi injuste envers Bernadotte que dédaigneuse pour le secrétaire intime, elle tairait la prudente inaction de l'un, les salutaires avis de l'autre ; elle ne rendrait justice ni aux efforts que fit le général pour entrenir parmi les troupes des *haines salutaires,* ni aux énergiques représentations que l'ami de collége hasarda tant de fois pour arrêter l'essor de la tyrannie. Qui sait même si elle n'eût pas été plus loin ? Qui sait si, dans son zèle à tout dérober au public, elle n'eût pas imprudemment jeté le voile sur de hautes conceptions, d'honorables entreprises, qui n'échapperont pas toutes, je l'espère du moins, à l'admiration publique. Mais chaque époque a ses erreurs et ses déceptions. La vérité est d'ailleurs si difficile à saisir. Les faits se modifient sans que le prince s'en mêle, sans que ses agens aient besoin d'employer la corruption. Qui ne connaît, par exemple, la mésaventure que Bernadotte eut à Vienne ? Le fait est fort simple en lui-même. L'ambassadeur de France veut perdre le ministre autrichien. Celui-ci voit la manœuvre, et rendant guerre pour guerre au général, il lui suscite une émeute qui l'oblige à vider la place. Eh bien! cette petite lutte, qui s'explique d'une manière si naturelle, a été présentée sous les couleurs les plus odieuses, a donné lieu à des imputations que Bernadotte n'a sûrement pas inspirées. Elles se trouvent, il est vrai, dans tous les ouvrages qui ont été élaborés dans la même officine; mais cette concordance singulière ne prouve autre chose que la disposition des écrivains à se copier les uns les autres. Il suffit de les laisser faire. Quiconque les connaît, sait qu'il n'ont pas besoin de direction. Voyons donc comment un fait se dénature sous leur plume, comment une noirceur se confectionne, comment une calomnie se propage et s'accrédite. Une première version est jetée dans le monde. Elle est bien noire, bien fausse, bien odieuse. Eh bien! elle ne satisfait pas la *Biographie des Contemporains*. Le rédacteur ne la trouve pas assez forte; il la varie, l'enrichit, et après avoir peint Bernadotte comme un modèle de prudence, il nous le montre comme échappant avec peine au guet-à-pens qui lui avait été tendu. «Sans le sang-froid le plus rare, dit-il, « sans l'intrépidité la plus active, Bernadotte eût « éprouvé à Vienne le sort du général Duphot à

« Rome. Il serait triste de penser que ces deux évé-
« nemens aient été le résultat des mêmes com-
« binaisons. » Or, voulez-vous savoir ce que c'est
que ces combinaisons? Montgaillard, qui ren-
chérit sur les révélations de deux autres, vous
l'explique.

« Le directoire exécutif, et surtout Bonaparte,
« avaient recours à toutes sortes d'artifices pour
« écarter Bernadotte de toute participation aux
« affaires intérieures de la république, pour s'en
« débarrasser d'une manière honorable. Heu-
« reusement pour lui, le Béarnais connaissait
« bien les gens auxquels il avait affaire. Il se vit
« néanmoins forcé d'accepter l'ambassade de
« Vienne malgré toute son antipatie pour la car-
« rière diplomatique. Bonaparte, satisfait d'a-
« voir éloigné un général qui n'était pas disposé
« à servir sa tyrannie, se flatta peut-être qu'il
« serait traité à Vienne comme le général Duphot
« l'avait été à Rome... L'injonction du directoire
« (d'arborer le tricolore) était parfaitement con-
« forme à la dignité de la nation française et aux
« règles diplomatiques; de même que l'hésita-
« tion de Bernadotte à arborer les couleurs na-
« tionales au moment de son arrivée à Vienne,
« avait été une délicatesse, une espèce de con-

« descendance pour un souverain vaincu sur dix
« champs de bataille. Vraisemblablement le ca-
« binet du Luxembourg espérait que le général
« Bernadotte deviendrait victime d'une insur-
« rection ; mais par son sang froid et sa vive in-
« trépidité, l'ambassadeur échappa au danger.
« Si l'on n'obtient pas cette fois un assassinat qui
« semblait autoriser Bonaparte à faire retentir
« l'Europe de ses anathèmes contre une horrible
« violation du droit des gens, provoquée par le
« directoire, le général en chef de l'armée d'Ita-
« lie se sera du moins menagé l'occasion de pré-
« parer de nouvelles hostilités, dont son ambi-
« tion lui a fait un besoin. »

Voilà le roman, voici la vérité, la vérité telle qu'elle est sortie de la plume de Bernadotte; car l'orthographe de ce prince est au moins aussi importante pour l'histoire que celle de son émule.

Ce 26 floréal, vi^e année républicaine.

Je sens, mon chér ami, tout l'avantage de m'entretenir avec vous, c'est un besoin que je dois satisfaire, puisqu'il me reconcilie avec les animeaux que nous appellons hommes, et avec lesquels l'ordre des destins, ou le hazard des evenemens nous condamne a vivre. Vous voyés que j'ay de lhumeur; ma foi elle est au moins pardonnable vu la position humiliante dans laquelle me laisse le gouvernement, cependant l'orsque je me rappelle quil me reste un petit cercle d'amis pénétrés des principes republicains, guidés par l'amour et l'antousiasme national, je suis consolé de l'ingratitude qu'on exerce envers moy et de l'espece de defaveur dont on cherche a couvrir le foible tems que j'ay passé dans les niaiseries de la diplomatie; il est vray que je n'ay pas composé ma figure, que j'ai evité de prendre le ton et le geste pedant, que je n'ay pas été le servile admirateur de l'orgueil Autrichien. Je conçois que j'ay tres-mal fait : je n'ay pas envoyé les sept jours de la semaine, et sans en excepter le dimanche, l'un des secretaires de legation, pour s'informer de la santé des membres du ministere, reclamér leur bienveillance, leur puissante intervention en faveur de la republique, et les remerciér d'avoir voulu nous accorder la paix aussi gracieusement. Au lieu de faire tout cela, et de suivre l'usage ordinaire qui relegue tres-souvent pendant deux heures un ambassadeur dans le coin d'une antichambre, j'ay exigé detre introduit immediatement aprés avoir été annoncé. C'est sans doute une incivilité de ma part, une rodomontade de cazerne et une suite de la grossiereté inséparable de l'homme de guerre. Ce caquetage sans doute ne manque pas de filtrer dans les bureaux; il penêtre dans le cabinet de monseigneur, il fait un sourire qui annonce l'approbation, la finesse du mot; le soir les cercles en sont plains, chacun commente, chacun discute; il sensuit que le personnage qui a paru sur la scene a presque toujours mal rempli son role. En vérité, mon chér...... tout ce bavardage excite ma pitié, mais ce qui me chagrine, c'est l'ingratitude du gouvernement a mon egard, et son peu d'empressement a m'approuvér ou a m'improuvér. Il n'a pas a me reprochér mon ambition; l'orsque les circonstances mont forcé malgré moy à luy faire quelques demandes; elles ont toujours eu pour objet des places tres-secondaires ou ma pension de retraite; l'orsque je l'ay cru en d'angér je l'ay servi sans le luy dire, et il laisse entrevoir par son silence de la legereté dans ma conduite. Tout cela, mon chér......, m'afflige, parce que mon ame est dechirée d'avance par la necessité ou je seray peut être de publiér moy meme les pieces qui ont rapport a l'evenement. Un autre objet non moins intéressant mattriste; le voici : Thugnt l'ame de la coalition qui cherche a se renouér et l'ennemy implacable de la republique, etait pret à tombér dans le piege que je luy tendais ; en adroit et experimenté courtisan, il a senti qu'a ma troisieme audiance de l'imperatrice, il etait perdu ou relegué dans l'inaction; pour détournér l'orage, il a conçu le dessein de me faire assassinér ou invectivér. L'affaire du drapeau a été adroitement saisie par luy; depuis trois jours, il etait commandé chez le tailleur; l'emeute a donc eu le tems dêtre preparée : vous savés le reste. L'arboration du drapeau innocemment faite et sans intention a derrangé mes mesures deja prises; cependant la perfidie de Thugnt ma donné de nouvelles armes contre luy; les avis qui mont été donnés une fois le dangér passé ne mont que trop convaincu quil etait un des principaux directeurs de lémeute; son silence pendant cinq heures, l'arrivée tardive de la force armée, son inertie et celle de la police, toutes ces preuves mont authorisé a c'essér de correspondre avec luy, a l'accusér devant le tribunal de l'opinion et a celui du chef supremé de la onation; le souverain ma répondu par l'entremise d'un autre ministre; voila donc Thugnt qui diminüe de credit, qui perd de sa consideration. Le gouvernement francais na qu'a suivre la marche tracée par son ambassadeur, et lexecration suit de prés la disgrace du ministre qui deja, subjugué par la crainte et le souvenir d'un crime qu'il n'a pu consommér, se demet du departement des affaires etrangeres. Cette retraite précipitée, inattendue, le charge d'opprobre, en leloignant des affaires, il se trouve en même tems et par une suite naturelle isolé du cabinet britannique et de celui de Petersbourg. Remplacé par qui? par l'homme interessé a maintenir la paix entre la France et l'Autriche, par celui qui apprécie les avantages immenses que cette orgueilleuse maison a obtenus dans un instant ou sa puissance declinoit au point que la monarchie etait moralement demembrée: enfin par Cobenzel, homme de plaisir attaché a son ouvrage et tenant au sisteme d'une alliance avec la republique.

D'ans cet état de choses, un mot de Jupitér auroit suffi pour perdre a jamais Thugnt et tous ses affidés. Mais que fait le Dieu si redouté des mortels? il reste paisiblement dans l'Olimpe, enchaine et retient la foudre, en depechant

Mercure au disgracié; l'arrivée de cet envoyé galant luy donne de lespoir : ma chute n'est pas complette, dit-il; ah les bonnes gens que ces republicains, il en est de plusieurs sortes; mais ceux qui habitent les voutes assurées sont beaucoup plus manierés, ils ne sont pas farouches ceux la; je reprendrai mon portefeuille peut être et par suite de leur galanterie..... Reflechissés, jugés sans partialité, quelle que soit votre sentence, je reste éternellement votre ami ici bas.

J. BERNADOTTE.

Jupiter retint sa foudre, mais le ministère autrichien ne fut pas si modéré. Il eut l'impolitesse de trouver mauvais que *l'ambassadeur français eût troublé l'ordre à Vienne et demanda qu'il fût exemplairement puni.* C'était déjà beaucoup de gloire pour un début; néanmoins ce ne fut pas tout. Bernadotte s'était réfugié à Radstadt. Sa présence ou mieux son échauffourée donna le coup de grâce aux négociations que l'on y suivait encore. Les princes de l'empire ne se résignaient aux pénibles sacrifices qu'on leur imposait, que parce qu'ils croyaient la France et l'Autriche intimement unies. Ils venaient d'acquérir la preuve qu'il n'en était rien ; ils ne voulurent plus entendre à aucun abandon, à aucune cession de territoire. De part et d'autre on se disposa à la guerre, et les hostilités recommencèrent presqu'aussitôt. Cette prise d'armes est sans doute fort glorieuse, mais Bernadotte n'eut pas dû en faire hommage au général Bonaparte; on voit qu'elle lui appartient beaucoup plus qu'à lui.

OBSERVATIONS SUR QUELQUES ASSERTIONS DE M. DE BOURRIENNE RELATIVES AUX AFFAIRES D'ITALIE.

A Monsieur A. B.

Vous m'avez promis, monsieur, d'accueillir quelques observations sur les Mémoires de M. de Bourrienne. Je vous les envoie, elles sont un peu dures; mais, Italien et proscrit, j'ai dû repousser avec énergie des outrages si inconsidérément prodigués à un pays et à un prince pour lesquels j'ai tant souffert.

Recevez, monsieur, etc.   Le comte BONACOSSI.

Paris, 23 juillet 1830.

Il y a des gens qui se figurent que la position de M. de Bourrienne auprès du général en chef n'a été long-temps semée d'aucune épine. Sans doute elle a eu ses avantages : admis dans la confidence d'un grand homme, initié au secret des affaires, recherché par un ambassadeur, sollicité par un autre, l'heureux secrétaire semblait n'avoir qu'à savourer les charmes du désintéressement, qu'à se jouer des séductions. Mais en retour, quelles violences il était obligé de se faire! quelle abnégation cet éclat lui imposait! car, comme il nous le dit lui-même, « combien d'actes et d'écrits sur lesquels il pou-

« vait que gémir ! Que de mesures contraires à sa
« manière de voir, à ses principes, à son carac-
« tère ! » Et pourtant il restait près du général ! Il gémissait, mais il écrivait. Quel sacrifice ! Quelle excellente espèce d'homme !

« Le *Souper de Beaucaire*, nous dit M. de
« Bourrienne, contient des principes bien opposés à ceux que Napoléon voulait faire dominer
« en 1800. » La chose est possible ; voyons, néanmoins : trois personnages que le hasard assemble entrent en discussion sur les affaires du moment. Celui des trois qui représente l'auteur est évidemment le militaire. Or, celui-ci, loin d'être un énergumène, se dessine comme un officier qui sait la guerre, comme un philosophe qui connaît les hommes et leurs passions. La république est proclamée ; il la sert, il la défend, il cherche à faire voir le danger des principes que soutient le Marseillais. Rien dans ses raisonnemens ne respire l'exagération. Sa discussion est calme, judicieuse, fondée sur les maximes qui ont été développées plus tard à Sainte-Hélène.

« Napoléon fit retirer cet écrit. » La chose est encore possible, mais il jeta également au feu une autre composition, qui cependant ne pouvait

donner lieu à aucun rapprochement pénible.
Il les fit sans doute disparaître l'une et l'autre,
parce que, parvenu au faîte de la gloire, il ne
jugeait pas convenable de s'appuyer sur de semblables titres. Quelque soit, au reste, le motif qui
a décidé la suppression, s'il est vrai toutefois
qu'elle ait eu lieu, la sollicitude de M. de Bourrienne n'en est pas moins touchante. *Le Souper
de Beaucaire* est l'objet de sa prédilection. Cette
composition revient sans cesse à sa mémoire;
elle se reproduit malgré lui sous sa plume. Il se
plaint des mutilations qu'elle a subies, il craint
qu'elle n'en subisse encore, et afin de les rendre
impossibles, afin de mieux fixer le texte, il le
réimprime, sur le manuscrit autographe qu'il a
dans les mains. Gentilhomme, émigré, entrepreneur de restauration, il m'importe; ses affections
lui sont plus chères que ses titres. Chargé des affaires de l'usurpateur, il rédigeait les proclamations de la légitimité; ministre de la légitimité,
il faut qu'il fasse revivre les écrits démagogiques
de l'usurpateur. Une chose néanmoins m'étonne; pourquoi la tentative est-elle incomplète?
Pourquoi ce singulier silence que garde M. de
Bourrienne sur la lettre à Buttofuaco. Elle méritait de fixer son attention, elle devait éveiller sa

sympathie si ce n'est pour les principes qu'elle renferme; ceux-là du moins ne se sont pas démentis, pour le personnage auquel elle s'adresse, car c'était aussi un patriote que Buttofuaco !

Comme M. de Bourrienne, il aimait sa patrie; comme lui, il voulut la rendre heureuse, quoiqu'elle en eut; comme lui encore il fut méconnu, outragé par les siens. Les étrangers le vengèrent de cette injustice ; *eux aussi poussèrent la prévoyance jusqu'à assurer un sort brillant au-dehors*, à ces hommes généreux qui savent accepter le mieux, de quelque part qu'il vienne.

«Cherche un petit bien dans ta belle vallée de « l'Yonne, je l'achèterai dès que j'aurai de l'ar- « gent. » Comme le secrétaire a dû chercher ! quelles courses il a dû faire ! à quelles perquisitions inquiètes il a dû se livrer ! La commission est si vraisemblable ! l'éventualité, à en juger d'après les Mémoires, était si prochaine ! En revanche, le général Bonaparte mettait à son achat une condition qui devait donner du zèle. Il ne voulait pas de bien national ! Ce révolutionnaire, tout à l'heure si fougueux, éprouvait maintenant des scrupules. Il répugnait à acquérir ce qu'on n'avait pas droit de vendre ; il faisait conscience de posséder ce qui n'était pas à lui. Vraisemblablement une autre considération le retenait encore. Les quatre arpens de vigne qui forment la terre dont son ami d'alors a pris le nom, avaient été aliénés. Une propriété d'origine nationale eût rappelé au secrétaire des souvenirs fâcheux. Le général voulait sans doute les lui épargner. Et certes, il fut bien payé de ce soin délicat, car en allant le rejoindre en Italie, M. de Bourrienne *ne sacrifia véritablement pas à l'ambition.* S'il tient aujourd'hui à nous convaincre qu'il *ne se jeta ni en intrus ni en intrigant obscur dont le chemin de la fortune*, ce n'est pas qu'il cherche à abjurer la petite part qu'il eut aux affaires de cette époque. Victime de l'amitié, il veut simplement faire connaître qu'il s'est immolé à l'amitié ; non pas toutefois à celle que lui inspirait le général Bonaparte ; celle-là, les bonnes dispositions de son intérieur lui eussent fourni pour la contenir les forces qui lui manquaient. Mais Marmont le sollicitait, comment résister à Marmont? Une sorte d'instinct les avait révélés l'un à l'autre, il fallait qu'ils se rapprochassent. « Bonaparte « a donné à entendre dans ses dépêches que c'était « le sénat de Venise qui avait inspiré l'insurrec- « tion de Bergame. Cela n'est pas exact ; il n'en « croyait rien ; » et sans doute avec raison, car quel autre que lui-même pouvait susciter les troubles de la Terre-Ferme? Qui était plus intéressé que lui à soulever ses derrières? Ce n'était pas assez en effet des obstacles qu'il avait à vaincre, des difficultés dont il avait à triompher! Engagé comme il l'était dans les défilés des Alpes, obligé de faire face à l'archiduc Charles, il devait naturellement chercher à compliquer une position déjà si grave. Il devait compromettre sa ligne d'opérations, insurger les provinces vénitiennes et forcer le sénat à s'armer contre lui. Tout cela est si sage, tout cela est si raisonnable, qu'on ne peut refuser d'y croire. Ce n'est pas tout. Bonaparte, qui appréciait si bien les choses, jugeait encore mieux les hommes. Sur dix-huit millions qu'en renferme l'Italie, si l'on en croit le véridique secrétaire, il n'en comptait que deux, Dandolo et Melzi.

Je voudrais être poli, même avec M. de Bourrienne; mais quelque effort que je fasse, je ne puis m'empêcher de le dire: le propos n'est pas vrai. J'irai plus loin, il n'est pas vraisemblable. D'abord Napoléon ne disposait pas de l'Italie. Gênes, la Toscane, Rome, Naples, à l'époque dont parlent les Mémoires, ne dépendaient pas de lui. Son autorité ne s'étendait que sur le nord de la péninsule et la vallée du Pô, et certes il connaissait trop bien la force de la population que ces contrées renferment, pour lui assigner un chiffre semblable. Une autre inadvertance encore. Le général Bonaparte n'employa Melzi qu'en 1802, et dès son début il avait associé à sa fortune Aldini, Paradisi, Cicognara, Luosi, Costabili, Fontanelli, Prina, et une foule d'autres italiens, qui ne cessèrent d'administrer ou de combattre, que lorsque tout fut perdu. Or, est-il vraisemblable qu'il ait si long-temps laissé dans l'inaction le seul homme, à peu près, qu'il jugea digne de ce nom, pour ne confier les affaires qu'à des individus hors d'état de les conduire. Tout cela n'est donc qu'un tissu de pauvretés, bonnes au plus pour amuser les oisifs.

« L'histoire dira autant de bien de M. de Tal-
« leyrand que les contemporains en ont dit de
« mal. » Si elle est écrite sous l'inspiration du personnage, cela peut être; mais si elle est écrite avec vérité, par une personne indépendante!... Au reste, qu'elle en dise ce que bon lui semble, nous n'en portons pas moins les stigmates des maux qu'il nous a causés.

« Nous voguions sur la mer de Sicile. Je crus
« voir, par un beau soleil couchant, le sommet

« des Alpes. Bonaparte me plaisanta beaucoup
« et se moqua de moi. » Voyez l'irrévérence ! Le
secrétaire plonge avec ses yeux de lynx dans un
espace de 9°. De la mer de Sicile, il découvre les
Alpes qui sont à 225 lieues, et Bonaparte le plaisante ! Il fait plus, il appelle l'amiral pour goguenarder encore ; mais celui-ci, déployant une lorgnette, étouffe le rire sur ses lèvres, et lui déclare que le secrétaire a raison, qu'on discerne parfaitement les Alpes. Quels yeux ! Quelle lunette ! Comme M. de Bourrienne entend la cosmographie ! Ce n'est pas tout. On atteignit bientôt Candie, et comme de raison, l'imagination de Bonaparte s'exalta ; « il s'exprima
« avec enthousiasme sur cette antique contrée,
« et sur le colosse dont la renommée a survécu à
« toutes les gloires humaines. » Quel singulier homme que le général Bonaparte ! Tout à l'heure, il n'apercevait pas les Alpes qu'un enfant eût pu voir, et maintenant il s'imagine discerner un colosse où il n'y en eut jamais. Ce n'est là du reste, qu'une réminiscence intempestive. Je reviens à l'Italie.

M. de Bourrienne, empruntant à l'abbé Montgaillard un méchant anachronisme, prétend que Rome fut réunie à l'empire le 17 mai 1809. Il n'en est rien, et un agent diplomatique, qui, indépendamment des moyens d'informations ordinaires, disposait de toutes les correspondances commerciales, n'eût pas dû l'ignorer. Il est vrai qu'immédiatement après la bataille d'Essling, et les étranges bulles d'excommunication qu'elle fit éclore, le général Miollis prit la direction de l'administration pontificale ; mais tout continua de se faire au nom du pape. Ce ne fut qu'au mois de février 1810 que la réunion eut lieu.

« Lorsque les Italiens ne se révoltent pas, « c'est qu'ils ne l'osent pas. » Il en est des Italiens comme des autres peuples. Lorsqu'il n'y a pas d'intrigans parmi eux, il n'y a pas d'intrigues.

« Le titre de président de la république cisal- « pine fut accordé à Bonaparte sans difficulté. » J'en demande pardon à M. de Bourrienne; loin de n'éprouver aucun obstacle, la nomination fut sur le point d'échouer tout-à-fait. Ce n'est pas que les Italiens ne rendissent justice à Napoléon, il s'en faut ; ils admiraient son génie, ils célébraient sa gloire, sa modération, sa sagesse, toutes les belles qualités qu'il avait déployées parmi eux. Mais cet homme qu'ils honoraient, qu'ils chérissaient à tant de titres, était le premier magistrat d'un peuple voisin. Déférer la présidence à l'un, était à leurs yeux reconnaître la suzeraineté de l'autre, et pour rien au monde, ils n'eussent proclamé la dépendance de l'Italie. La résolution à cet égard était telle, que, désespérant de les ramener, on résolut de les surprendre.

Le premier consul passait une revue des troupes qui revenaient d'Egypte; la plupart y étaient accourus. Talleyrand, saisissant la circonstance avec la dextérité qui lui est propre, les convoque aussitôt et met la présidence en délibération. De cinq cents membres, deux cents à peine étaient réunis; néanmoins, l'opposition fut vive, opiniâtre; elle était sur le point de déjouer l'artifice, lorsque le diplomate, précipitant la discussion, imagina de faire voter par *assis et levés*. Cette sorte d'expédient lui réussit, et la présidence fut proclamée; mais cette convocation furtive, ce moyen inusité jusque là de constater les votes, prouvent suffisamment que ce ne fut pas sans peine. Voilà, monsieur, ce que j'avais à dire au sujet de la manière dont M. de Bourrienne traite les Italiens et les événemens d'Italie. Membre de la Consulte de Lyon, mêlé aux affaires qui précédèrent l'époque où elle se réunit, j'aurais pu relever encore une foule d'inexactitudes; mais je ne disposais que de quelques pages, j'ai dû m'attacher aux insinuations les plus fâcheuses, aux faits les plus méchamment tronqués. Je ferai cependant une dernière observation. M. de Bourrienne qui, par-dessus tout, aime la franchise, ne pardonne pas à l'empereur d'en avoir manqué. Il eût voulu que, candide comme lui, ce prince prît la droiture pour guide, qu'il fût sincère dans ses négociations et vrai dans ses bulletins. Mais, loin de là, le vainqueur de tant de rois crut qu'il avait besoin d'appeler l'artifice à son aide, et de se faire un moyen de guerre de ses relations de bataille. Au lieu d'un exposé naïf où chacun eut simplement trouvé la justice qui lui était due, celles-ci ne furent plus qu'une sorte d'appréciation moyenne où l'un obtenait aujourd'hui la part de gloire qu'il n'avait pas reçue hier, où l'autre se voyait inopinément décerner le prix des efforts qui jusque-là ne lui avaient pas été comptés. Elles avaient encore un autre but; elles portaient à l'étranger l'annonce de ce qu'il devait espérer ou craindre, et ces avis salutaires comprimèrent plus d'une trame, firent échouer plus d'un complot. Il faut l'avouer, cependant, si l'empereur n'est pas aussi répréhensible à l'égard des bulletins que le pense M. de Bourienne, il n'en est pas ainsi au sujet des négociations. Ici, j'en conviens, sa déloyauté était scandaleuse : il ne respectait ni traité ni convenances ; le mensonge était le moyen le plus innocent qu'il employât. Je pourrais en donner mille preuves, je me borne à celle-ci : les circonstances où elle fut écrite la rendent péremptoire.

A M. de Narbonne.

C'est sur le pont de Dresde, et pendant que les 4°, 6°, 11° et 12° corps passaient l'Elbe sous les yeux de l'empereur, que M. Chabot a remis à S. M. les dépêches de votre excellence, du 8.

Le corps du prince de la Moskowa et celui du général Lauriston ont passé ce fleuve à Torgau. La garde est encore restée à Dresde pour recevoir le roi de Saxe, qui y a fait son entrée aujourd'hui à midi avec une grande pompe. L'empereur l'a bien traité. Vous pensez que S. M. n'avait pas été contente de lui; mais elle lui a pardonné. L'opinion de l'empereur, et de tout le monde, est d'ailleurs que ce prince a été séduit, mais qu'il est resté le meilleur et le plus fidèle ami de l'empereur.

Le corps qui était à Torgau nous donne onze mille hommes dont huit cents cavaliers. La cavalerie que le roi amène en donne quatre mille.

Il y a peu à ajouter aux directions que l'empereur m'a chargé de donner précédemment à votre excellence.

Je vous envoie la réponse du général Thielmann au général Reynier; réponse avouée depuis par le roi et M. de Senft. Elle vous fera connaître la duplicité de M. de Metternich.

J'y joins la réponse du général Frimont pour des vivres et des munitions. Elle est si opposée aux assurances que contenait votre dépêche, qu'elle me dispense de toute réflexion sur ce nouveau manque de foi. L'intention de l'empereur est que ne répondiez à toutes ces chuchotteries que par votre froideur. S. M. appelle cela *battre de l'œil.* Il faut que le cabinet de Vienne s'aperçoive qu'on le regarde d'une manière fixe. C'est le meilleur moyen de le faire rentrer en lui-même.

Le vice-roi partira demain pour Milan, après avoir vu le roi de Saxe. Il s'y rend directement. Si on vous en parle, dites que c'est pour organiser les troupes des 1er et 3e corps qui se réunissent à Vérone et les faire filer comme les autres sur Dresde. Le général Miollis commandera le premier, et le général Grenier le deuxième. L'empereur a aussi désiré éloigner ce jeune prince des dangers de la guerre.

S. M. vous recommande toujours la même réserve envers M. de Metternich. Vos réponses à tout, doivent être que vous n'êtes pas instruit, que vous n'avez pas de nouvelles, tandis que vos conversations avec d'autres doivent prouver que vous êtes au courant des affaires.

L'empereur, de son côté, évitera de s'expliquer directement avec l'empereur d'Autriche. Tant qu'il était allié, on pouvait se parler avec confiance et s'entendre sur tout; depuis qu'il ne l'est plus, les relations doivent nécessairement reprendre les formes officielles, qui, en cas de rupture, mettent à même de justifier la conduite qu'on a tenue, et vous savez que la correspondance des souverains avec l'empereur n'a jamais eu de publicité. Il n'y aurait d'ailleurs ni égalité, ni réciprocité dans cette correspondance, qui offrirait à l'empereur François l'avantage de connaître la pensée de l'empereur, tandis que S. M. n'aurait par son beau-père que celle de M. de Metternich.

Le cabinet de Vienne se trompe. M. de Metternich prend l'intrigue pour la politique, car la politique est la manière d'exposer les choses pour arriver à un but déterminé, et l'intrigue une série de démarches contradictoires qui se confondent, parce qu'elles n'ont pas un but fixe, parce qu'elles ne sont pas le résultat d'une volonté prononcée. C'est ainsi que S. M. voit le cabinet de Vienne. Il intrigue, et ses sourdes démarches tournent contre lui, tandis qu'il arriverait loyalement au but, si l'on en avait un raisonnable et proportionné à ses moyens comme à ses forces. Il ne faut pas une grande prévoyance pour apercevoir que ces menées dégoûteront l'empereur Alexandre autant que l'empereur Napoléon, et qu'elles peuvent conduire ces deux princes à s'entendre directement.

Tout ceci vous fera donc comprendre, M. le comte, l'opinion et la marche de l'empereur. Observez tout sans en avoir l'air, mandez tout et écrivez souvent. Ce sera déjà déjouer les intrigans que de faire semblant de ne pas les voir agir; ce qu'il y a de plus clair dans tout ceci, c'est que l'Autriche perd la récompense qui lui était due, pour sa bonne conduite, pendant les deux premières années du mariage.

Les lettres interceptées de M. de Stackelberg à M. de Nesselrode, partie en clair, partie en chiffres, ne laissent aucun doute sur la perfidie de M. de Metternich, qui promet au ministre de Russie de le réveiller pendant la nuit, s'il a des nouvelles. Elles portent aussi la preuve qu'il donnait des détails sur l'armée française. Ainsi la victoire, qui confondait à Lutzen le ennemis de l'empereur, sur le champ de bataille, lui a aussi ouvert les portes de Dresde, pour y trouver la lettre qui démasque nos prétendus amis.

Sa Majesté, qui dicte cette dépêche, me charge d'ajouter que son ambassadeur à Vienne ne serait pas un homme d'affaires, si la connaissance entière qu'il lui donne de ses affaires, pouvait influer d'aucune manière sur sa conduite extérieure. Soyez réservé et froid, mais pas mécontent.

Je reviens à la même réflexion. Fixez comme un observateur qui doit prendre un parti : cela amènera nécessairement l'Autriche à faire des demarches. L'empereur verra alors ce qu'il lui convient de faire. S'il ordonne d'être froid, c'est en agissant autrement qu'il ne veut pas tromper, car vous commettriez autant d'erreurs que vous feriez de démarches. En se tenant à l'écart, en ne disant rien et en faisant par votre réserve, qu'un jour vous puissiez bien déterminer le moment où vous avez changé de conduite et qui aura été l'époque où la note de M. de Metternich vous a fait connaître qu'il n'y avait plus d'alliance, le cabinet conserve sa dignité et il acquiert de la confiance pour d'autres circonstances ; car le cabinet autrichien pourra dire :

La France s'est tue, mais elle ne nous a pas trompés. Le mensonge n'est bon à rien, puisqu'il ne sert qu'une fois. C'est dans ces idées que l'empereur met toujours beaucoup d'importance à montrer dans ses audiences diplomatiques du froid, même du mécontentement ou un bon accueil. Il y voit de la dignité et de la sincérité : par le même principe, M. Bubna sera reçu ici tout différemment qu'à Paris. Là il était l'agent d'une puissance alliée ; ici il ne sera que l'agent d'une puissance qui n'est plus alliée, et qui, si elle rétrograde encore, devient ennemie. Il croira que cela vient du succès que l'empereur a obtenu et il se trompera. Cela vient de ce que la cause qui a fait refuser le contingent a changé les rapports. Laisser croire à l'Autriche qu'ils sont les mêmes, serait une perfidie.

Je ne puis préjuger les intentions de l'empereur, mais tout porte à croire que nous serons bientôt dans Berlin et sur l'Oder. L'empereur désire des renseignemens sur le corps de Saken; il ne peut avoir trois divisions, puisqu'on s'est cru obligé de le renforcer par quatre mille Prussiens, non contre les Autrichiens, dont on était sûr, mais contre les Polonais.

Le bulletin de la bataille que ce courrier vous

apportera, fera sans doute faire des réflexions ; car il s'adresse en effet à M. de Metternich, qui ne s'y trompera pas : si l'on vous en parle, n'y voyez que la Prusse.

Je suis, etc. Caulaincourt, duc de Vicence.

Voilà, monsieur, quel était l'empereur. Voilà comme il en usait avec le plus honnête diplomate qui fût au monde. Ce n'était pas assez de chercher à le surprendre, comme vous venez de voir, il fallait encore qu'il le tourmentât avec ses bulletins. On ne pouvait, ainsi que l'écrit M. de Bourrienne, être plus perfide et plus méchant.

Je suis, monsieur, etc.

Comte de Bonacossi.

A Monsieur A. B.

J'applaudis, monsieur, au projet que vous avez formé : ce n'est pas que je croie les Mémoires de M. de Bourrienne bien dangeréux; loin de là, ils me semblent porter avec eux leur antidote; mais il est bon que toute tentative de ce genre reçoive l'accueil qu'elle mérite. Je consens à y contribuer pour ma part, et vous envoie quelques observations relatives aux imputations dirigées contre le roi de Naples.

Recevez, Monsieur, etc.   Général BELLIARD.

Paris, le 25 juillet 1830

M. de Bourrienne raconte que Murat *eut peur un jour*. Je le crois, puisqu'il le dit, mais assurément le jour est mal indiqué, car Wurmser ne fut jamais rejeté dans Mantoue avec les 28,000 hommes qu'il lui donne; jamais non plus Miollis ne fut chargé d'empêcher avec quatre mille les sorties que le feld-maréchal pouvait tenter. Il ne le fut pas, d'abord, parce que ces troupes étaient insuffisantes, et puis parce que, simple général de brigade, à cette époque, il ne commandait pas le blocus qui fut successivement confié à Serrurier, à Sahuguet, à Kilmaine, et enfin à Serrurier encore, qui eut la satisfaction de faire capituler la place. M. de Bourrienne *n'écrit que ce qu'il a vu;* mais quand on a beaucoup vu, on est sujet à confondre, surtout lorsqu'on a vu de loin. Au surplus, ce n'est pas là une erreur bien grave, Murat s'est montré sur trop de champs de bataille, pour qu'on s'arrête à une révélation de cette nature, faite par un homme qui n'y a jamais paru.

Les souvenirs domestiques du secrétaire sont sûrement plus surs ; poursuivons : « Murat « connaissait déjà la jolie Caroline Bonaparte, « qu'il avait vue à Rome chez son frère Jo- « seph, lorsque celui-ci y remplissait les fonc- « tions d'ambassadeur de la république. » Joseph ambassadeur à Rome, avant la bataille de Mondovi! Murat l'avait vu! Et c'est le secrétaire qui écrit de semblables choses! Le ministre plénipotentiaire qui fait de pareils anachronismes! Mais nous n'avions point alors d'ambassadeur à Rome! Joseph ne l'était pas. Aussi étranger à la diplomatie que M. de Bourrienne l'est à notre histoire, il n'était encore revêtu d'aucune fonction. Il fut plus tard, il est vrai, accrédité près du Saint-Siége ; mais alors de nouvelles victoires avaient succédé à celle de Mondovi, et le traité de Tolentino avait eu lieu. Ces deux époques sont séparées par des faits assez mémorables pour mériter de n'être pas confondues. Mais il n'importe ; le prince de Santa-Cruce n'en était pas moins amoureux-fou de Caroline, et Murat son heureux rival. Croyez après cela aux histoires de cœur qu'aime tant à conter M. de Bourrienne. Je continue : « Ce fut après avoir rempli « sa mission (il avait été chargé de présenter au « directoire les drapeaux pris à Mondovi) que « Murat tomba dans la disgrace du général en « chef. » La disgrace est aussi réelle que la cause à laquelle M. de Bourrienne l'attribue; mais le fût-elle, elle ne serait pas aussi brusque qu'il l'imagine ; car la bataille de Mondovi eut lieu le 22 avril, et la prétendue faiblesse, sans doute après l'affaire de Pradella, c'est-à-dire dans le courant d'octobre, puisque ce ne fut qu'alors que Wurmser fut rejeté dans la place : or six mois de cette époque valent la peine qu'on les compte.

« Le général en chef plaça Murat dans la division de Reille. » Je le crois, car Reille était alors, capitaine attaché à l'état-major de Masséna. « Quand nous vînmes à Paris après le traité de Campo-Formio, Murat ne fut point du voyage. »

Voyez le prodige! Murat, commandant une brigade de cavalerie, ne quitta pas la troupe qu'il devait conduire, pour venir à Paris, où il n'avait rien à faire.

« Les dames obtinrent du ministre de la guerre « que Murat ferait partie de l'expédition de l'É- « gypte, » sans doute malgré le général en chef. Le ministre, réduit à solliciter lui-même l'admission de deux adjudants-généraux, auxquels il s'intéressait, devait être merveilleusement disposé à seconder les dames. Il ne pouvait moins faire que de forcer la main au général Bonaparte et l'obliger à accepter Murat.

M. d'Aure a relevé les assertions relatives à ce prince, dans le récit que donne M. de Bourrienne des campagnes d'Égypte et de Syrie; je passe au rôle que lui fait jouer le secrétaire dans la surprise du pont du Thabor. « La prise de Vienne, « dit-il, tome VII, page 47, fut due à l'heureuse « témérité de deux hommes qui ne se le cédaient « en rien en bravoure et en audace, à Murat et à « Lannes, » non plus qu'en poltronerie, car ouvrez le 3ᵉ vol. p. 284, vous verrez l'un se troubler à la vue de l'ennemi, et l'autre soutenir à un colonel qui n'en croit rien, qu'il n'y a qu'un lâche qui ne tremble pas à l'approche du danger. Mais laissons là cette digressision singulière; M. de Bourrienne n'est pas plus obligé d'avoir du courage que le public de croire à ses maximes. Je reviens aux affaires d'Autriche. Le secrétaire, qui sait aussi bien la géographie que l'histoire de l'époque qu'il nous retrace, transforme un mauvais village, celui où Werneck fut atteint, en une grande place de guerre. Et comme si ce n'était pas assez, il imagine que Vienne est placée sur la rive gauche du Danube, et que pour s'en emparer, il fallait d'abord franchir le fleuve. Cette ignorance des lieux vous paraît incroyable, vous vous figurez qu'avant d'écrire, un historien, un miistre d'état jette au moins les yeux sur la carte. Il n'en est rien. M. de Bourrienne a une allure plus simple, une manière moins pénible. Il interroge ses souvenirs : il parcourt à la hâte ce que d'autres ont publié, lit avec nonchalance, comprend mal et rend plus mal encore des détails qu'il ne s'est pas donné la peine de coordonner. Qu'il se joue avec indifférence des hommes et des choses, qu'il transporte Vienne d'une rive du Danube à l'autre, qu'il imprime avec une risible assurance que nous ne pouvions, sans être maîtres du pont du Thabor, pénétrer dans la capitale de l'Autriche, à la bonne heure!

mais qu'il mêle à ces folies des noms respectés, qu'il fasse débiter des propos ridicules, des détails controuvés, par un homme tel que le maréchal Lannes, c'est dépasser les bornes de la fiction historique. C'est imposer aux témoins de faits si odieusement travestis, l'obligation de réclamer contre une licence qui ne respecte rien. Examinons donc cet étrange récit :

« Lannes me dit un jour : » Où ? à Hambourg ? mais le maréchal n'alla pas plus dans cette ville que le ministre n'en sortit. Où donc? Dans les mémoires du général Rapp, où la surprise est longuement racontée.

« Je retournai avec Murat sur le pont. » Murat ne vint point sur le pont; il resta sur la rive droite ; c'est même à cette circonstance que fut due la réussite de l'opération.

« Nous entrons en conversation avec le commandant d'un poste placé au milieu du pont. » Il n'y avait point de poste au milieu du pont. Tout était replié au-delà du Danube.

« Murat et moi en tête, nous gagnons la rive gauche. » Murat ne parut point à la tête des colonnes, il était resté sur l'autre rive. C'est là que le prince d'Hocsberg vint s'entendre avec lui.

Tous ces détails sont au reste d'un assez médiocre intérêt. Que Murat ait été ou n'ait pas été à la tête des colonnes, cela ne fait rien à sa gloire. Mais laissez aller M. de Bourrienne : de l'inexactitude il saura s'élever à la calomnie, et ne craindra pas de vous dire, que si le grand-duc *ne parvint pas à s'emparer de la couronne d'Espagne, à laquelle il aspirait tout haut, il contribua du moins puissamment à la faire perdre à Charles IV.* Vous ignorez comment, et le secrétaire sans doute aussi, car le vieux roi était précipité du trône avant que Murat n'atteignît sa capitale. Mais qu'importe ? s'il n'eût pas ce tort, il en eut un autre. Il se persuada follement qu'il n'était pas venu pour se rendre complice de l'humiliation d'un prince, à qui la France avait garanti sa couronne, qu'accrédité près d'un souverain il ne devait pas en reconnaître un autre à l'improviste; qu'il attendrait de nouvelles instructions. Il se méprit, *sa présence ne fit qu'ajouter aux troubles*, et le 2 mai éclata. M. de Bourrienne ne lui attribue pas, je le sais, cette déplorable émeute, mais un de ses confrères plus clairvoyant, lui en fait nettement hommage. Et en effet, qui ne sent que c'est Murat qui a préparé cet affreux tumulte, qui a provoqué cette terrible insurrection ? Suivez en effet sa conduite; examinez comme il se plaît au carnage... Il veut qu'on n'emploie que la force nécessaire pour contenir les insurgés. Il fait appeler les membres de la junte d'état, il les engage à faire usage de leur influence pour calmer le peuple, et arrêter l'effusion du sang. Il les fait accompagner par des officiers français, qui, pour remplir une mission de paix, s'exposent dans l'horreur du désordre à tous les coups d'une populace furieuse. Le ministre espagnol O'Farrill parcourt les rues avec le général Harispe, pour rétablir l'ordre dans Madrid. Ce dernier, fait plus; il met en liberté une troupe de Catalans arrêtés les armes à la main, sous le utile prétexte qu'ils ont le privilége de marcher armés.

Tout cela ne prouve-t-il pas qu'il y eut de la part du grand-duc préméditation, soif de massacres. On voulut attirer le peuple dans un piége. On le provoqua à la révolte, et pour mieux y réussir, on déploya devant lui toutes les forces de l'armée française. Si l'on ne prit aucune mesure pour s'assurer de l'arsenal, pour protéger les Français, pour éviter la dispersion des soldats dans la ville, où ils furent égorgés isolément!... c'est qu'on ne s'avise jamais de tout.

Le 1er mai, Murat écrivait à l'empereur que

la tranquillité régnait dans Madrid; il lui disait mêmeau sujet de la revue des troupes qu'il venait de passer : « La parade, aujourd'hui, a été « comme à l'ordinaire, très-belle. Nos camps « était remplis d'Espagnols ; tout Madrid, je « crois, est allé voir la tente de V. M. » N'est-ce pas là le langage d'un général qui s'attend à une émeute, d'un ambitieux qui la désire?

Au surplus le *Moniteur* en convient, les observateurs de sang-froid, Français et Espagnols, avaient vu avec plaisir une crise s'approcher; il porte le nombre des morts parmi les Français à vingt-cinq, et celui des blessés de quarante-cinq à cinquante, tandis qu'il évalue la perte des Espagnols *à plusieurs milliers des plus mauvais sujets du pays*. On ne peut, je le sais, avoir une foi bien entière aux confidences du *Moniteur?* La perte des Espagnols, je le sais encore, est démentie par toutes les autorités du pays. Les Français l'exagèrent pour donner l'idée d'un grand avantage remporté par eux; peut-être aussi pour jeter une terreur salutaire parmi leurs ennemis. Si d'un autre côté ils écrivent qu'ils ont vu avec plaisir une crise s'approcher, et s'ils atténuent leurs pertes, c'est pour éloigner l'idée qu'ils ont pu se laisser surprendre, et pour ne pas encourager les insurrections populaires, en publiant tout le mal que celle de Madrid a faite à une puissante armée. Je sais tout cela, mais il n'en reste pas moins démontré que c'est Murat qui a ménagé l'insurrection, car un moyen infaillible pour conquérir l'affection d'un peuple, c'est de le mitrailler.

MA BELLE FRANCE.—MON PEUPLE.—MON ARMÉE.—MA CAPITALE.

Ce n'est pas à Bonaparte que les notes de Brienne avaient promis la gloire. Il l'obtint pourtant, et l'heureux élève que Mme de Montesson se fatiguait à couronner languit obscur dans un triste secrétariat. La prodigieuse différence que la nature mit entre eux n'en est cependant pas moins réelle. Voyez, en effet, M. de Bourrienne, il prévoit, conseille avec une justesse de vues, une finesse d'aperçus, que ni bonne ni mauvaise fortune ne mettent en défaut. Bonaparte, au contraire, est sans portée dans son coup d'œil. Sa politique est passionnée, son langage vulgaire, ses locutions inconvenantes. Il parle de *son armée* comme un colonel de son régiment, de *son peuple* comme un maire de ses administrés. Il écrit à son secrétaire : *ta belle vallée de l'Yonne*, comme si la vallée de l'Yonne appartenait au secrétaire ; il dit *sa belle France*, comme si la France était à lui. Il est vrai que ces expressions, qui révoltent M. de Bourrienne, ne sont pas aussi coupables qu'il le croit, que ses amis, ses coopérateurs même, ne se les sont pas épargnées. Il sera sûrement bien aise de s'en convaincre, et puis les pièces qui suivent auront sans doute encore un autre mérite à ses yeux.

I.

Au général en chef de l'armée d'Helvétie.

Citoyen général,

C'est avec bien de la peine que je vois suspendre l'arrivée à Lucerne du général Nouvion et des renforts que vous nous promettiez, il y a peu de jours.

Jamais, peut-être, il ne fut plus instant de prendre d'énergiques et promptes mesures que dans le moment présent, et elles ne peuvent être prises tant que nous serons faibles, tant que nous ne pourrons nous concerter, à la minute, avec le général en chef de votre armée de l'intérieur.

Les communes de Lucerne et d'Argovie, qui s'étaient insurgées, sont soumises momentanément : celles du canton de Soleure demeurent tranquilles; mais cette soumission n'est qu'apparente tant que les Autrichiens sont près de nous, tant que les habitans des montagnes conservent l'espoir de résister aux volontés de la république, et refusent d'obéir au gouvernement. La partie allemande du canton de Fribourg n'est point encore soumise, et cherche à augmenter le nombre de ses partisans dans les cantons de Berne et d'Oberland, qui sont infestés par les ci-devant gouvernans de Fribourg et de Berne, qu'épargna *notre* clémence. Les dernières nouvelles que nous recevons de ces contrées ne sont nullement tranquillisantes. Les habitans de l'Oberland, repoussés du côté de Thoun, se sont retranchés dans leurs montagnes, où se croyant inattaquables, ils organisent une Vendée qu'on ne peut dissoudre, faute de moyens. La confédération du Kandersteg, c'est le nom qu'ont pris les communes insurgées, a un gouvernement provisoire qui a ses agens et ses émissaires, dans les cantons de Fribourg, de Berne, du Wadstetten, de Soleure et du Valais, et une organisation militaire dont les linéamens ont été tracés par nos émigrés et par les émissaires de l'Autriche.

Les districts du Waldstetten sont tous détestables, à l'exception de celui d'Obwalden ou de Sarnen qui intercepte heureusement leurs communications directes avec l'Oberland, mais qui pourrait être réduit à l'impuissance de se défendre. — Les quatre compagnies françaises qui sont dans le district de Stantz avec deux canons ont jusqu'ici empêché l'explosion, mais cet état de choses ne peut durer. Les brouillons de Schwitz stimulés par leurs anciens chefs, dont quelques-uns sont au Corps-Législatif, menacent de nouveau, et nous savons que les enragés du district d'Alstorf préparent une insurrection d'autant plus dangereuse qu'elle étendrait d'un côté ses ramifications jusques dans les Grisons, tandis qu'elle couperait de l'autre, nos communication avec Bellinzona et l'Italie, et se communiquerait au Haut-Valais, où tout est préparé pour opérer uu mouvement général. Les nouvelles que nous recevons du Haut-Valais nous représentent les trois districts supérieurs comme déjà insurgés, et si les Autrichiens se fussent approchés davantage, nul doute qu'ils n'eussent effectué leur projet favori, l'occupation des montagnes de l'Helvétie. — Il est heureux que l'armée d'Italie n'ait pas abandonné l'Adda comme on l'avait annoncé; car nous serions à tard pour empêcher les Autrichiens d'arriver en Valais et dans les cantons Italiens. — J'espère sans doute que l'armée française reprendra l'offensive, mais il faut prévoir des revers, et profiter du moment présent pour étouffer une bonne fois les mouvemens intérieurs, afin d'avoir les reins libres.

Permettez-moi, citoyen général, de vous proposer à cet égard mes idées, en les soumettant à votre expérience et à vos lumières.

S'assurer du Haut-Valais, et voici comment. Tandis que les habitans du Léman, de la partie française de Fribourg et ceux du Bas-Valais allarmeront les habitans du Haut-Valais, une colonne mobile partira de Lucerne à l'improviste, pour se rendre à Altorf. Tandis qu'une partie mettra à la raison les mauvaises communes de ce district, une autre marchera dans la vallée d'Urseren, comme si elle voulait se rendre en Italie. Arrivée là, elle attendra les détachemens demeurés en arrière, et feignant toujours de se rendre dans la Levantine, elle fera diligence pour passer la Fourche et descendre en Valais, où elle ne sera point attendue. Ce mouvement, qui doit être tenu très-secret, peut être combiné de manière que l'attention des Hauts-Valaisans soit attiré vers le Bas-Vallais, et que les défilés qui conduisent dans la Lévantine et dans l'Oberhasli, par le Grimsel, soient occupés, ce qui laissera les habitans abandonnés à leurs propres forces. L'opération serait encore plus complète si une colonne fausse pouvait percer jusque à la Gemmi par l'Oberland, et descendre dans le Valais par Leuck; mais il est douteux qu'on puisse exécuter ce mouvement, aujourd'hui que les vallées supérieures de l'Oberland sont insurgées.

Les Hauts-Valaisans étant en partie armés, grâce à l'Autriche, et ayant au milieu d'eux plusieurs militaires autrichiens et conscrits français envoyés depuis l'Italie, on doit s'attendre à quelque résistance; néanmoins elle ne peut être durable, parce qu'ils seront attaqués en front et à dos.

L'essentiel est ensuite de mettre à profit cette mesure, 1° *en enlevant tous les chefs et les mauvais prêtres; 2° en faisant partir comme recrues, pour les 18,000 hommes, la presque totalité de la jeunesse en état de porter les armes; 3° en désarmant tout ce qui s'est montré ennemi de la chose publique. Cette mesure est violente sans doute, mais elle est indispensable, puisque nous n'aurons la paix dans ces contrées qu'après avoir changé de place, pendant quelques années, les hommes fanatisés qui les habitent. Il faut en un mot, ou que ces sauvages soient nos maîtres, ou qu'ils se civilisent et se convertissent à notre régime actuel.*

L'expédition du Vallais terminée, pénétrer dans l'Oberland de trois côtés, si possible, par le Grimsel, par la Gemmi, et par le vallon de la Sarine ou de Sanen, et agir *de même qu'en Vallais*.

Une colonne pourra dès-lors se porter dans les communes allemandes du canton de Fribourg; tandis qu'une autre, passant le Brenig pour arriver dans le district de Sarnen (canton du Waldstetten), fondra à l'improviste sur celui de Stanz, et réunie aux compagnies françaises qui en gardent déjà les avenues, le purifiera. L'expédition à diriger contre Schwitz peut être renvoyée jusqu'alors sans difficulté, et s'effectuera facilement en partant de Stanz, de Lucerne et de Zurich.

S'il était possible de former à-la-fois deux colonnes mobiles, pour agir dans le Waldstetten, au même instant qu'en Valais, ce serait autant de gagné, l'essentiel étant de terminer promptement et d'en finir une bonne fois.

Ces opérations doivent essentiellement nous procurer la tranquillité intérieure, des recrues pour les 18,000 auxiliaires, et l'affaiblissement momentané des districts où l'Autriche avait établi les foyers d'insurrection. Le moment actuel doit être saisi, et puique les ennemis ont eu la maladresse de ne pas profiter des facilités qu'ils ont eues pendant quelques jours, tâchons au moins de les en punir.

Je vous demande bien des excuses, citoyen général pour ce volume que je n'ai pas le temps d'abréger. N'oubliez pas, je vous prie, nos subsistances, et que l'Helvétie est à la veille de manquer de grains.

Agréez, citoyen général, l'assurance de ma considération la plus distinguée.

LAHARPE.

Lucerne, le 21 avril 1799.

P. S. Quoique le général Nouvion soit arrivé, j'ai cru devoir laisser partir cette lettre. Nous avons eu une conférence au sujet des mesures à prendre, et je lui ai communiqué ce que j'ai eu l'honneur de vous mander.

Le citoyen de Giovanni croyait désormais nous être inutile; mais nous l'avons prié de demeurer encore avec nous pour nous aider à donner à nos élites une organisation qui les utilise, ce dont elles ont un bien grand besoin. C'est un bien digne homme, qui nous a rendu de très-bons services, et que vous voudrez bien nous laisser encore quelque temps.

Nous avons à lutter contre de terribles empêchemens; mais avec de la persévérance et du zèle, nous en viendrons à bout.

II.

Citoyen général,

J'avais espéré de pouvoir faire une course jusqu'à Zurich, pour avoir le plaisir de jaser sur les affaires du temps; une accumulation d'occupations m'en empêche, et je le regrette d'autant plus, qu'il est plus que jamais essentiel de s'entendre sur les objets d'un intérêt commun.

Les ordres pour la réduction de nos bataillons d'élite et leur réorganisation, conformément à vos conseils, sont donnés, et vont être exécutés.

Dès que le citoyen Schinner aura terminé, nous vous prierons de nous l'envoyer, afin qu'il nous aide à organiser promptement une force intérieure suffisante pour faire exécuter nos ordres. J'espère, au reste, que les insurgés seront réprimés une bonne fois pour toutes : il ne tiendra pas à nous qu'on en finisse.

Nous prenons aussi des mesures pour réprimer la désertion qui commençait à s'introduire parmi nos recrues forcées pour les 18,000 auxiliaires, et nous tiendrons la main à leur exécution ; mais il est une mesure que le gouvernement français peut seul prendre, c'est de permettre que les dépôts de ces auxiliaires soient placés dans quelque forteresse de l'intérieur de la France, jusqu'à ce que la formation des brigades soit achevée et que la discipline soit bien affermie. Nous en avons écrit à Paris, mais sans avoir encore aucune réponse.

La nouvelle de l'occupation de Belinzona par le général Lecourbe, nous a fait un grand plaisir : que ne pouvons-nous lancer par cette partie, 15,000 hommes bien déterminés et bien conduits jusqu'à Milan, tandis que *Souvarof, qui ne regarde jamais derrière lui*, marche en avant! — C'est par l'Helvétie que l'Italie doit être délivrée ; et je croirais cette délivrance certaine, si elle etait confiée au général Masséna.

Deux choses nous inquiètent, la jonction très-probable des Autrichiens avec les Valaisans par le Simplon, et les subsistances. Si la première a eu lieu, et les Autrichiens sont de grands ânes s'il en est autrement, il devient presque impossible de réduire les insurgés, à moins de les faire attaquer tout à-la-fois par derrière, par le Grimsel, par le col de la Fourche, et par celui de Bedretto, depuis la Lévantine. Les troupes qui agissent maintenant dans le Oberhasli, pourront occuper, du côté de l'Oberland, les passages du Grimsel ; mais la colonne d'Urseren et de la Lévantine peut seule passer par la Fourche et Bedretto. Les insurgés battus, il sera bien important de faire occuper sans retard les passages qui conduisent dans le Val-Maggia, la Vallée de Verzasca, et le Piémont. Peut-être vaudrait-il la peine de faire sauter les chemins, et de ne conserver que la seule route du Simplon, qui deviendrait alors facile à défendre.

Il est enfin une mesure que je conseillerais, ce serait d'appeler le gouvernement cisalpin d'abord à Lausanne ou Vevey, puis à Sion, et finalement à Brieg, afin de le mettre pour ainsi dire en contact avec les patriotes de la Cisalpine, et d'inquiéter les Autrichiens par ce dangereux voisinage. J'en ai parlé au citoyen Visconti, qui part momentanément, et je vous soumets la même idée. C'est avec un grand plaisir que nous voyons la défense de l'Helvétie assurée ; croyez, citoyen général, que nous ferons de notre côté tout ce qu'exigent les conjonctures, et qu'il n'est aucun de nous qui veuille capituler avec l'ennemi. Mais pour que le succès soit complet, il est indispensable que *notre peuple* soit ménagé par vos commissaires, entrepreneurs, etc.

Pardonnez à un profane, citoyen général, de vous avoir entretenu aussi long-temps d'affaires militaires, et veuillez agréer l'assurance de ma considération distinguée et de mon entier dévouement.

LAHARPE.

Lucerne, le 14 mai 1799.

Je connais Souvarof. Il faut le prendre sur le temps. Jamais il ne garde ses derrières. C'est une espèce de fou fanatique adoré du soldat, et buvant comme lui, un verre d'eau-de-vie avant le combat. S'il est battu, ce sera à plate-couture : je vous le recommande.

Je regrette le départ du citoyen de Giovanni.

III.

Citoyen général,

Quoique vous n'ayez guère le temps d'écouter les félicitations, je me flatte que vous voudrez bien accueillir les miennes; vous n'en recevrez point de plus sincères.

Nous sommes touchés des éloges que vous donnez à *nos soldats*; ils avaient besoin de votre indulgence, et c'est pour eux un titre de gloire d'avoir attiré votre attention et combattu sous vos ordres, parmi vos invincibles : puissent-ils continuer à s'en montrer dignes de plus en plus! Nous avons ordonné la prompte punition et des traîtres et des lâches. Ceux qui ont quitté leurs drapeaux *seront décimés*, et nous ne consentirons à les reconnaître qu'après qu'ils auront enlevé une batterie autrichienne à la baïonnette, et lavé dans le sang ennemi la souillure dont ils se sont couverts.

L'indignation s'est emparée de nos âmes, à l'ouïe de ce que les malveillans ont fait à Zurich et dans quelques autres communes. *L'arrivée de l'archiduc n'était pas attendue avec moins d'impatience par les ci-devant de Berne et de quelques autres villes jadis souveraines. On préparait déjà les obsèques des patriotes,* mais les vœux des ennemis de notre régénération ne seront pas exaucés, et il reste encore assez d'hommes énergiques, pour venir à bout de ceux qui voudraient relever le trône de l'aristocratie. *Notre nation* doit redevenir guerrière, pour recouvrer son caractère antique; et l'inertie dans laquelle l'avaient plongée deux siècles de repos et d'oubli de ses droits, ne peut être supportée plus long-temps; nos âmes doivent être retrempées dans le malheur et la détresse, pour reprendre leur énergie: c'est une expérience douloureuse sans doute, mais rien ne doit coûter à des hommes qui veulent fortement la liberté et l'indépendance.

Vous avez su nos projets de fuite à Berne, à la première nouvelle de l'invasion autrichienne. C'est aujourd'hui partie remise, mais c'eût été une faute impardonnable de reculer à vingt lieues en arrière, et de livrer à l'ennemi nos montagnes, où des gens de cœur se défendraient si long-temps. Loin de consentir à une pareille retraite, je croirais que le gouvernement helvétique, s'il est encore forcé à changer de résidence, devrait la fixer, ou à Schwitz, ou à Sarnen, et soutenir la gageure jusqu'au bout, plutôt que de donner aux mécontens le spectacle de gouvernans parcourant le pays comme une bande de bohémiens. On ne se perd jamais que par défaut de courage, et la crânerie vaut quelquefois mieux que la sagesse.

L'honneur que vous avez fait à mon cousin Louis m'a vivement touché. Etre loué par Masséna, en présence de sa patrie! Il m'est impossible de vous exprimer assez fortement combien je suis sensible à cette attention obligeante, et à l'attachement que vous montrez à une famille qui ne vit que pour les principes et pour la liberté. — Le directoire vient de créer Louis adjudant-général sur votre recommandation : je suis bien sûr qu'il tâchera de la mériter de plus en plus, et que sa reconnaissance pour vous, citoyen général, et son dévouement à la cause commune se confondront de plus eu plus dans son cœur.

J'ai vivement regretté Weber que j'estimais personnellement, et que je suis bien aise d'avoir toujours soutenu contre des envieux et des malveillans qui n'avaient ni ses talens, ni ses qualités morales : son successeur n'est pas nommé, son commissaire est chargé d'en conférer avec vous; c'est une conférence qui vous est due à bien des titres.

Les nouvelles du Valais annoncent qu'on va attaquer sérieusement les insurgés; il en est temps avant qu'ils puissent recevoir d'ultérieurs renforts, et faire une pointe; mais je ne saurais trop le répéter : c'est par la Fourche et le col de Bedreto qu'on en viendra le plus facilement à bout. — Je suis charmé que notre levée en masse ait été ajournée; elle n'eût produit que du désordre. — On nous annonce l'arrivée de la flotte de Brest, à Toulon, ayant 15,000 hommes de débarquement à bord.

Agréez, citoyen général, tous mes vœux et l'assurance de ma considération la plus distinguée.

LAHARPE.

Lucerne, le 27 mai 1799.

IV.

Citoyen général,

Nous voici à Berne, où vous nous avez envoyés. Je souhaite que ce soit pour l'avantage commun des deux républiques; mais si l'on eût consulté *leurs vrais amis*, assurément on eût choisi différemment.

Notre départ étant considéré comme l'avant-coureur de l'armée des Autrichiens, on ne s'est *pas donné la peine de nous cacher qu'ils étaient attendus avec impatience, que leur venue serait devenue le signal de la destruction des patriotes. Le nombre de ceux-ci est presque imperceptible, et la campagne en renferme à peine quelques-uns, en sorte qu'il faudrait, pour long-temps encore, une garnison de 1,000 à 2,000 hommes.*

Les anciens gouvernans, et surtout leurs enfans, ne connaissent aucune mesure, et nous regardent dès à présent comme des échappés dont ils feront promptement justice. — Il y a des paris que, dans huit jours, la république helvétique ne sera plus qu'un vain nom. — Ces enragés espèrent que l'Helvétie deviendra l'apanage d'un prince autrichien, lequel y régnera sous le titre de *stathouder* et de *protecteur*, et le moment actuel leur paraît être celui qu'ils attendaient depuis long-temps, pour réaliser ce beau projet. D'après tout cela, citoyen général, je vous laisse à penser si une commune, qui possédé à la vérité tous les établissemens publics indispensable à une capitale, *mais dont tous les habitans, à l'exception d'une dixaine peut-être, sont ennemis jurés du gouvernement,* devait être choisie pour résidence de celui-ci. Quant à moi, je regarde ce choix comme l'un des plus malheureux événemens, et je suis convaincu que si l'on vous eût fait connaître la vérité, vous auriez pensé de même.

Un gouvernement auquel les fanatiques et les aristocrates veulent tant de mal, et qui n'a pas de grands moyens pour se mettre à l'abri de leur malveillance, doit au moins se placer au milieu ou à portée de ses amis; or, ceux de notre gouvernement sont placés aux deux extrémités de la Suisse, dans le canton de Zurich, occupé par les armées, et dans les cantons de Fribourg et du Léman, qui sont à six lieues d'ici. C'est donc à Fribourg ou à Lausanne, citoyen général, que le gouvernement helvétique devait se rendre, en attendant qu'il pût retourner à Lucerne, la seule commune qui réunisse ce qu'exige le chef-lieu de l'Helvétie.

Quoique natif du Léman, je n'eusse point conseillé Lausanne, parce que cette commune est un peu reculée. Fribourg méritait à tous égards la préférence; elle est plus centrale, elle est placée sur la limite même des deux langues; elle a de beaux établissemens publics; elle a de belles routes; elle s'appuie aux communes françaises, dont l'esprit est si excellent, qu'on pourrait y vivre sans inquiétude avec une garnison de 300 hommes ; elle a de plus l'avantage de posséder quelques patriotes de plus que Berne, et celui d'être située à cinq lieues en arrière de l'Aar, et derrière les défilés de Gumminen et de Neuenek ; tandis que si la supériorité de l'ennemi forçait momentanément l'armée française à se replier sur l'Aar, rien n'empêcherait celui-ci de pousser rapidement jusqu'à Berne, qu'on réduirait en peu d'heures depuis les hauteurs du Breitenfeld. Enfin, citoyen général, le corps législatif recevra ses impulsions des ci-devant de Berne, si l'on y reste; tandis qu'il donnera le ton, soit à Fribourg, soit à Lausanne. Telles sont les réflexions que me dicte le bien de la chose, et que je vous aurais fait connaître si j'avais prévu la lettre dans laquelle vous recommandiez Berne. Les poltrons d'une part, et les intrigans de l'autre, ne m'en ont pas laissé le temps ; mais j'ai cru néanmoins qu'elles n'étaient pas hors de saison.

On nous annonce la défaite totale des insurgés du Vallais. S'ils ne sont pas poursuivis à outrance et sans relâche, je crains bien qu'ils ne se rallient, aujourd'hui que les Autrichiens sont maîtres du Saint-Gothard, et peuvent leur envoyer des secours par la Fourche. L'expérience de la perfidie atroce des habitans des montagnes prouve *qu'il n'est aucune paix avec eux, tant qu'ils se croient quelques ressources : il faut ou les exterminer ou les transporter ailleurs, et les remplacer par des colons tirés des districts bien pesans. Tant qu'on ne viendra pas à ces mesures terribles sans doute, mais commandées par la nécessité; on n'aura opéré qu'à demi.*

Agréez, citoyen général, l'assurance de mon dévouement et de ma considération la plus distinguée.

LAHARPE.

Berne, le 2 juin 1796.

P. S. J'ai été sur le point de vous aller entretenir de nos intérêts communs; mais l'inconvenance de m'éloigner dans un moment où l'intrigue s'agite m'a fait renoncer pour la deuxième fois cet espoir. Il existe un projet de former de la Suisse une république fédérative, présidée par Steiguer, sous la protection de l'empereur, et de profiter du moment présent pour l'établir. Nous nous rapportons à vous sur les ôtages à enlever ça et là pour la sûreté des patriotes.

Ces mesures, comme on le voit, ne sont pas des plus douces; mais quand dix patriotes sont d'accord, quand douze ou quinze démocrates sont en train de régénération; tout n'est-il pas légitime, tout ne devient-il pas légal? Voulez-vous qu'un homme qui ne respire que le bien de sa patrie, s'arrête devant un peu de sang? qu'il recule à l'aspect d'un incendie? que la guerre civile le fasse frémir comme un enfant? Non! il ne se laisse pas imposer par de telles mesures. Il veut la liberté, il la veut pour tous, et si une odieuse tyrannie accable ses voisins, il étendra sur eux les bienfaits de son apostolat. Aucune intrigue ne lui répugne, il représente les honnêtes gens de l'intérieur, il accorde leurs manœuvres avec les lances de cosaques.

CHAPITRE XII.

Aveuglement de l'empereur. — Ses frères. — Profonde incapacité de la famille. — Celle de Joseph.

Si le premier consul n'eût pas eu de frères, ou s'il n'eût pas eu la funeste prétention de pouvoir se passer de son secrétaire intime, les choses eussent probablement pris un autre cours. Mais sa présomption égalait son ingratitude, si elle ne la surpassait pas. Il connaissait tout le prix de ce modeste compagnon de son enfance, qui s'immolait généreusement à sa gloire, qui, capable de tout, se résignait cependant aux humbles fonctions du secrétariat pour le guider, le conseiller, pour prévenir ces abus de pouvoir qui ont amené sa chute, et pourtant il le sacrifia dès qu'il vit que l'opinion lui tenait compte du peu de bien qui se faisait dans le cabinet. Cette noire ingratitude fut cruellement punie. Le premier consul tomba entre les mains de ses frères, et Dieu sait quelles belles inspirations il en reçut! Pusillanime comme il l'était, quels avis généreux pouvait lui donner Lucien? Quelles guerres devait faire l'ambitieux Louis pour s'asseoir sur un trône? Quels dangers osait courir Jérôme qui, blessé à Waterloo, s'obstinait à ne pas vider le champ de bataille, et voulait périr où tant de braves avaient succombé. Et Joseph! c'était le plus inepte de tous. Parcourons la longue série de ses actes d'incapacité.

Joseph entra dans l'administration presque au sortir de l'enfance. Rentré en Corse, il se trouvait, en 1792, membre de l'administration du département, dont Paoli avait la présidence.

Les Anglais, profitant des troubles de la France, s'étaient rendus maîtres de l'île; Joseph se retira sur le continent, et se maria en 1794, à Marseille.

Il joignit ses sollicitations à celles de ses collègues du département, dont quelques-uns étaient devenus membres de la Convention, pour obtenir les secours nécessaires et chasser les Anglais de la Corse; mais ce ne fut qu'en 1796, à la suite de l'occupation de l'Italie par l'armée française, que leurs vœux furent remplis; Joseph avait suivi son frère dans cette campagne.

Le général Bonaparte voulant faire la paix avec le roi de Sardaigne, envoya Joseph à Paris pour en démontrer la nécessité. Satisfaits du général, les membres du Directoire voulurent lui en donner une preuve en proposant à Joseph l'ambassade de Turin; mais celui-ci jugea qu'il ne devait pas profiter des succès de son frère pour débuter dans la carrière diplomatique par une des plus importantes missions qu'elle offrît alors. Il se contenta de celle de Parme, où il ne resta pas long-temps. Nommé ministre plénipotentiaire à Rome, puis ambassadeur extraordinaire, il entama directement avec le pape Pie VI une négociation par laquelle S. S. devait employer, pour porter les Vendéens à la paix, tous les moyens d'autorité et de persuasion que la confiance de ces peuples donnait au chef visible de l'Église catholique.

Ces bonnes dispositions furent entravées par l'influence du parti autrichien, et par les imprudences des révolutionnaires, dont quelques-uns furent massacrés par un bataillon de troupes papales, sur les marches même du palais de France où ils s'étaient réfugiés. On sait qu'à Rome la résidence des envoyés des grandes puissances jouit du droit d'asile, ainsi que la plupart des églises. Ce droit fut méconnu, et l'un des généraux français, qui se trouvait avec l'ambassadeur, fut étendu mort à ses pieds, tandis qu'il l'aidait à amener à la raison les deux partis, en faisant cesser le feu des troupes de la police, et en engageant à la retraite les mécontens qui encombraient la juridiction de France.

L'ambassadeur n'ayant pas reçu toutes les satisfactions qui lui étaient dues, partit pour Paris, où le gouvernement approuva complètement sa conduite, et lui proposa l'ambassade de Prusse; mais Joseph, nommé membre du conseil des cinq-cents, préféra de répondre à la la confiance de ses concitoyens en entrant au corps législatif. Il s'y fit remarquer par beaucoup de sens et de modération. Dans un comité général des membres des deux conseils, lorsque le Directoire attaqua le général Bonaparte qui était alors en Égypte, il parla avec tant d'énergie et de raison, qu'il confondit les accusateurs, et entraîna tous les suffrages. Peu de jours après, il fut nommé secrétaire des cinq-cents. Il envoya un Grec en Égypte pour prévenir son frère de l'envahissement de l'Italie, des dissensions intestines de la France, et des dispositions du gouvernement, dont l'armée d'Orient n'avait plus aucun secours à espérer.

Sous le consulat, il fut nommé membre du conseil d'état. Chargé, avec MM. Rœderer et de Fleurieu, de terminer les différens qui existaient entre la France et les États-Unis d'Amérique, il conclut avec eux et les commissaires américains le traité du 30 septembre 1800. Ce traité fut signé à sa terre de Morfontaine, où se rendirent les consuls, les membres du corps diplomatique et les Américains qui se trouvaient à Paris, et qu'il avait chargé MM. de Lafayette et de Liancourt d'inviter en son nom à prendre part à cette solennité.

Le 9 février 1801, il signa à Lunéville, avec le comte Louis de Cobenzel, le traité de paix entre la France et l'Autriche. On a remarqué, dans le cours de cette négociation, que tandis qu'en vertu d'une suspension d'armes conclue par les généraux en chef en Italie, Mantoue restait aux Autrichiens, une convention, conclue à Lunéville par les plénipotentiaires, mit l'armée française en possession de cette place importante.

Le traité d'Amiens fut signé le 25 mars 1802. Les instructions du plénipotentiaire anglais portaient que chaque gouvernement acquitterait les frais de ses prisonniers. Une balance de près de cent millions de francs restait à la charge de la France. Cette circonstance arrêtait la négociation, lorsque lord Cornwallis dit confidentiellement à Joseph qu'il était autorisé à en finir, et que quelques millions n'empêcheraient pas la conclusion de la paix. Mais à quelques jours de là le gouvernement anglais avait changé d'avis, et son plénipotentiaire reçut l'ordre d'insister sur la balance comme condition *sine quâ non*. Cependant lord Cornwallis, ne voulant pas avoir à rougir devant un homme pour lequel il avait pris de l'estime, déclara hautement que sa parole était donnée, et qu'il ne reculerait pas devant quelques millions.

Joseph exprima le premier l'idée d'un concert entre les puissances contractantes, la France l'Angleterre, l'Espagne et la Hollande, pour la destruction du système de piraterie par lequel, à la honte des grandes puissances de la chrétienté, les petites sont impunément vexées par les états barbaresques. Cette généreuse pensée se trouve énoncée dans une lettre de Joseph à son frère, alors premier consul, qui l'adopta.

En 1803, il fut nommé sénateur et membre du grand-conseil de la Légion-d'Honneur.

Le concordat avec la cour de Rome fut signé par Joseph, par l'abbé Bernier, depuis évêque d'Orléans, et par le ministre de l'intérieur Crétet. Les cardinaux Caselli, Spina et Gonsalvi signèrent pour le saint-siége. La paix de l'Église se trouva ainsi consolidée, les libertés de l'Église gallicane respectées, et le volcan, attisé par le fanatisme dans les départemens de l'Ouest, éteint. Presqu'à la même époque fut signé, avec l'Autriche, la Russie, la Prusse et la Bavière, le traité de garantie relatif aux changemens politiques survenus dans l'empire germanique. Joseph eut les pouvoirs de la France.

En 1804, le camp de Boulogne était formé. Napoléon désira que son frère en fît partie. Celui-ci accepta le commandement du 4° régiment de ligne, et se rendit au camp où il ne fut pas étranger à l'esprit de concorde et d'union que l'on remarqua parmi tant de militaires dont les opinions et les passions étaient si divergentes.

Le sénat et le peuple français, en appelant Napoléon à l'empire, déclarèrent Joseph et ses enfans héritiers du trône, à défaut d'enfans de Napoléon.

Le trône de Lombardie lui fut offert dans la même année. On exigeait la renonciation de Joseph à ses droits éventuels au trône de France; il sacrifia la couronne de Lombardie à une éventualité fort peu probable. « Parce que, disait-il, je ne peux transiger avec mes devoirs, et que cette éventualité, quelque faible qu'elle soit, je ne dois pas la rendre impossible par ma volonté. »

Joseph resta à direction des affaires à Paris durant la campagne d'Austerlitz. Le lendemain de cette victoire, il reçut de l'empereur l'ordre d'aller en Italie prendre le commandement de l'armée destinée à envahir le royaume de Naples, dont les souverains avaient rompu le traité qui les liait à la France. Vingt-quatre mille Russes et douze mille Anglais s'étaient réunis aux troupes napolitaines. Le 8 février 1806, quarante mille Français entrèrent dans ce royaume. Joseph, à la tête du corps du centre, arrive à Capoue, qui, après avoir fait mine de se défendre, ouvrit ses portes. Huit mille hommes y furent faits prisonniers de guerre.

Les Anglais et les Russes, ayant opéré leur

retraite, le roi Ferdinand s'était embarqué pour la Sicile, après avoir nommé à Naples une régence qui envoya des commissaires au quartier-général de l'armée française. Ils stipulèrent la reddition de la capitale et des places fortes ; mais le prince de Hesse Philipstadt, commandant à Gaëte, ayant méconnu leur autorité, le siége de cette place fut ordonné.

Le général Réynier eut ordre de suivre les troupes napolitaines qui faisaient leur retraite sur les Calabres. Il les battit à San Lorenzo, à Lago-Négro et à Campo-Teneso. Joseph fit son entrée à Naples le 15 février 1806. Le peuple le reçut comme un libérateur. Il profita de ces dispositions, en continuant dans les fonctions publiques la plupart de ceux qui les remplissaient.

Joseph, après avoir organisé une administration provisoire dans la capitale, voulant connaître par lui-même l'état du royaume et s'assurer de la possibilité d'une tentative sur la Sicile, se met en marche avec un corps d'élite, commandé par le général Lamarque. Il s'arrête dans tous les villages, entre dans les églises principales où le clergé avait coutume de réunir le peuple. L'état où était réduit le pays favorisait ses vues. Sous le plus beau ciel, à l'ombre des myrthes et des orangers, il n'était pas rare de rencontrer des populations entières couvertes de haillons, couronnées d'épines, prosternées sur ce riche sol où elles paraissaient exténuées d'inanition, s'écriant : « Aide-nous, nous t'aiderons. » Tant les hommes qui avaient gouverné étaient parvenus à gâter l'ouvrage de la nature, tant ce peuple avait le sentiment que, quelques fussent les résultats de l'ordre des choses qui s'annonçait, il ne pouvait empirer sa position!

Ce fut à l'extrémité de la presqu'île que Joseph reçut la nouvelle que l'empereur des Français le reconnaissait roi de Naples ainsi que la promesse qu'il serait dans peu également reconnu par les autres souverains au continent de l'Europe.

Arrivé à Palme, à l'entrée du détroit de Messine, il dut se convaincre de l'impossibilité actuelle d'une expédition en Sicile. Les forces ennemies s'y étaient concentrées et avaient amené avec elles tous les moyens de transport et jusqu'aux plus petits bateaux. Il fut donc obligé d'ajourner cette expédition et continua son voyage à travers cette grande Grèce, jadis si florissante, alors si dégradée. Il suivit les bords de la mer ionienne, passant par Catanzaro, Cotrone, Cassano, et visita

Tarente. C'est dans ce voyage qu'il fit reconnaître la possibilité d'exécuter un projet conçu depuis long-temps pour réunir la mer Thyrrinienne avec la mer Ionienne, et qu'il fit lever les plans qui devaient servir à diriger cette grande entreprise. Traversant ensuite la Basilicate et une partie de la Pouille, il rentra dans la capitale, où l'attendait une députation du sénat français qui, le félicitant sur son avènement au trône de Naples, se félicitait aussi de le conserver comme grand-électeur et prince français. C'étaient MM. le maréchal Pérignon, le général Férino, le comte Rœderer.

M. le maréchal Jourdan avait été nommé par l'empereur gouverneur de Naples, avant l'avènement du roi, qui le conserva dans les mêmes fonctions.

Le clergé, présidé par le cardinal Ruffo, la noblesse et le peuple, s'empressèrent de fêter l'arrivée du nouveau roi. La capitale se montra aussi satisfaite que les provinces. Joseph nomma un conseil d'état composé d'un grand nombre de personnes qui lui furent indiquées par l'opinion publique, sans distinction de naissance et même de parti ; un ministère où l'avocat le plus célèbre se trouva le collègue du baron de la plus haute naissance, et de plusieurs Français recommandables par leurs talens et leurs vertus.

Il montra une véritable estime pour tout homme qui se rendait utile, quel que fût son rang. Libre de toute prévention, il disait aux barons : « Faites que je puisse vous faire aimer par le peuple : » Aux vassaux qui allaient cesser de l'être : « Respectez dans les seigneurs les grands propriétaires disposés à céder volontairement des droits qui vous dégradent et vous ruinent : » Aux uns et aux autres : « Regardez comme des concitoyens les soldats français, dont le courage va me permettre la destruction de toutes les entraves qui empêchent l'essor de ce pays vers une prospérité à laquelle il est appelé par le caractère de ses habitans, la beauté et la richesse de de son sol. »

Toutes les améliorations dont il avait senti le besoin et la possibilité dans ses conversations avec toutes les classes du peuple dans la longue tournée qu'il venait de faire, il énonça la volonté de les établir avec maturité et calme. Il divisa son conseil et laissa à chaque comité le soin de préparer les améliorations possibles, donnant pour exemple la révolution française dont ils étaient appelés à recueillir les fruits, s'ils savaient en éviter les écueils; prêchant à tous la modération, la justice, seuls guides pour le bonheur des nations.

Cependant la guerre n'était pas terminée. Gaëte tenait une partie de l'armée occupée; l'escadre anglaise était sur les côtes; les troupes napolitaines, battues et dispersées, s'étaient formées en bandes particulières qui désolaient le pays.

La cour de Sicile obtint qu'une armée anglaise tenterait un débarquement dans le golfe de Sainte-Euphémie, où quatre mille Polonais et quelques soldats français furent battus; événement qui augmenta beaucoup les insurrections partielles.

Joseph, occupé à réunir les moyens nécessaires pour réduire Gaëte, se porta devant cette place et fit diriger sur le même point une flotille de chaloupes canonnières qu'on était parvenu à construire, armer et équiper; il visita les tranchées et les batteries les plus avancées. Il fut satisfait de l'ardeur avec laquelle les travaux avaient été poussés, sous la direction du général de génie Vallongue, qui venait de périr victime de son zèle. Joseph, malgré l'opposition des soldats, voulut visiter le point où le brave Vallongue avait été tué, en disant : « Je veux reconnaître « la place où sera élevé un monument à sa mé- « moire. »

Le 7 juillet, le roi retourna sous Gaëte accompagné du général du génie Campredon et du général d'artillerie Dulauloy, et en sa présence quatre-vingt pièces d'artillerie commencèrent un feu dont l'effet fut tel, que le 18 deux brèches étaient praticables, et déjà le général Masséna faisait ses dispositions pour l'assaut lorsque la garnison de 7000 hommes proposa une capitulation qui fut signée le même jour.

Masséna et son corps d'armée furent dirigés sur les Calabres, d'où les Anglais se retirèrent en Sicile à son approche. Joseph se porta lui-même à Lago-Negro avec une réserve.

Le maréchal Masséna ayant reçu l'ordre de rejoindre l'armée d'Allemagne, le roi le remplaça dans le commandement des Calabres par le général Reynier, qui détruisit entièrement un nouveau corps de troupes de six mille hommes débarqué de Sicile, sous les ordres du prince de Hesse Philipstadt : la place d'Amontée fut prise.

Du côté de l'Adriatique, le général Saint-Cyr, commandant les divisions italiennes, avait pacifié ces provinces et venait de prendre Civitella del Fronto; les chefs de bandes les plus actifs avaient péri; les tentatives d'assassinat sur le roi avaient échoué.

Les gardes nationales, instituées dans toutes les provinces, sous le commandement des plus riches propriétaires, qui tous avaient pris parti pour le nouvel ordre de choses, contribuèrent beaucoup à éteindre entièrement l'incendie, dès que les principales masses ennemies furent battues et dispersées par l'armée.

Le roi, avant de retourner à Naples, se montra encore dans les provinces. Il interroge les peuples sur leurs besoins, sévit contre quelques fonctionnaires prévaricateurs, il inspire partout la confiance et obtient un triomphe plus doux que celui qui est commandé par la force. Riche de la connaissance personnelle qu'il venait d'acquérir sur l'état du peuple, de ses besoins et de ses désirs, il ne lui fut pas difficile de persuader aux conseillers-d'état qu'il avait nommés dès les premiers jours de son arrivée, qu'il fallait chercher le bien particulier des diverses classes de la société dans le bien de toutes.

Les principaux seigneurs du royaume furent les premiers à applaudir aux projets de réforme; ainsi la féodalité fut détruite de leur aveu. Les prélats les plus éclairés, membres aussi du conseil-d'état, adoptèrent la suppression des ordres monastiques dont les biens ne tardèrent pas à rétablir le crédit public. Une administration sage mit l'ordre dans les finances.

Les juges féodaux furent en grande partie élus à des places de judicature d'institution royale.

Ainsi le bien de la nation ne fut acheté ni par le sang ni par la misère subite d'aucun individu. Tout fut fait pour le peuple, mais rien par le peuple. La sagesse, la modération présidèrent à ces grands changemens. L'on vit des moines, des prêtres, des nobles, contens de la félicité publique à laquelle ils participèrent eux-mêmes.

Les prisons encombrées de malheureux qui y languissaient depuis un grand nombre d'années, furent vidées, en exécution des jugemens de quatre tribunaux institués pour cet objet.

Le régime des Trullati, moyen ignominieux de recruter l'armée dans les prisons, fut aboli.

Les évêques eurent ordre de protéger les ex-moines qui voudraient se vouer à l'instruction publique. Ceux qui, par leurs talens, furent jugés propres à exercer les fonctions de curés, ne furent pas éloignés. Les plus infirmes, qui avaient vieilli dans les cloîtres et survécu à tous leurs parens, furent réunis, protégés, encouragés dans des grands établissemens publics, où ils continuèrent de vivre en commun avec d'autres ecclésiastiques de divers ordres, dans une aisance convenable. Les savans valides et jeunes, qui voulurent continuer la vie commune, purent se livrer à l'étude des sciences qui avaient illustré leurs prédécesseurs, dans les fameuses maisons du Mont-Cassin et de La Cava, qui leur furent affectées, et où furent réunis les bibliothèques et les manuscrits des autres maisons religieuses, dépôts précieux dont ils eurent la garde.

D'autres individus des ordres monastiques, encore jeunes, peuplèrent les deux grands établissemens de Cingue Miglia et de Monte Tenese, qui, formés sur le modèle de celui qui existe au Saint-Bernard, devaient veiller à la sûreté des voyageurs dans ces régions élevées des Calabres et des Abruzzes, presque toujours couvertes de neige.

Chaque province eut un collége et une maison d'éducation pour les demoiselles. Les filles des officiers et des fonctionnaires publics eurent une maison centrale, qui fut établie à Aversa, sous la protection spéciale de la reine, et dans laquelle furent admises de droit, à la fin de chaque année, les élèves les plus recommandables de toutes les maisons provinciales.

Des routes praticables aux voitures furent ouvertes jusqu'à Reggio, d'une extrémité du royaume à l'autre. La triple action du gouvernement de l'administration provinciale, du génie civil, fut employée à l'envi. Aussi l'on vit dans un an exécuter une entreprise commencée depuis des siècles, connue seulement dans le pays par la contribution existante, sous le prétexte et sous le nom de la confection de la route des Calabres. La route fut faite et la contribution abolie.

De temps immémorial, les voyages des rois étaient une charge pour les peuples par les droits attachés à chaque officier de la maison royale : ces droits furent abolis.

Les peuples des Abruzzes voulurent, comme ceux des Calabres, recevoir la visite du roi. Il parcourut donc ces provinces, et il eut la satisfaction de voir la population tout entière accourir à son passage, travaillant avec ardeur pour ouvrir des routes nouvelles à la prospérité de l'agriculture et du commerce, déjà convaincue que c'était là l'hommage le plus agréable au roi.

Il ne se passait pas de jours où des chefs de bande, réconciliés avec le gouvernement par l'opinion des habitans, ne fussent admis à des entretiens particuliers avec le roi qui les recevait à son service, et qui n'eut jamais à s'en repentir. Un de ces chefs, ayant résolu de passer sous les bannières du roi et de lui montrer une confiance égale à la sienne, sachant que ce prince était attendu à Salerne avec un corps considérable de troupes, fait ranger en bataille ses gens sur la route. Le roi, accompagné seulement de quelques officiers, arrive bien avant sa garde. Il est complimenté par le colonel, passe en revue sa troupe qui lui prête serment. Elle fraternise avec l'escorte du roi, entre avec elle dans Salerne, et devient le noyau d'un régiment napolitain.

Le général d'artillerie française Dedon établit plusieurs fabriques d'armes. Déjà une armée de vingt mille Napolitains était organisée. La marine présentait un vaisseau de ligne, des frégates et quatre-vingt dix chaloupes canonnières, armées d'une pièce de 24, qui étaient destinées à l'expédition de Capri.

Des ingénieurs habiles avaient reconnu un emplacement pour la formation d'un village où devait être employée une partie des lazzaronis qui infestaient la capitale de leur oisiveté et de leur misère. Deux mille de ces malheureux furent enrégimentés dans un corps d'ouvriers. Habillés, nourris, payés, ils finirent par donner à la capitale une nouvelle issue sous la montade *Capo di Monte*, qui rivalise la grotte de Pausilipe.

La ville fut embellie. Cette partie de la population, que l'on croyait incorrigible, devint industrieuse; les crimes particuliers cessèrent dès qu'une administration paternelle s'occupa des plus malheureux, et, loin de les avilir, sut les annoblir par le travail.

Le vieux et respectable Cianiculli, que le roi Ferdinand avait laissé l'un des trois régens du royaume, et qui était devenu grand-juge sous le roi Joseph, avait coutume de dire en arrivant au conseil, après avoir traversé les ateliers, en s'adressant au ministre de la police : «J'ai vu les ateliers des Larraconis, avez-vous d'autre rapport à faire?»

La ville de Naples, qui, comme la plupart des villes d'Italie, n'était éclairée que par quelques lampes disposées aux pieds des madones, fut, dès la seconde année du règne de Joseph, régulièrement éclairée comme la ville de Paris, avec des réverbères où l'on fit usage, pour la première fois, des miroirs paraboliques.

Les hôpitaux furent dotés en biens nationaux ; les seigneurs remboursés des droits de propriété par des cédules propres à acquérir des biens nationaux ; la dette publique acquittée en grande partie. Une caisse d'amortissement fut fondée et dotée ; un emprunt rempli en Hollande garanti. Le paiement en fut assuré en biens fonds.

Les fouilles furent encouragées à Pompeïa et dans la grande Grèce. On établit un corps savant sous le nom d'académie royale, divisé en quatre classes. Dans cette académie fut fondue celles d'Herculanum et de Pompeïa.

Les conservatoires de musique furent encouragés ; en même temps qu'un usage infâme, que le goût de cet art ne peut excuser, fut aboli. L'académie de peinture compta bientôt jusqu'à douze cents élèves.

Le roi voulut visiter la maison où était né le Tasse à Sossento : on n'arrive à cette ville qu'à cheval au bord des précipices. Joseph ordonna la réunion de toutes les éditions de ce poète célèbre, dans cette même maison, sous la garde de son descendant le plus direct, auquel il alloua un traitement. Il ordonna aussi la confection d'une route carrossable pour y arriver.

Dans son voyage de la Pouille, le roi avait été

frappé de l'établissement de la *Mesta*. Ce système pouvait être bon lorsque la culture avait fait peu de progrès. C'est le système des Espagnols pour le paccage des brebis. Un immense pays, connu sous le nom de Tavoglière di Puglia, appartenant à la couronne, était enlevé à l'agriculture et consacré à la pâture des troupeaux innombrables de brebis qui y affluaient, chaque année, de tous les points du royaume.

Une administration spéciale était établie dans la ville de Foggia, enclavée dans le territoire. Le revenu annuel en était très-considérable. Il l'était au point que l'on peut remarquer dans l'histoire des guerres du pays, que la saison où les paiemens se faisaient entrait souvent dans la combinaison des généraux.

Joseph emmena avec lui de Foggia un des administrateurs qui lui avait remis un manuscrit du célèbre Filangieri, qui avait depuis long-temps proposé la destruction du système de la *Mesta*.

Le roi, à son retour à Naples, fit discuter le projet par son conseil-d'état, qui se trouvait alors composé de près de cinquante personnes, et ce projet fut adopté avec quelques modifications au grand avantage du trésor public et de l'agriculture.

Les douanes furent reculées aux frontières.

Une contribution foncière, également répartie, permit la suppression de tous les autres impôts directs.

La liste civile fut fixée à cent mille ducats par mois, et la moitié de cette somme fut acquittée en cédules hypothécaires. Elles furent employées à acquérir des propriétés nationales dont le roi gratifia des personnes du pays attachées à sa cour. Ces propriétés entouraient sa résidence de Capo di Monte. Il voulait par cette libéralité inspirer de plus en plus aux seigneurs napolitains le goût du séjour de la campagne.

C'est dans ce même esprit qu'en instituant un ordre auquel tous les genres de services étaient appelés, le roi établit un grand dignitaire par province, résidant dans un établissement agricole, dont il avait l'administration.

Il excitait les barons dont il devait traverser les terres, à rétablir leurs anciennes habitations. Il les engageait à l'accompagner et à se montrer les protecteurs du pays et les amis des pauvres. Il avait désigné plusieurs grandes maisons sur les points les plus éloignés de la capitale, pour y passer une partie de l'année, voulant juger par lui-même du progrès de ses institutions.

L'étiquette la plus sévère réglait tout au palais autrefois, le souverain n'était accessible qu'à un très-petit nombre de favoris. Sentant la nécessité de beaucoup voir, de beaucoup entendre, et ne craignant pas de laisser pénétrer ses plus secrètes pensées et de mettre à profit tous les momens de la journée, Joseph ouvrit le palais à la noblesse, aux ministres, aux conseillers-d'état, aux membres des tribunaux, aux officiers municipaux de Naples et aux officiers supérieurs : c'est dans leurs familles qu'il choisissait journellement des convives.

C'est ainsi qu'il sut influer sur les esprits de toutes les classes de la société et qu'on peut expliquer comment de si grands changemens ont pu s'opérer par les armes de la raison sans jamais avoir eu recours à la force.

Joseph présidait lui-même le conseil-d'état, quoiqu'il n'y eut alors d'autres lois constitutives que sa volonté. Il n'adopta jamais un décret qu'il n'eut été approuvé par la majorité des voix, parlant l'italien avec facilité, et profitant de cet avantage pour développer et soutenir les nouvelles théories dont l'expérience avait en France démontré la bonté.

Lors de son départ de Naples, les revenus publics s'élevaient à quatorze millions de ducats au lieu de sept. La dette publique n'était plus que de cinquante millions au lieu de cent, et les moyens d'extinction étaient assurés. Tous les genres de prospérités étaient préparés, mais Joseph était appelé à d'autres destinées.

Déjà dans l'entrevue qu'il avait eue à Venise avec l'empereur Napoléon, quelques mois auparavant, il avait eu connaissance des dissensions qui déchiraient la maison régnante d'Espagne et des embarras politiques qu'elles faisaient prévoir. Il reçut de Bayonne, où les princes d'Espagne se trouvaient auprès de l'empereur Napoléon, l'invitation pressante de se mettre en marche pour cette ville où sa présence était de la dernière nécessité. Rien n'était encore ni énoncé, ni décidé; et ce fut dans cette incertitude et des projets et des événemens possibles, que Joseph partit avec l'espoir de revoir encore sa famille à Naples, où elle restait; mais à peu de distance de Bayonne, il rencontra l'empereur Napoléon. Dans la conversation qu'il eut avec lui, il apprit que les princes d'Espagne n'avaient pu s'accorder, que les partisans du père et du fils étaient réunis à Bayonne en junte ou assemblée nationale; et que les uns et les autres l'appelaient au trône, que les empereurs de Russie et d'Autriche ainsi que le roi de Prusse, dont les dispositions amicales lui étaient connues, pourraient penser que l'empereur voulait encore réunir cette couronne à celle de Lombardie, comme il avait été obligé de le faire quelques années auparavant sur le refus de Joseph; que la tranquillité de l'Espagne, de l'Europe, la réconciliation de tous les membres de sa famille dépendaient du parti que lui Joseph allait prendre; que l'on ne pouvait penser que le regret de quitter un beau pays où il n'y avait plus de dangers à courir pût lui faire refuser un trône où il y avait des obstacles à surmonter, mais aussi beaucoup de bien à faire; que d'ailleurs, pour arrêter le feu de l'insurrection en Espagne, l'empereur avait déjà été obligé de déclarer à la junte qu'il le reconnaîtrait pour roi d'Espagne.

Arrivé à Bayonne, Joseph trouva tous les membres de la junte réunis au château de Marrac. Il répondit vaguement aux discours qui lui furent faits, et il remit à voir les jours suivans en particulier les membres de la junte.

Les princes espagnols étaient partis : le duc de l'Infantado et M. Cevallos passaient pour les partisans les plus chauds de Ferdinand. L'un et l'autre se présentèrent le lendemain pour prendre congé. Joseph eut un long entretien avec l'Infantado qui finit par lui offrir ses services, en lui disant qu'il voyait bien que tout ce que lui avaient mandé ses agens de Naples, où il possédait des fiefs, était vrai; que si Joseph devait être en Espagne ce qu'il avait été à Naples, nul doute que la nation entière ne se ralliât à lui. Il s'assura qu'il trouverait les mêmes dispositions dans Cevallos et dans tous les membres de la junte; que ceux qui passaient pour être les plus chauds partisans de Ferdinand n'avaient pour ce prince, qu'ils connaissaient peu et dont ils espéraient beaucoup, que cet attachement d'une nation mal gouvernée qui se tourne vers celui qui peut plus facilement faire cesser ses maux.

Cevallos tint à-peu-près le même langage à Joseph, qui vit ensuite successivement tous les membres de la junte; ils étaient au nombre de cent. Ils peignaient énergiquement les maux de la patrie et la facilité qu'il y aurait de les faire cesser. En effet, les partisans du père et du fils étaient d'accord sur un seul point; l'impossibilité de vivre ensemble sous le père et sous le fils. Joseph seul, sacrifiant le trône de Naples pour monter sur celui d'Espagne, leur paraissait devoir accorder tous les partis et ramener, surpasser même le trône de Charles III.

Le soulèvement de Saragosse et de plusieurs provinces, sous le prétexte que l'empereur Napoléon voulait assujétir l'Espagne à la France; l'assurance que les membres de la junte (tous sans exception) donnaient à Joseph que son acceptation devait calmer tous les troubles, assurer l'independance de la monarchie, l'intégrité de son territoire, sa liberté et son bonheur qui paraissait si facile à un prince qui ne passait les Pyrénées que dans ce but sacré, exaltèrent la générosité naturelle de Joseph; il céda, en sacrifiant ses intérêts les plus chers, à l'espoir de faire le bien d'un plus grand nombre d'hommes, et finit par se résoudre à accepter le trône qui lui était offert. Il crut de son devoir d'aller au poste le plus périlleux : la vertu et non l'ambition le conduisit en Espagne.

Mais il ne voulut quitter le trône de Naples qu'avec l'assurance que ses institutions seraient conservées, et que les Napolitains jouiraient des bienfaits d'une constitution qui n'était que le résumé de ses principales lois, lois suffisantes alors aux besoins de ces peuples. Il obtint pour elle la garantie de l'empereur Napoléon et ne consentit à entrer en Espagne qu'à cette condition.

Une constitution basée à-peu-près sur les mêmes principes fut adoptée par la junte de Bayonne, et garantie également par l'empereur Napoléon.

Joseph et les membres de la junte jurèrent d'y être fidèles. Si les événemens leur eussent laissé le pouvoir de tenir leurs sermens, nul doute qu'elle n'eût suffi à régénérer graduellement la nation.

La reconnaissance de la souveraineté nationale, représentée par les cortès, l'indépendance des pouvoirs, la démarcation du patrimoine de la couronne et du trésor national, eussent seules suffi pour retirer l'Espagne du gouffre où elle se trouvait plongée depuis tant de siècles.

Arrivé à Madrid, Joseph trouva le peuple exaspéré par la journée du 2 mai 1808 (1).

Étranger à tout ce qui s'était passé et fort de sa conscience, il convoqua pour le lendemain, au palais, toutes les personnes qui pouvaient être considérées comme représentant les diverses classes de la société; les grands d'Espagne, les

(1) Cette journée fut marquée par une émeute populaire où plusieurs Espagnols perdirent la vie.

chefs des ordres religieux, les curés, les membres des tribunaux, les officiers-généraux, les principaux capitalistes, les syndics des arts et métiers. Toutes les salles se trouvèrent remplies pour la première fois par l'affluence de tant d'hommes étonnés de se trouver ensemble. Le nouveau roi s'expliqua avec candeur sur les événemens qui l'amenaient en Espagne, sur les motifs de sa conduite, sur ses projets. Il s'aventura seul dans les diverses salles encombrées par tant de gens prévenus contre lui, et inspira tant de confiance par celle qu'il montrait, qu'il enleva tous les suffrages. et, en peu de jours, les missionnaires qu'il s'était donnés, changèrent totalement l'opinion de la capitale. Cela fut au point que, lorsque sept jours après cette réunion, la nouvelle du désastre de Bayler arriva, on discuta au palais s'il fallait évacuer la capitale ou traiter avec l'armée victorieuse de Castanos.

Les ducs de l'Infantado, del Parque, d'Hijar, de Campo Alanjé, Fernand Nunès, le marquis d'Arissa, chefs du palais, étaient de cet avis; mais M. Offeril, ministre de la guerre, ne partagea pas cette sécurité. Castanos n'était plus le maître, et l'opinion de l'armée était celle du peuple, qui allait se croire invincible; l'évacuation de la capitale fut donc résolue. Le roi, d'après l'avis de son conseil, laissa, pour communiquer avec les chefs de l'armée, Permella, ministre de la justice, Cevallos, des affaires étrangères, et de l'Infantado. Après ces dispositions, il commença avec la faible garnison de Madrid sa retraite sur Burgos, où il fut rejoint par le maréchal Bessières, dont l'armée avait gagné, trois semaines auparavant, la bataille de Rio-Seco.

Peu de temps après, le général Junot ayant dû évacuer le Portugal, laissa toutes les forces anglaises et portugaises disponibles. Les Espagnols affluèrent alors de tous les côtés contre l'armée française, qui ne put reprendre l'offensive qu'au mois de novembre.

Les combats de Burgos, de Tudela, de Sommo-Sierra ouvrirent de nouveau les portes de Madrid.

L'empereur était arrivé lui-même, et s'était mis à la tête de son armée. Mais bientôt appelé, d'abord par l'armée anglaise sur les frontières de la Galice, d'où elle fut expulsée, et ensuite en Allemagne par les armées autrichiennes, l'empereur Napoléon laissa son frère au commandement des troupes qui restaient en Espagne.

Le roi Joseph rentra dans sa capitale le 22 janvier 1809. Le peuple n'avait pas perdu le souvenir des espérances qu'il avait conçues lors de sa première entrée. Chaque habitant venait lui prêter individuellement le serment de fidélité dans sa paroisse. Joseph s'efforça de seconder ces heureuses dispositions, en renouvelant dans une occasion solennelle l'assurance de l'indépendance de la monarchie, de l'intégrité de son territoire, du maintien de la religion, de la liberté des citoyens. « Conditions, disait-il, du serment que « j'ai prêté en acceptant la couronne; elle ne « s'avilira jamais sur ma tête. »

Il promit la réunion des cortès et l'évacuation de l'Espagne par les troupes françaises dès que le pays serait pacifié; enfin, pour exprimer ses sentimens d'une manière énergique, il avait coutume de dire : « Si j'aime la France comme ma « famille, je suis dévoué à l'Espagne comme à « ma religion. »

Le choix de ses minitres tomba sur les hommes désignés par l'opinion. La nomination des membres de son conseil-d'état fut faite dans le même esprit. Déjà cinq régimens avaient été organisés. Les gens flétris par des jugemens en furent exclus. Les peines infamantes cessèrent; il reconnut la dette et pourvut aux moyens de l'éteindre; il facilita la sécularisation des moines sans l'ordonner encore; reconnut par lui-même les travaux à faire pour terminer le canal de Guadarama; encouragea cette utile entreprise, et favorisa de toutes parts l'industrie nationale.

Les premières relations extérieures étaient favorables. L'empereur de Russie avait répondu au duc de Mondragone, ambassadeur de Naples, par un compliment de condoléance, et au général del Pardo, ambassadeur d'Espagne, par des félicitations fondées sur le caractère personnel du nouveau roi.

Les premiers événemens militaires ne furent pas moins heureux. Saragosse avait ouvert ses portes au maréchal Lannes; l'ennemi venait d'être battu à Medelin par le maréchal Victor; mais l'armée anglaise, chassée de la Corogne, avait débarqué en Portugal, d'où elle venait de sortir sous les ordres de sir Arthur Wellesley, depuis duc de Wellington. Le maréchal Béresford, avec une armée, se dirigea sur le haut Duero, et força par ce mouvement le maréchal Soult à se retirer d'Oporto sur le corps du maréchal Ney. Le premier occupa Zamora, et le second Astorga.

Des motifs de mésintelligence ne manquérent pas entre ces deux maréchaux dans un pays déjà épuisé par le séjour prolongé des armées. Le roi, instruit de la situation des choses par le général Foy, que le maréchal Soult lui avait envoyé à Madrid en partant d'Oporto, ne douta plus que le but des ennemis ne fût de réunir leurs forces pour tomber sur la capitale qu'ils se flattaient de prendre au dépourvu. La grande armée espagnole du général Cuesta venait de passer le Tage à Almaraz pour se joindre aux Anglais. Le roi se détermina à les prévenir en les attaquant loin de sa capitale. Le maréchal Mortier, dont le quartier-général était à Villa-Castin, eut ordre de suivre les dispositions qui lui seraient tracés par le maréchal Soult; le maréchal Ney reçut le même ordre. Le général Foy partit pour le quartier-général du maréchal Soult, instruit des projets du roi, qui devait lui-même se porter, avec toutes les troupes dont il pourrait disposer, sur le Tage, en se réunissant au premier corps commandé par le maréchal Victor, et disposant selon les événemens du quatrième. Ce corps, dont il avait donné le commandement au général Sébastiani, s'était chargé de contenir dans la Manche l'armée de Venegas et de couvrir Madrid, tandis que le maréchal Soult se porterait rapidement des rives du Duerro, par la Siera de Francia, vers le Tage pour prendre à revers les armées alliées.

Le 27 juillet 1809, les armées anglaises et espagnoles sont réunies près de Talaveyra, et menacent le corps du maréchal Victor. Le roi, qui venait de parcourir une partie de la Manche, le fait soutenir par le 4e corps et se porte lui-même avec sa garde sur le Tage. Il n'avait plus eu de nouvelles du général Foy ni du maréchal Soult, et quoiqu'il eût tout lieu d'espérer que le mouvement que devait faire ce maréchal était commencé, il n'en avait pas la certitude. Cependant il n'avait à opposer aux forces anglaises et espagnoles, qui étaient doubles des siennes, que cinquante mille hommes. D'un autre côté, l'armée de Venegas, n'étant plus contenue par le 4e corps, qui lui avait dérobé quelques marches, s'avançait vers Aranjuez et menaçait d'y passer le Tage pour se porter sur Madrid, où elle eût détruit toutes les ressources du gouvernement et de l'armée. Dans cette situation critique, le roi se décida à ordonner l'attaque du plateau sur lequel était placée l'armée anglaise; le maréchal Victor ne doutait pas que les trente mille hommes à ses ordres ne fussent suffisans pour enlever cette position, pourvu que le reste des forces ennemies, composées de troupes espagnoles placées en avant de Talaveyra et de l'Alberche, fussent contenues. La bataille fut sanglante, Talaveyra fut évacué par les Espagnols et l'armée française resta maîtresse du champ de bataille. Les ennemis perdirent, de leur aveu, plus de monde que l'armée française; mais le plateau occupé par les troupes anglaises ne put leur être enlevé. Cependant le résultat de cette journée fut favorable. L'ennemi qui, l'avant-veille, menaçait le premier corps de l'armée française, fut contenu par lui et le roi s'étant porté rapidement sur le Val de Moro, l'armée espagnole de Venegas, qui avait passé le Tage à Aranjuez, renonça à son projet sur Madrid.

Rassuré sur le sort de sa capitale, le roi passa le Tage et entra à Tolède. L'arrière-garde de l'armée anglaise, atteinte dans sa retraite au pont de l'Arzobispo par les corps des trois maréchaux, fut taillée en pièces, et l'armée de Venegas, forte de trente mille hommes, qui avait donné tant d'inquiétude à Madrid, attaquée le 11 août à Almonacid par le 4ᵉ corps, et la réserve du roi fut détruite et dispersée; son artillerie et un grand nombre de prisonniers tombèrent au pouvoir du vainqueur.

Le roi avait pour major-général le maréchal Jourdan; le général Sébastiani, comme on l'a dit plus haut, commandait le 4e corps; le général Merlin la garde; le général Dessolles la réserve.

Le roi ne rentra dans Madrid qu'après avoir parcouru une grande partie de la Manche. Il témoigna sa satisfaction au général Belliard, qui avait montré beaucoup de fermeté dans ces circonstances difficiles et à tous ceux qui l'avaient puissamment secondé.

Les batailles de Talaveyra et d'Almonacid ayant arrêté ou suspendu les mouvemens de l'ennemi, le roi profita du calme qui les suivi pour s'occuper de l'administration intérieure.

Il se décida à supprimer entièrement les ordres religieux, convaincu que cette mesure était également réclamée par l'ordre public et le rétablissement des finances. Toute juridiction ecclésiastique fut supprimée et dévolue aux tribunaux civils; le droit d'asile attribué aux églises aboli.

Le conseil des Indes, des Ordres, des finances,

de marine, de guerre, furent dissous; la douane reculée aux frontières; le système municipal déterminé; les lois sur l'éducation publique préparées dans le conseil d'état; la dette constituée et garantie; les cendres des personnages illustres, et les monumens, épars dans les couvens supprimés, furent réunies dans plusieurs églises et notamment dans la métropole de Burgos.

Le bâtiment de l'Escurial fut destiné à recevoir jusqu'à quinze cents prêtres qui avaient été membres de divers ordres religieux, et qui désiraient continuer la vie commune, soit par raison de famille ou de santé, soit par la vocation qu'ils avaient de se consacrer à l'étude dans ces vastes dépôts où se trouvaient enfouis tant de manuscrits et de richesses littéraires qui attendaient des investigateurs et des lecteurs.

Le bâtiment de Saint-François fut destiné aux séances des cortès; les changemens à y faire furent mis au concours.

Cent millions de réaux furent affectés à des indemnités pour les propriétaires qui avaient souffert par les ravages de la guerre.

Joseph, fidèle aux principes qui lui avaient si bien réussi à Naples, impassible au milieu des préventions excitées par les divers partis, ne proscrivait aucun individu parce qu'il avait fait partie d'une corporation quelconque. On voyait à son conseil-d'état, des généraux d'ordres, qui votèrent la suppression des ordres; des officiers, ci-devant insurgés, qui votèrent contre les insurgés; des inquisiteurs qui votèrent contre l'inquisition; dans sa maison des grands qui se prononçaient pour les lois populaires. Aussi dans les villes récemment abandonnées par les troupes ennemies, trouva-t-il toujours les cœurs ouverts à l'espérance, et la confiance qu'avaient en son caractère ses ennemis même, le rendit-elle souvent leur confident et quelquefois leur défenseur.

Peu de mois après sa rentrée à Madrid, Joseph, informé que cinquante mille Espagnols étaient descendus de la Sierra Morena dans la Manche, marcha à leur rencontre et les atteignit à Ocana, où ils furent complètement battus par vingt mille Français et quatre mille Espagnols au service du roi. Vingt-cinq mille prisonniers qui la plupart prirent service pour lui, trente drapeaux et toute l'artillerie de cette armée furent les fruits de la victoire. Les Anglais, qui s'étaient avancés jusqu'à Truxillo et Badajoz, où ils étaient demeurés spectateurs du mouvement de leurs alliés sans y prendre part, se retirèrent en Portugal, dès qu'ils surent la destruction de l'armée espagnole.

À sa rentrée à Madrid, Joseph apprit les succès qu'avaient obtenus à Alba de Tormès le général Kellermann, le maréchal Suchet en Arragon, et le maréchal Augereau en Catalogne, où Gironne était tombée en son pouvoir. Il résolut de suivre le cours de tous ces succès. La junte de Séville avait convoqué les cortès pour le mois de mars, il voulut les prévenir. Parti de Madrid le 8 janvier 1810, peu de jours après sa rentrée, il se trouva le 11 au pied de Sierra Morena à la tête de soixante mille hommes. Le maréchal Victor se dirigea par la droite sur Almaden, le général Sébastiani par la gauche sur Lenarès. Le corps du maréchal Mortier et la réserve commandée par le général Dessolles, entrèrent par le centre en Andalousie.

Le maréchal Soult avait remplacé, comme major-général, le maréchal Jourdan, rentré en France.

Les positions de l'ennemi furent enlevées en peu d'heures; on lui fit huit à dix mille prisonniers.

Le roi s'était fait accompagner de ses ministres et des principaux officiers de sa maison et de sa garde. Il annonça hautement le désir de réunir les cortès à Grenade, au mois de mars. Cordoue se rendit à lui sans coup férir, et ce fut dans cette ville qu'il reçut, des mains de l'archevêque, les aigles françaises qui étaient tombées entre les mains des Espagnols après la désastreuse affaire de Baylen. Elles avaient été laissées dans la cathédrale, où elles étaient cachées au milieu des reliques des saints; elles furent envoyées à Paris.

Les peuples, détrompés sur les calomnies grossières dont ils avaient été imbus sur les armées françaises et leur chef; éclairés par les Espagnols respectables qui entouraient le roi, sur ses vues, son caractère et ses qualités personnelles; convaincus enfin qu'il ne s'agissait pas de soumettre l'Espagne à la France, mais d'établir la paix entre les deux nations, et de proposer une réunion de véritables cortès qui, représentant la nation, seraient maîtres d'accepter ou de refuser le roi que la junte de Bayonne lui avait donné, et auquel leurs anciens princes même avaient spontanément prêté serment; le roi Joseph déclarant hautement que, dès que les Anglais auraient évacué la péninsule, les Français la quitteraient aussi, et que lui-même suivrait leur mouvement, s'il n'était pas retenu par les vœux sincères de la nation, éclairée sur ses véritables intérêts; que la constitution de Bayonne suffisant aujourd'hui aux habitudes des peuples, ne pourrait être changée et modifiée; que la nation n'aurait jamais autant de liberté que son roi voudrait qu'elle en eût, puisqu'il ne serait véritablement roi, qu'autant que l'Espagne serait véritablement libre et délivrée de tous les étrangers. De tels sentimens ouvrirent les portes de Séville, de Grenade, de Jaën. Le duc de Santa-Fé, ancien vice-roi du Mexique, ministre de de Charles IV, de Ferdinand, de Joseph, président de la junte, homme éminemment patriote et populaire, entra à Grenade, à Malaga, avec le général Sébastiani. Le maréchal Victor se dirigea sur Cadix, et le roi entra à Séville, où il fut reçu comme un libérateur. Le chef de la ville était venu à sa rencontre, après avoir conféré avec plusieurs ministres, que le roi lui avait envoyés de Carmona, quelques jours auparavant, et parmi lesquels se trouvaient M. le capitaine-général Offeril, M. d'Urquijo, qui sous Charles IV avait remplacé pendant quelque temps, au maniement des affaires, le prince de la Paix.

Cependant dix mille hommes du duc d'Albuquerque avaient devancé le corps du maréchal

Victor à Cadix; les Anglais y étaient aussi accourus, et avaient beaucoup renforcé la garnison; leurs escadres bloquaient le port. Les principaux habitans et les chefs même insurrectionnels des quatre royaumes de l'Andalousie, s'étaient réunis au port Sainte-Marie, en face de Cadix. Ils entouraient le roi, dont ils espéraient alors la fin de leurs maux, et qui leur manifestait l'intention persévérante de réunir la nation à Grenade immédiatement; tous les membres de la junte centrale devaient faire partie des cortès; tous les évêques, tous les grands, tous les chefs militaires, les riches capitalistes. Cette assemblée, vraiment nationale, aurait à délibérer sur une seule question. « *Accepte-t-on, ou n'accepte-t-on pas la constitution et le roi, que la junte du royaume vous présente ?* » Si la négative était prononcée, le roi Joseph quittait l'Espagne, déterminé à régner par le peuple espagnol, comme il voulait régner pour le peuple.

L'enthousiasme avait électrisé tous les cœurs, enivré toutes les têtes; mais ces députés qui s'étaient offerts d'eux-mêmes pour aller parlementer avec leurs compatriotes, partis sur de frêles esquifs, furent arrêtés par les Anglais, et ne purent débarquer à Cadix.

D'un autre côté, le gouvernement impérial était fatigué des énormes sacrifices que coûtait à la France l'opposition obstinée de l'Espagne. On voulait que la guerre nourrît la guerre, et le système du roi tendait à calmer l'exaspération espagnole par les bons traitemens, par conséquent à vouloir que la France continuât ses sacrifices d'argent.

Un décret impérial institua les gouvernemens militaires dans les provinces espagnoles. Le général de division devint le président de la junte administrative; l'intendant espagnol en devait être le simple secrétaire. Cet état de choses ne pouvait manquer de détruire tout le bien produit par la campagne glorieuse d'Andalousie, entreprise de son chef par le roi, impatient de voir, d'une manière quelconque, son sort se décider : roi d'Espagne par les Espagnols, ou prince français par les Français en France.

N'ayant pas l'espoir d'amener la reddition de Cadix par les moyens conciliatoires qu'il avait tentés, le roi quitta le port Sainte-Marie pour visiter la partie orientale de l'Andalousie, et dirigea sa route par Ronda.

Dans le cours de ce voyage, Joseph exprima seulement aux députations de Grenade, de Jaën, de Malaga, ferme volonté de ne jamais consentir à aucun démembrement de la monarchie, ni à aucun sacrifice quelconque de l'indépendance nationale, bien éloigné en cela de Ferdinand, qui avait proposé à l'empereur la cession des provinces de l'Ebre, et l'entrée des possessions espagnoles en Amérique au commerce français. « Mon cœur, dit-il, ne me fait pas craindre de « retourner en France ; ma conscience seule « m'attache aujourd'hui à l'Espagne. » Le duc de Santa-Fé, le marquis d'Almenara, deux de ses ministres, furent envoyés à Paris. Ce dernier était porteur d'une lettre de Joseph qui annonçait à l'empereur sa détermination de quitter un pays où il ne pouvait faire le bien, ni empêcher le mal, si le système des gouvernemens militaires n'était pas détruit.

De retour à Séville, le roi rendit des décrets qui réglaient la division du territoire, l'administration civile, la formation des gardes nationales. Les préparatifs pour le siége de Cadix étaient faits ; mais prévoyant qu'il traînerait en longueur, et appelé au centre du royaume pour remédier, autant que possible, au mauvais effet produit par l'établissement des gouvernemens militaires dans les provinces, Joseph confia au maréchal Soult le commandement de l'armée d'Andalousie, et retourna à Madrid après une absence de cinq mois. Le maréchal Masséna, entré au Portugal à la tête d'une armée de 75 mille hommes, après avoir pris Alméida, et Ciudad-Rodrigo, et battu les Anglais à Busaco, avait été obligé de se retirer en mars 1811; son armée se trouvait réduite à 35 mille hommes par les maladies, les marches forcées, le défaut des vivres. Le maréchal Soult avait fait le siége de Badajoz, qui s'était rendu le 19 mars. Le maréchal Victor avait été attaqué dans ses lignes à Chiclana. Les Anglais avaient soutenu le feu de l'insurrection par des débarquemens de troupes, d'armes et d'argent. Ils encourageaient puissamment la résistance de Cadix. Déjà circulaient les premiers bruits de la rupture prochaine de la France et de la Russie. Les ministres de Joseph, arrivés de Paris, apportaient des espérances, mais aucun résultat positif de leur mission.

Au mois d'avril 1811, le général Defrance arriva avec une lettre de Napoléon, annonçant au roi la naissance de son fils, dont il serait l'un des parrains. Joseph saisit cette occasion d'avoir une entrevue avec l'empereur, devenue indispensable pour régler des intérêts si compliqués entre les deux états. Il réunit ses ministres, les prévient de son départ, calme les esprits par l'assurance d'un prompt retour, prend toutes les dispositions nécessaires pour le temps de son absence, et part le 23 avril; il reçoit, entre Bayonne et Dax, une lettre qui lui recommande de ne pas quitter l'Espagne: il n'en poursuit pas moins sa route et arrive à Paris le 15 mai.

L'empereur le détermine à retourner en Espagne, par l'assurance positive qu'il lui donne que les gouvernemens militaires sont un remède violent et passager qui cessera dès qu'il ne sera plus nécessaire; que déjà ils ont produit un bon effet sur le gouvernement anglais, qui offre de quitter le Portugal, si les troupes françaises évacuent l'Espagne, et de reconnaître le roi Joseph, si la nation espagnole le reconnaît, et si la France consent de son côté à reconnaître la maison de Bragance en Portugal. Les divers commandans militaires seront mis sous les ordres du roi; les cortès seront réunies, et les troupes françaises sortiront d'Espagne dès que le roi Joseph déclarera qu'elles cessent de lui être nécessaires.

C'est dans l'espoir du succès de cette négociation avec l'Angleterre et de l'exécution fidèle des promesses de l'empereur, de la garantie de l'indépendace, de l'intégrité de la monarchie espagnole, que le roi Joseph rentra à Madrid, où il fut accueilli comme un puissant protecteur.

Une commission du conseil-d'état fut chargée de préparer les dispositions préliminaires pour la convocation des cortès tellement nationales, que leur vœu pût être véritablement le vœu de la nation.

Cependant les Anglais n'étant plus contenus par l'armée de Portugal venaient de s'emparer de Ciudad-Rodrigo et de Badajoz. Le maréchal Victor, et le reste de la garde impériale et plusieurs régimens de ligne étaient rappelés en France; l'espoir d'une négociation avec le gouvernement anglais s'était évanoui; les insurrections partielles s'étaient multipliées par la création de nouvelles *guérillas*; l'or des ennemis et l'exaspération des habitans dont l'établissement des gouvernemens militaires détruisait toutes les espérances, avaient grossi les bandes, les communications devenaient plus difficiles que jamais.

La Navarre était ravagée par les bandes de Mina devenues une armée; la disette désolait la capitale et les provinces. Telle était la face des affaires en Espagne lorsque l'empereur, partant pour la Russie, rendit au roi Joseph le commandement des armées. Dans de telles circonstances, l'honneur ne lui permettait plus de refuser un poste difficile. Le maréchal Jourdan retourna auprès de lui.

Les Anglais ayant pris dans les premiers jours de mai 1812 les forts élevés pour la défense du Tage, menaçaient à-la-fois l'armée du Midi et celle du Portugal. Isolée, chacune de ces armées était trop faible pour résister à l'ennemi; en se prêtant un mutuel appui, elles devaient le combattre avec avantage. Joseph ordonna au maréchal Soult d'appuyer le maréchal Marmont; il envoya au maréchal Soult le colonel Desprez, son aide-de-camp, pour lui prescrire de porter à vingt-cinq mille hommes le corps commandé par le comte d'Erlon, qui passerait le Tage au premier avis, pour rejoindre le maréchal Marmont. Cette disposition ne fut pas exécutée.

Cependant les Anglais ayant passé l'Agueda étaient arrivés sur la Tormès, vers Salamanque. Joseph, prévenu le 1ᵉʳ juillet, par une dépêche du maréchal Marmont, de l'inexécution de ses ordres, les réitère à l'armée du Midi et à celle du Nord, et part lui-même de Madrid avec sa garde et les troupes des garnisons voisines. Il arrive avec quatorze mille hommes à Blasco-Sancho se dirigeant sur Peñurenda, où devait s'opérer la réunion. Là il apprend le résultat de la bataille des Arapilès. Le maréchal Marmont attendit les secours qui arrivaient de Madrid le 24. Quoique prévenu du mouvement du roi et de ceux de l'armée du Nord qui devaient rejoindre le 23, il avait passé la Tormès le 20 juillet 1812, livré et perdu la bataille. Son armée en pleine retraite était suivie de l'armée anglaise dont la poursuite fut ralentie par la présence du roi qui, sur l'avis qu'il reçut le 27 juillet 1812, du maréchal Marmont, par une lettre dont était porteur le colonel Fabvier, que l'armée de Portugal pouvait tenir sur la rive gauche de Duero, et se lier au roi si elle n'était pas abandonnée à elle-même, n'hésita pas à se porter sur Ségovie, mouvement hardi et même téméraire, si l'armée anglaise avait passé la Duero, et cette armée avait effectivement passé ce fleuve à Tadela en continuant sa marche sur Burgos.

Joseph, rassuré sur l'armée de Portugal qui allait se renforcer de toutes les troupes de l'armée du Nord, à mesure qu'elle s'approcherait de l'Ebre, mais inquiet cependant de sa capitale et du centre du royaume, quitta Ségovie le quatrième jour. Il rentra à Madrid avec l'espoir de s'y maintenir, si les ordres donnés à l'armée du Midi promptement exécutés lui amenaient un corps de vingt-cinq mille hommes; mais, dans toutes les hypothèses, décidé à ne quitter l'Espagne qu'avec les derniers Français, il ira au-devant de ceux qui sont au fond de la Péninsule pour revenir en force sur la grande armée anglo-hispano-portugaise, lui couper la retraite ou la combattre avec avantage.

Ce plan fut exécuté assez heureusement, malgré les obstacles de tous genres que l'on eut à surmonter. La cavalerie anglaise fut culbutée par la cavalerie aux ordres du général Trielhard sous Madrid. Un corps de douze à treize mille hommes débarqué à Alicante se dirigeait sur la Manche; à la nouvelle de la marche du roi, il rétrograda sur Alicante.

Enfin, l'armée du Midi fit sa jonction avec l'armée du centre, le 2 octobre; le roi s'était rendu au milieu des troupes, il donna les ordres nécessaires pour l'exécution du mouvement qu'il avait conçu; ces deux armées s'avancèrent sur le Tage, l'une par la Manche et l'autre par Cuença. Le roi rentra à Madrid le 3 novembre. L'armée de Portugal prévenue par le général

Lucotte, aide-de-camp du roi, parti de l'armée d'Arragon, suit le mouvement rétrograde des armées ennemies qui évacuent Burgos, mais sans les presser.

Le roi part de Madrid où il ne s'arrête qu'un seul jour, passe la Tormès et se trouve sur le champ de bataille des Arapilès avec plus de cent mille hommes. Les forces ennemies s'élevaient peut-être à un aussi grand nombre de combattans, mais elles se composaient de trois nations différentes; la victoire ne pouvait être douteuse. L'important était de combattre.

Le roi, loin de se rappeler les retards qu'avait éprouvés l'exécution de ses ordres de la part du maréchal Soult, voulut l'intéresser davantage encore à la gloire du succès en lui donnant une plus grande part. Il réunit à son commandement celui des troupes de l'armée du centre qui jusqu'alors avait été aux ordres du général comte d'Erlon, et donna à celui-ci le commandement de l'armée de Portugal qui venait d'opérer sa jonction. Le roi, après avoir vu commencer, sous ses yeux, le mouvement de l'armée du Midi qui devait couper la route de Salamanque à Ciudad-Rodrigo, dans le but d'intercepter la retraite en Portugal, de l'armée ennemie, se porta à celle de

Portugal qui arrivait sur le même champ de bataille, pleine d'une ardeur qu'il est facile de concevoir.

Cependant la pluie, qui tombait par torrent, avait rendu les chemins presque impraticables, et retardé beaucoup les mouvemens de l'armée du Midi. Les Anglais profitèrent du retard et hâtèrent leur retraite par la route de Ciudad-Rodrigo qui n'était pas encore occupée par l'armée du Midi. Ainsi tout le résultat de cette journée fut huit à dix mille prisonniers, parmi lesquels était le général de cavalerie lord Paget et beaucoup de bagages.

Le roi entra à Salamanque avec l'armée de Portugal. On remit au général O'Farril, ministre de la guerre, qui accompagnait le roi, les cartes que l'on trouva dans la maison que venait de quitter le lord Wellington.

Cette journée devait contrebalancer les désastres de la Russie; il n'en fut pas ainsi. L'ennemi rentra en Portugal et l'armée française se trouva bientôt affaiblie de plus de trente mille hommes qui eurent ordre de passer les Pyrénées.

Cependant une armée espagnole s'avançait dans la Manche, et cette armée demandait à se réunir à celle du roi. Le comte Monteja avait fait les mêmes ouvertures à M. le duc de Santa-Fé, l'un des ministres du roi

Il envoya le général espagnol Viruès, l'un de ses aides-de-camp et ancien commandant de Cadix, pour traiter avec cette armée; le général Viruès était encore en pourparlers avec ses chefs, lorsque le roi reçut l'ordre de quitter Madrid, et de prendre la ligne du Duero. L'état des affaires en Russie en faisait un devoir absolu; il fallut obéir et le départ eut lieu immédiatement pour Valadolid. Dès que Madrid fut abandonné, le feu de l'insurrection se ralluma avec plus de violence que jamais, et les chefs espagnols, généralement mécontens de la disposition de la régence qui les avait mis sous les ordres des Anglais, durent dissimuler leur mécontentement; et rejetés ainsi dans les bras des ennemis de la France, Anglais, Espagnols, Portugais, ils s'avancèrent contre l'armée française singulièrement affaiblie par le départ des meilleurs officiers et sous-officiers, destinés à former de nouveaux corps en France.

Arrivé à Valadolid, le roi n'y resta que le temps nécessaire pour rassembler les corps qui étaient sur la Tormès, et en partit dès qu'ils furent réunis. Mais il lui fut impossible de mettre un ensemble parfait dans les opérations ultérieures. Le ministre de la guerre de France correspondait avec les chefs des armées du Nord, du Portugal et des troupes placées dans les provinces de l'Ebre; il ordonnait fréquemment des marches rétrogrades à des corps qui devaient être remplacés par ceux qui étaient en ligne; ceux-ci se trouvaient donc tellement affaiblis qu'ils durent se concentrer sur Burgos sans combattre. Le corps du général Clausel avait reçu directement de Paris l'ordre de se porter en Navarre contre Mina. Le roi, après avoir quitté Burgos, passa l'Ebre, et l'armée prit position en avant de Vittoria, espérant pouvoir différer de combattre jusqu'à ce que le cops du général Clausel l'eût rejoint; mais cette espérance fut déjouée. Le général Clausel ne put pas se trouver à la bataille de Vittoria où trente mille Français en ligne disputèrent la victoire à plus de cent mille ennemis. De l'aveu des Anglais, leurs pertes surpassèrent celles de l'armée française. Joseph, pressé par plus de deux mille familles espagnoles qui suivaient sa fortune, n'avait pu leur refuser une escorte pour les conduire en France. Il laissa dans Pampelune une garnison de quatre mille hommes; la retraite s'était opéré en bon ordre. Les troupes du général Foy, et toutes celles qui composaient les garnisons voisines, ainsi que les postes répandus sur les communications, s'étaient réunis au gros de l'armée, qui se trouvait alors de près de cinquante mille hommes; mais il n'était plus temps de penser à l'Espagne; le général Clausel s'était porté sur l'armée d'Arragon.

Dans le Nord, les victoires de Lutzen et de Bautzen avaient bien appaisé momentanément l'orage, mais toutes les forces de la France ne pouvaient plus suffire contre tant d'ennemis conjurés contre elle.

Joseph rentra à Paris, où son frère le laissa avec le titre de son lieutenant, lorsqu'il partit pour se mettre à la tête de cette même armée, qui, après avoir combattu contre toutes les armées de l'Europe dans leur pays, était réduite à défendre son propre territoire.

L'impératrice Marie-Louise était régente de l'empire ; Joseph, comme lieutenant de l'empereur, eut les honneurs du commandement militaire. Ce qui restait des troupes de la garde était aux ordres du général Caffarelli. Le maréchal Moncey commandait la garde nationale, le général Hullin, les troupes de la garnison. Joseph fut laissé pour conseiller à l'impératrice, ainsi que le prince archi-chancelier de l'empire, Cambacérès. L'impératrice eut l'instruction de suivre l'avis de ces deux conseillers. Ils formaient, à eux trois, le gouvernement.

Dans des circonstances aussi graves, Joseph ne refusa rien.

Si les événemens de la guerre interceptaient toute communication entre le quartier-général impérial et la capitale, si les ennemis s'approchaient de Paris, il eut de l'empereur l'ordre verbal, et après son départ, l'ordre écrit, de faire partir le roi de Rome et l'impératrice, de se rendre avec eux sur la Loire, de s'y faire suivre par les grands dignitaires, les ministres, les officiers du sénat, du corps législatif et du conseil d'état.

Joseph reconnut, quelque temps après, la justesse de ces précautions, d'abord, par des insinuations détournées, et ensuite, par des discours plus explicites, lorsque la majorité des membres du sénat ne dissimula plus son opinion sur la nécessité d'une paix immédiate, ou de la proclamation de Napoléon II, ou de celle de la régence de l'impératrice et de la lieutenance de Joseph sous un empereur mineur.

Ce fut alors que Joseph fit sentir à son frère

la nécessité de faire la paix, et lorsque les faibles corps des maréchaux Marmont et Mortier furent ramenés sur Paris, qu'ils se virent suivis par des forces bien supérieures, que toute communication fut interrompue entre l'empereur et sa capitale, que le cas prévu par les instructions verbales et écrites de l'empereur fut reconnu être le cas présent, Joseph communiqua à l'impératrice et à l'archi-chancelier la dernière lettre de son frère qui contenait et prescrivait les mêmes dispositions. Les ministres, grands dignitaires et présidens des sections du conseil furent réunis au nombre de vingt-deux membres.

Cependant Joseph observa que l'on ignorait encore à quels ennemis on avait à faire. « Sans « doute, dit-il, si toute l'armée ennemie se pré- « sente, Paris ne peut pas être défendu; mais si « les dix à douze mille hommes des deux maré- « chaux n'étaient suivis que par 20 à 30,000 « hommes, faudrait-il leur livrer Paris? Ne « pouvant connaître la vérité que lorsque nous « verrons l'ennemi, je m'offre de rester à Paris « avec les ministres et les administrateurs, en « état de me suivre à cheval. Si nous avons l'es- « poir de battre les troupes qui ont ramené celles « des deux maréchaux, nous les combattrons,

« nous donnerons à ces deux maréchaux tous les
« secours dont nous pouvons disposer, si les
« forces ennemies sont hors de toute proportion,
« nous ne commettrons pas nos faibles moyens,
« et nous les ferons servir seulement à obtenir
« une capitulation telle que cette immense ca-
« pitale, dépositaire de tant d'intérêts et de pro-
« diges des arts, ne soit pas livrée à la fureur
« stupide des barbares du Nord. » Le conseil applaudit à un avis plein de dévouement. La lettre de l'empereur passa dans toutes les mains.

L'impératrice, son fils, la cour, les membres du gouvernement et les ministres, M. de la Bouillerie, avec les fonds qui lui étaient confiés, partirent.

Après leur départ, Joseph rédigea une proclamation pour rassurer le peuple. Cette proclamation fut affichée dans la soirée; pendant la nuit les maréchaux furent instruits de l'approche des ennemis. Le lendemain matin ils étaient aux prises avec leurs avant-postes. Joseph, suivi des ministres de la guerre, de l'administration de la guerre, de la marine, selon ce qui avait été résolu par le conseil, se porta hors de Paris pour reconnaître de plus près l'état des affaires. La garde nationale prit les armes pour maintenir la tranquillité intérieure, et se porta aux diverses barrières, afin de s'opposer à toute insulte qui pourrait être tentée par des corps détachés.

Dans la matinée, le maréchal Marmont avait fait prévenir le roi qu'il était déjà trop faible pour contenir les troupes qu'il avait devant lui; le roi fit dire au maréchal Mortier de renforcer le maréchal Marmont, ce qu'il fit avec beaucoup de bonne volonté. A midi, un officier du génie de l'armée française, fait prisonnier par l'ennemi, avait été admis en présence de l'empereur de Russie, du roi de Prusse et du général en chef autrichien. Cet officier avait vu le développement des forces ennemies. Il vint en rendre compte d'abord aux maréchaux, et puis au roi.

Le maréchal Marmont déclara qu'il ne pouvait pas tenir au-delà de quatre heures, ni empêcher que Paris ne fût inondé de troupes irrégulières dans la nuit. Il demanda à être autorisé à traiter pour la conservation et la sûreté intérieure de la capitale.

La garde nationale avait montré beaucoup d'ardeur et de décision; quelques légions avaient même sollicité la permission de se mettre en ligne, hors de Paris; mais aucun ordre ne fut donné pour enlever aucun corps de la garde nationale à la capitale. La décision du conseil, tenu sous la présidence de l'impératrice régente, fut exécutée littéralement, dans une circonstance aussi grave. Les ministres qui étaient avec le roi avaient reconnu aussi bien que lui que la plus grande partie des forces alliées était sous Paris.

Le roi ne partit qu'à quatre heures, lorsqu'il fut instruit que l'ennemi occupait Saint-Denis, et que dans quelques minutes, il ne serait plus temps de passer la Seine.

Il se rendit à Versailles, se fit suivre par les dépôts de cavalerie qui étaient dans cette ville; il se rendit à Chartres, où il trouva l'impératrice, et de là à Blois.

Les armées d'Arragon et d'Espagne étaient disposées à suivre les mouvemens qui seraient imprimés par l'empereur, lorsque l'inconcevable trahison de Marmont et l'abdication de l'empereur, ne laissèrent plus d'autre parti à Joseph que celui de se retirer en Suisse, où il resta jusqu'au 19 mars 1815, jour où il sut l'arrivée de son frère à Grenoble. Il partit seul avec ses enfans. A leur aspect, les troupes postées sur la frontière arboraient la cocarde tricolore aux cris de *vive la nation! vive l'empereur!* C'est ainsi qu'il traversa une partie de la France, et arriva à Paris le 22.

La perte de la bataille de Waterloo ayant ramené en France les étrangers, Joseph se retira en Amérique, où il devait se réunir à son frère Napoléon, qu'il avait laissé dans ces dispositions à Rochefort. La fortune en disposa autrement.

Joseph, accueilli dans le Jersey, un des états de l'Union, par une loi faite à son occasion, et qui lui fut adressée avec une bienveillante politesse par le gouvernement de cet état, put y acquérir des propriétés, sans devenir citoyen américain.

La maison qu'il avait bâtie ayant été la proie des flammes, il y a quelques années, il reçut de la part des habitans du Jersey la plus touchante preuve d'intérêt.

Juges éclairés et impartiaux des hommes, ces peuples libres ont pu devancer le jugement de la postérité, sur la foi que l'on doit prêter aux calomnies de toute nature dont on a essayé de noircir le nom de l'empereur Napoléon et de sa famille.

Ce fut ainsi que les peuples de Naples et d'Espagne, éclairés par l'expérience, apprécièrent à leur juste valeur les jugemens calomnieux dont on avait noirci le nouveau roi.

Séparé de sa famille et de sa patrie par de grands obstacles, il reste au roi Joseph cette réserve immense des jouissances de toute la vie, une bonne conscience avec laquelle un homme de bien n'est jamais seul, et qui console des belles réputations que lance la calomnie.

FIN DU PREMIER VOLUME.

TABLE

DES MATIÈRES

CONTENUES DANS LE PREMIER VOLUME.

PRÉFACE. Pag. j.

CHAPITRE PREMIER.

La mémoire de M. de Bourrienne est-elle bien sûre?
— Erreurs matérielles. — Est-ce lui ?   1

CHAPITRE II.

Ce ne peut être lui.—Erreurs qu'il n'eût pas faites.   11

CHAPITRE III.

Arrestation du général Bonaparte. — Motifs que lui
attribue M. de Bourrienne. — Ce n'est pas cela.   16

CHAPITRE IV.

Commission. — Le général d'infanterie. — Destitution du général Bonaparte. — Son dénûment.   29

CHAPITRE V.

Evacuation des pestiférés de Jaffa — Les Egyptiens. — Visite de l'hôpital. — Comment M. de Bourrienne a-t-il pu à ce point perdre la mémoire?   33

CHAPITRE VI.

Erreur de date relevée par M. de Bourrienne. — Championnet. — Situation des armées. — Nos soldats.   168

CHAPITRE VII.

M. de Bourrienne et Bernadotte. — Quelques observations. — Méprise. — Ce n'est pas Bonaparte. — L'esprit conciliateur. — Pièces de correspondance.   202

CHAPITRE VIII.

Notes sur les Mémoires de M. de Bourrienne, par le comte de Survilliers.   237

CHAPITRE IX.

Documens impériaux. — Ambassade de Bernadotte à Vienne. — Romans atroces. — La vérité. 280

Observations sur quelques assertions de M. de Bourrienne, relatives aux affaires d'Italie. 291

A M. de Narbonne. 303

Observations relatives aux imputations que les Mémoires de M. de Bourrienne contiennent sur le roi de Naples. 310

CHAPITRE XII.

Aveuglement de l'empereur. — Ses frères. — Profonde incapacité de la famille. — Celle de Joseph. 341

FIN DE LA TABLE DU PREMIER VOLUME.

www.ingramcontent.com/pod-product-compliance
Lightning Source LLC
Chambersburg PA
CBHW071942220426
43662CB00009B/952